Barthold C. Witte

Dialog über Grenzen
Beiträge zur auswärtigen Kulturpolitik

Neske

 Schutzumschlag von Brigitte Neske.
Gesamtherstellung: Wilhelm Röck, Weinsberg.
Printed in Germany. ISBN 3 7885 0308 4

Inhalt

Zum Geleit

Mit Politik, so hat Theodor Heuss einmal gesagt, könne man keine Kultur, wohl aber mit Kultur Politik machen. Dieses Wort gilt auch – und gerade – in der Außenpolitik. Kultur schlägt Brücken über Grenzen, öffnet den Zugang zu fremden Völkern und verbindet die Menschen. Auswärtige Kulturpolitik bereitet den Boden für Verständnis und Verständigung und schafft jenes Klima des Dialogs, des Austausches und der Zusammenarbeit, in dem Kunst und Wissenschaft, aber ebenso Politik und Wirtschaft blühen und gedeihen können.
Diese Politik beruht auf dem Konsens, den der Bericht der Enquête-Kommission Auswärtige Kulturpolitik des Deutschen Bundestages 1975 über alle Parteigrenzen formuliert und den alle Bundesregierungen seither fortgesetzt haben. Die Reden und Aufsätze von Barthold C. Witte, der seit über zehn Jahren unsere auswärtige Kulturpolitik mitgestaltet hat, zeigen, wie die Bundesregierung diesen Konsens in den 80er Jahren dynamisch fortentwickelt, wie sie für neue Aufgaben neue Lösungen gesucht hat. Die gestaltenden Prinzipien unserer auswärtigen Kulturpolitik treten klar zutage:

Die Freiheit der Kultur, die uns zu Vielfalt, Pluralität und individueller Entfaltung schöpferischer Kraft verpflichtet;

der Respekt vor den Partnern, der nicht nur Selbstdarstellung, sondern wechselseitigen Austausch verlangt;

die Toleranz, die Grundbedingung jeder Zusammenarbeit und jeder auf Erhaltung und Festigung des Friedens gerichteten Politik ist.

Die Bundesregierung hat der internationalen kulturellen Zusammenarbeit immer einen hohen Stellenwert beigemessen und sie – gerade in den letzten Jahren – mit ansehnlichen Zuwachsraten im Haushalt bedacht. Dieses Buch zeigt, welche Ideen, Vorstellungen und Konzepte die Vergabe dieser vom Steuerzahler bereitgestellten

Mittel leiten und welche Impulse die Bundesregierung gibt. Ich wünsche dieser Publikation das lebhafte öffentliche Interesse in Zustimmung und, wo nötig, auch in Kritik, das unsere auswärtige Kulturpolitik verdient.

Bonn, im Mai 1988	Hans-Dietrich Genscher Bundesminister des Auswärtigen

Vorrede
Fünftes Rad, dritte Dimension oder was sonst?

Solange es auswärtige Kulturpolitik gibt, also seit etwa einem Jahrhundert, so lange währt auch der Streit um ihren Stellenwert. Zahllos sind die Klagen derer, die sich als Träger oder Empfänger des internationalen Kulturaustausches vernachlässigt fühlen – über die Medien, die sie zu wenig beachten, über die Diplomaten, denen sie nur Durchgangsstation sei, über die Politiker, die ihr nicht genügend Freiraum einräumen und ihr vor allem viel zu wenig Geld geben.
Ich habe nicht vor, in diese Klagen einzustimmen. Wenn Haushaltszahlen ein halbwegs zuverlässiger Gradmesser sind – und da auswärtige Kulturpolitik stets kostenträchtig ist, kann man sie dafür halten –, dann wird die Bundesrepublik Deutschland durchaus ihrem Anspruch gerecht, ein Kulturstaat zu sein. Zumindest in den letzten fünf Jahren ist der Kulturhaushalt des Auswärtigen Amtes stärker gewachsen als der Bundeshaushalt insgesamt, und dies in einer Zeit, da für die öffentlichen Haushalte Sparen mehr denn je geboten ist. Bundesregierung und Bundestag sind also überhaupt nicht kulturfeindlich, ebensowenig wie die Länder und Gemeinden, für deren Kulturetats Gleiches gilt.
Auch über mangelnde Aufmerksamkeit der Zeitungen und Zeitschriften, von Rundfunk und Fernsehen muß nicht geklagt werden. Skandal-Schlagzeilen sind freilich – und zum Glück – nicht Sache auswärtiger Kulturpolitik. Auch hat sie weniger Aktualität vorzuweisen als andere Bereiche der Außenpolitik, abgesehen von solchen Ereignissen wie einer Aufführung des Wagner'schen »Ring« in Japan, einer Kiefer-Ausstellung in den USA oder einem deutsch-französischen »Kulturgipfel«. Selbst solche Ereignisse werden indes eher im Feuilleton oder zu später Stunde in den Kulturmagazinen registriert als auf der ersten Seite oder in der Tagesschau. Die meisten Dinge geschehen in der auswärtigen Kulturpolitik langfristig, im Wurzelgrund, nicht als Blüte für wenige Tage. Daß die Medien vieler Länder trotzdem sehr aufmerksam begleiten, was draußen und manchmal auch drinnen geschieht, zeugt um so mehr davon, wieviel die internationale Kulturarbeit heutzutage gilt. Wenn

öfter kontrovers berichtet und diskutiert wird, um so besser!
In den auswärtigen Diensten, nicht nur der Bundesrepublik Deutschland, gilt deshalb die Kultur längst nicht mehr als fünftes Rad am Wagen der Außenpolitik oder gar als das Reservat, das für weniger Leistungsfähige oder von einer langen Dienstzeit Erschöpfte verfügbar gehalten wird. Bestes Indiz dafür ist die wachsende Bereitschaft des diplomatischen Nachwuchses, in die Kulturarbeit zu gehen, sei es in der Zentrale oder auf Auslandsposten.
Wenn also nicht mehr fünftes Rad am Wagen, was dann? Von Dieter Sattler bis zu Hildegard Hamm-Brücher haben die Verantwortlichen für die auswärtige Kulturpolitik unseres Landes sie gern die dritte Säule oder die dritte Dimension der Außenpolitik genannt. Darin steckt sowohl der legitime Anspruch auf den gleichen Rang neben Politik und Wirtschaft als auch die Bescheidenheit dessen, der diesen beiden doch den Vortritt läßt. Nun gilt aber längst, daß in unserem demokratischen Zeitalter Außenpolitik nicht mehr Kabinettsdiplomatie als Privileg der Herrschenden ist, sondern ein festes Fundament in den Völkern braucht. Erfolgreiche Politik für Frieden und Freiheit, für europäische Einigung und weltweite Partnerschaft kann es nur geben, wenn die Bürger, nicht nur die Regierungen und Parlamente, sie tragen.
Dieses unentbehrliche Fundament schafft eine moderne, demokratisch orientierte auswärtige Kulturpolitik. Sie bringt die jungen und alten Menschen über territoriale, soziale und ideelle Grenzen hinweg zusammen. Sie sorgt für einen möglichst freien Fluß der Menschen und Werke, Informationen und Ideen. Sie schafft die Voraussetzungen dafür und hilft dabei, daß Menschen aller Schichten im Fremden den Nachbarn erkennen und bereit sind, Gegnerschaft in Nachbarschaft zu verwandeln. Sie macht den Frieden leichter erreichbar und die Freiheit als grenzüberschreitende Realität erlebbar.
Auswärtige Kulturpolitik ist also unentbehrliches Fundament der politischen und wirtschaftlichen Außenpolitik, zumal für ein Land wie die Bundesrepublik Deutschland, das überaus verletzlich und vom Weltfrieden abhängig ist.
Was das im Grundsatz und im einzelnen bedeutet, soll in dieser Sammlung von Reden und Aufsätzen aus fünfzehn Jahren Mitwirkung im Felde der auswärtigen Kulturpolitik deutlich werden. Seitdem 1976 Hans Arnold und 1980 Hildegard Hamm-Brücher Beiträ-

ge aus ihrer Wirkungszeit gesammelt veröffentlichten, hat es eine solche Übersicht nicht mehr gegeben. So scheint es an der Zeit, sie all denen verfügbar zu machen, die selbst im gleichen Felde tätig sind, es aus beruflichem oder persönlichem Interesse erneut besehen möchten oder aber als Freunde, Konkurrenten und auch Kritiker nach einer Fundgrube suchen.

Die vorliegende Sammlung enthält eine Auswahl von Reden und Aufsätzen, die zwischen 1979 und 1988 im Rahmen der kulturpolitischen Öffentlichkeitsarbeit des Auswärtigen Amtes entstanden und zum Teil schon an anderer Stelle veröffentlicht sind (vgl. das Quellenverzeichnis am Ende des Buches). Im Interesse der Authentizität wurden die Beiträge – selbst wenn einige Fakten bereits überholt sind – jedoch kaum verändert. Auch der Redestil wurde beibehalten, wo es um der Lebendigkeit willen geboten schien. Natürlich kann eine solche Sammlung, nicht anders als die ihr vorausgegangenen, nicht im lexikalischen Sinn vollständig sein. So fehlt zum Beispiel ein Beitrag über Bedeutung und Entwicklung der Kulturabkommen mit anderen Staaten. Auch wird mancher das Land – etwa Japan, Italien oder Großbritannien – vermissen, das ihm gerade besonders wichtig ist. Die wissenschaftliche Zusammenarbeit wie auch die Kunst fehlen desgleichen im Katalog der behandelten Themen. Gleichwohl wird der aufmerksame Leser finden, daß sich ihm ein Gesamtbild der auswärtigen Kulturpolitik der Bundesrepublik Deutschland formt, je mehr er von Kapitel zu Kapitel fortschreitet. Eine Auswahlbibliographie der wichtigsten seit 1980 erschienenen Literatur am Schluß gibt zusätzlichen Aufschluß und kann weiterhelfen.

Insgesamt bietet so dieses Buch, als Auswahl aus einer viel größeren Zahl von Reden und Aufsätzen und in dem notwendig begrenzten Rahmen eines lesbaren Sammelbandes, doch einen fast handbuchartigen Querschnitt durch sein Thema, dazu exemplarische Blicke in tiefere Aspekte, in Problemlagen, Lösungsversuche und offene Fragen. Dem dient seine Gliederung in vier Teile.

Der erste Teil präsentiert grundsätzliche Überlegungen zu Politik und Kultur unseres Landes, vorwiegend natürlich im Blick auf ihre Darstellung im Ausland und auf die Präsentation anderer Kulturen bei uns selbst. Wie eng Innen und Außen verflochten sind, wie Regierung und Mittlerorganisationen miteinander umgehen und wie schwierig, aber auch lohnend, der Weg von der Selbstdarstellung

zu Austausch und Zusammenarbeit ist, das machen mehrere Beiträge deutlich.
Im zweiten Teil stehen unsere europäischen und atlantischen Nachbarn als Partner im Mittelpunkt. Dabei geht es um die Europäische Gemeinschaft und ihre kulturellen Aufgaben ebenso wie um das größere Europa der Schlußakte von Helsinki, um gute Freunde im Westen wie um schwierige Partner im Osten.
Der kulturelle Nord-Süd-Dialog ist das Leitthema des dritten Teils. Der Austausch mit wichtigen Ländern und Regionen wird exemplarisch vorgestellt; weder positive Ergebnisse noch Fehlschläge und Probleme werden verschwiegen. Krise und Reorientierung der UNESCO finden hier ihren Platz.
Schließlich die mediale Perspektive, wie das im Fachjargon heißt: Sprach- und Schulpolitik, Jugend- und Medienpolitik bilden die Schwerpunkte des vierten Teils. Hier geht es besonders um neue Akzente und Prioritäten im natürlichen Wandel der Zielsetzungen auswärtiger Kulturpolitik.
Solcher Wandel, auch unter regionalen Gesichtspunkten, und die aus den langfristigen Zielsetzungen des internationalen Austausches folgende Kontinuität bilden ein ebenso spannendes Gegensatzpaar wie das von Geist und Macht. Über die fast vier Jahrzehnte seit dem zaghaften Beginn auswärtiger Kulturpolitik der jungen Republik hinweg bestimmt das Wechselspiel von Wandel und Kontinuität das Erscheinungsbild bis heute. Sein Resultat läßt sich auch im internationalen Vergleich sehen. Die auswärtige Kulturpolitik der Bundesrepublik Deutschland operiert, den politischen und wirtschaftlichen Interessen und der Nachfrage nach deutscher Kultur entsprechend, über den europäisch-atlantischen Kernbereich hinaus seit langem weltweit. Ihr durch den erweiterten Kulturbegriff gekennzeichnetes breites Konzept hat sich auch bei unseren Partnern im Wettbewerb der Staaten weithin durchgesetzt. Ihre Arbeitsweise, nämlich die weitgehende Übertragung der Verantwortung für Programme und Projekte an recht selbständige Mittlerorganisationen, gilt international dank ihrer sichtbaren Erfolge als vorbildlich. Vor allem aber wirkt überzeugend, daß und wie wir die Pluralität und Freiheit von Kultur und Gesellschaft unseres Landes, indem wir sie offen nach außen zeigen, in Sympathie und Respekt, vielleicht gar Zuneigung zu unserem Land und den Menschen darin umwandeln. So gesehen sind weder berechtigter Stolz auf gewesene und gegenwärtige Lei-

stung noch berechtigte Kritik an Mißständen und Fehlverhalten in sich Wert oder Ziel. Beides dient am Ende der Bildung von Vertrauen, das wir Deutschen nach wie vor so sehr brauchen.

Ein Werk wie dieses Buch hat einen Verfasser, aber viele Autoren. Zuerst nenne ich die Gesprächs- und Arbeitspartner in aller Welt, von denen ich über viele Jahre hinweg eine Fülle von Erkenntnissen und Anregungen übernehmen durfte. Ihnen folgen auf dem Fuß die zahlreichen Mitarbeiter, die mir über ihre Dienstpflichten hinaus Daten und Gedanken, Unterlagen und Textentwürfe zu den meisten der hier abgedruckten Beiträge gaben. Besonderen Dank schulde ich Michael Engelhard und Hans Jürgen Wendler, die das schwierige Geschäft der Auswahl aus der Fülle des Geschriebenen und Gesprochenen übernahmen und als ständige kritische Gesprächspartner für viele Verbesserungen in den oft rasch entstandenen Texten verantwortlich sind. Sie überzeugten Günther Neske, daß es sich um dieses Buch lohne – was er mit dem ihm eigenen Engagement in die verlegerische Tat umsetzte.

Dem für die auswärtige Kulturpolitik verantwortlichen Bundesminister des Auswärtigen Hans-Dietrich Genscher gilt, ebenso wie den zuständigen Staatssekretären, mein herzlicher Dank dafür, daß sie dem Leiter der Kulturabteilung des Auswärtigen Amtes ungewöhnlich viel Vertrauen entgegenbringen und Freiraum für seine Tätigkeit einräumen. Daß sie dies taten und tun, erklärt auch, warum der Verfasser dieses Buches und seine vielen Mitautoren, modischem Pessimismus zum Trotz, so viel Freude an der Sache haben, die sie hiermit dem Urteil der Leser übergeben: der auswärtigen Kulturpolitik.

Erster Teil
Auf dem Weg zur Partnerschaft – Die auswärtige Kulturpolitik der Bundesrepublik Deutschland

Wir Deutschen und unsere Kultur
Eine Streitrede
– 1984 –

Wer in Deutschland, unter Deutschen, von und über Kultur spricht, von dem wird im allgemeinen erwartet, daß er ein Klagelied anstimmt: über die Kulturlosigkeit heute, vor allem natürlich unter der Jugend – über den tiefen Graben zwischen Kultur und Gesellschaft, Kultur und Politik und darüber, daß politische Kultur bei uns ganz und gar fehle – über das kulturelle Banausentum der Parlamente und Finanzminister, die immer zuerst und zumeist an der Kultur sparen – über die verlorene Herzensbeziehung der Mehrheit zur Klassik und über die pöbelhafte Ablehnung alles Modernen offenbar durch die gleiche Mehrheit – kurz und schlicht, über den miserablen Zustand dieser Welt und des Menschen darin im allgemeinen und der Kultur im besonderen.

Dieses Lamento hat Tradition, zumal in Deutschland. Schon Goethe bezweifelte, daß die Deutschen überhaupt von Kultur seien, wie er als alter Mann zu Eckermann bemerkte: »Wir Deutschen sind von gestern. Wir haben zwar seit einem Jahrhundert ganz tüchtig kultiviert; allein es können noch ein paar Jahrhunderte hingehen, ehe bei unseren Landsleuten so viel Geist und höhere Kultur eindringe und allgemein werde, daß sie gleich den Griechen der Schönheit huldigen« (3. Mai 1827). Ob diese Diagnose nach anderthalb Jahrhunderten überholt ist oder immer noch stimmt, diese Frage ist ganz gewiß jederzeit für ein lebhaftes, ja hitziges Abendgespräch unter Freunden gut.

Ich will indessen in das Lamento vom miserablen Zustand der Kultur unter uns Deutschen nicht einstimmen, sondern den dahinter stehenden Fragen erst einmal genauer auf den Grund gehen. Vielleicht ergibt sich danach ein verändertes Urteil.

Zunächst eine Beobachtung aus meinem engeren Arbeitsbereich, der auswärtigen Kulturpolitik: Kultur aus Deutschland ist weltweit durchaus wieder gefragt, und zwar sowohl Vergangenes als auch Gegenwärtiges, Botschaften aus der heilen Welt ebenso wie Problemstoffe. Das war nicht immer so. Bis weit in die sechziger Jahre hinein stützte sich die kulturelle Selbstdarstellung der Bundesrepublik Deutschland ganz überwiegend auf Überliefertes, von Bach und Beethoven bis zu Thomas Mann und Hermann Hesse, den beiden emigrierten Nobelpreisträgern. Nicht umsonst tragen die Kulturinstitute unseres Landes den Namen Goethes, weil dieser das »andere Deutschland« verkörperte, dessen heimliche Hauptstadt Weimar hieß.

Das kam nicht von ungefähr, sondern spiegelte die Lage zu Hause getreulich wider. Wer die deutsche Kulturszene nach der großen Katastrophe kritisch besah, der kam zu dem bitteren Ergebnis einer großen Leere, Folge von Emigration, Flucht, Tod und der seelischen Betäubung derer, die überlebt hatten. Das ist nachzulesen in dem 1954 von der Redaktion des »Merkur« herausgegebenen Sammelband »Deutscher Geist zwischen gestern und morgen«, in dem zum Beispiel Hans Paeschke für die bildenden Künste den Offenbarungseid konstatierte. Und auch die Schubladen derjenigen Schriftsteller, die in Anstand Diktatur und Niederlage überlebt hatten, waren gegen alle Erwartung leer. »Keine Experimente!« hieß die Parole jener Wiederaufbaujahre. Nur da und dort blitzte schon ein Licht auf. 1959 erschien die »Blechtrommel« von Günter Grass, und zu Beginn der Sechziger meldeten sich Beuys, Henze, Stockhausen, Alexander Kluge und andere als Neuerer zu Wort.

Zwanzig Jahre später kann kein Zweifel mehr daran sein, daß nach Katastrophe und Betäubung die kulturelle Schöpferkraft zurückgekehrt ist. Zugleich verschwand die »tabula rasa«-Mentalität, in der wir allzu lange den Totalabbruch unserer halbzerstörten Städte vollzogen. So entstand eine Kulturszene, die zwischen sorgfältiger Rückwendung zur Tradition und experimentierender Suche nach Neuland eine lebendige Vielfalt zeigt wie in kaum einem anderen Land der Welt.

Beispiel Malerei: Vom wiederbelebten Expressionismus der »neuen Wilden« und der mystischen Neoromantik à la Beuys über die kritischen Realisten bis zu den Abstrakten findet die neue deutsche Malerei zwischen Düsseldorf und New York ihren Markt. Beispiel Film: Der »neue deutsche Film« der Wenders und Faßbinder, Schlöndorff und anderen ist aus den Filmwochen des Goethe-Instituts und den Cineastenkinos in den letzten Jahren zur Preiswürdigkeit in Cannes, Venedig, Berlin und Hollywood geklettert und

wird sich dort hoffentlich halten. Beispiel Ballett: Mit den Kreationen zuerst von John Cranko, dann von John Neumeier, Pina Bausch und Reinhild Hoffmann fand das moderne Tanztheater zu neuer Blüte und international hoher Anerkennung. Beispiel Schauspiel: Nicht nur Peter Steins Schaubühne, aber sie vor allem, könnten wir, wenn das Geld reichte und die Berliner auf sie verzichten wollten, auf Gastspielreisen ständig um die Welt schicken.
Auf anderen Gebieten wird es freilich dünner: in der Plastik zum Beispiel, leider auch in der schönen Literatur, trotz Grass, Böll und Siegfried Lenz. So sehr die Literatur, ja seit einigen Jahren sogar die Lyrik in den deutschsprachigen Ländern wieder blüht und gedeiht, so deutlich bleibt sie international im Schatten der englischsprachigen und neuerdings auch der spanischsprachigen Werke und Autoren. Das hängt freilich mit der Sprache zusammen: Unser liebes Deutsch hat es in der weltweiten Konkurrenz mit dem Englischen, Französischen und Spanischen fast hoffnungslos schwer, und auch in Europa hat sich die deutsche Sprache nicht wirklich von dem schweren Rückschlag erholt, den sie durch Hitler und den Krieg erlitt. Darum hängt die internationale Geltung deutscher Autoren heute daran, ob sie übersetzt werden, und so weit bringen es eben nur wenige.
Gleiches gilt erst recht für wissenschaftliche Werke, ausgenommen allenfalls Theologie und Philosophie, auch die Archäologie, deren Studium immer noch durch Kenntnis des Deutschen wesentlich erleichtert wird. Wer als Naturwissenschaftler, Mediziner oder Ingenieur, ja selbst als Sozialwissenschaftler international gelesen werden will, der schreibt am liebsten gleich in Englisch auf, was er zu sagen hat. Zuweilen fechte ich dagegen, der Muttersprache zuliebe, und komme mir dabei dann als ein rechter Don Quichote vor.

Gleichwohl: Unser Kulturleben blüht. Das hängt auch damit zusammen, daß es an vielen Plätzen, nicht bloß in einer Hauptstadt stattfindet. Nach wie vor ist unser dezentral organisiertes Land, in dem Länder und Gemeinden die Hauptverantwortung für das Kulturleben tragen, ein so gesehen glückliches Land, selbst bei knappen öffentlichen Haushalten. In vielen Kulturinstituten zwischen Flensburg und Berchtesgaden finden experimentierende Neuerer ebenso

ihren Platz wie das oft zitierte, wenig gelesene klassische Kulturerbe, dieses freilich öfter in erstaunlich verfremdeter Form, etwa auf den Brettern unserer von Regisseuren ganz und gar beherrschten Theater.
Daß der Rückgriff auf das geistige Erbe, der Blick in die Geschichte wieder à la mode sind nach einer langen Periode der historischen Bewußtlosigkeit, wird nirgends deutlicher als in der länger werdenden Reihe großer Ausstellungen, die uns seit etlichen Jahren die Staufer und die Wittelsbacher, Preußen und das zweitausendjährige Trier erneut nahebringen – gewiß nicht kritiklos, aber doch in der Erkenntnis, daß die deutsche Geschichte trotz aller Sprünge und Brüche ein Ganzes bildet, als dessen Erben und Teilnehmer jede Generation ihren Standpunkt neu bestimmen muß.

In all diesen Dingen sind wir Deutschen in West und Ost einander eng verbunden geblieben. Die Literatur wirkte ohnehin stets als ein festes Bindeglied über die künstliche Grenze hinweg, die als Resultat des Zweiten Weltkriegs Deutschland und Europa bis heute in zwei Stücke schneidet. Sie ist dank ihres Ausdrucksmittels, der deutschen Sprache, überdies allen gemeinsam, welchen Deutsch Muttersprache ist. In der Literatur vor allem lebt die von Staatsgrenzen unabhängige deutsche Kulturnation kräftig fort, trotz vielerlei Schattierungen regionaler Art und trotz aller Unterschiede, die aus politischen Umständen herrühren.
Doch gilt ähnliches für andere Formen kulturellen Ausdrucks. Manche sind freilich ganz international geworden, zum Beispiel die Tendenzen der Malerei, und dies um so gründlicher und rascher, je mehr wir dank der modernen Kommunikationsmittel – vom Telefon über das Tonband bis zum Fernsehen – alle miteinander unmittelbar und gleichzeitig an den Weltgeschehnissen teilnehmen können. Brauchte der gotische Stil noch Jahrzehnte, um von West nach Ost durch Europa zu wandern, so nehmen wir von der neuesten Wolkenkratzerarchitektur New Yorks in Wort und Bild binnen weniger Wochen Kenntnis.
Und das Konzert neulich zum 25. Geburtstag des Goethe-Instituts in Tokio kam gar live, will sagen zeitgleich über Satellit und Bildschirm in die Wohnstuben.

Daß in dieser schönen neuen Welt allerhand Probleme stecken, will ich nicht verschweigen: zum Beispiel die ungeheuer gewachsene Macht der Medien und ihrer Herren, mit ihr die Gefahr einer weltweiten kulturellen Uniformierung. Doch ist dies heute nicht mein Thema, und jedenfalls steht fest, daß die modernen Kommunikationstechniken vorhanden sind und gebraucht werden, zu unserem Nutzen oder auch Schaden.
Zu ihrer nützlichen Seite gehört ganz gewiß die Wirkung, die sie auf den Zusammenhalt der Deutschen als Nation ausüben. Die deutsche Wiedervereinigung finde allabendlich um acht Uhr zu Beginn der Tagesschau statt, sagt ein etwas bitterer Scherz, der denn doch eine sichtbare Wahrheit enthält – die Tatsache nämlich, daß die innerdeutsche Grenze keine Kulturgrenze geworden ist, allen einschlägigen Bemühungen der Regierenden in Ost-Berlin zum Trotz. Ja, diese Regierenden haben inzwischen eingestehen müssen, daß sie keine »sozialistische deutsche Nationalkultur« haben schaffen können, wie sie das lange Zeit wollten.
Zwar halten sie an ihrer – unzutreffenden – Behauptung eisern fest, nur in ihrem Staat, der von ihrer Bevölkerung so ungeliebten DDR, lebten die guten Traditionen deutscher Geschichte und Kultur fort. Aber jedermann weiß und sieht, daß in Wahrheit auch unter der Herrschaft des »realen Sozialismus« die so lange verdrängte und verzerrte ganze deutsche Geschichte die Lebenden einholt. Mag auch ideologisches Wortgeklingel die Rehabilitation von Luther, Friedrich dem Großen und neuerdings Bismarck durch die DDR-Führung umnebeln, so ist doch das eigentliche Ereignis die Wiedereinbeziehung lange verleugneter großer Deutscher in die Gegenwart. Die deutsche Geschichte holt die in Ost-Berlin regierenden Kommunisten ein, nicht umgekehrt.
Wie die Literatur und die Geschichte, so auch die Künste. Der musikalische Zusammenhang blieb stets ungebrochen, und die Theaterleute arbeiten miteinander wie eh und je. Lehrreich scheint mir aber auch, wie etwa in der Architektur die Entwicklungen ganz gleichzeitig und gleichsinnig laufen, seitdem Ende der fünfziger Jahre drüben der importierte Stalin-Stil abgeschafft und der Übergang zum Bauhaus vollzogen wurde. In der DDR wie bei uns und übrigens in ganz Europa hat gerade eben die »Postmoderne« begonnen, wird der Reiz des 19. Jahrhunderts wieder entdeckt und große Mühe auf die Restaurierung der Reste historischer Stadtbilder ver-

wandt. Es könnte übrigens sein, daß damit der seit den zwanziger Jahren herrschende streng geometrische Stil des Bauhauses an sein Ende kommt.

Mit der kulturellen Wiedergeburt der Deutschen in West und Ost sind wir natürlich Teilhaber weltweiter Entwicklungen, die nur jeweils mit deutschem Akzent versehen werden. Was davon »typisch deutsch« sei, ist eine schwierige Frage. Sie wäre leichter zu beantworten, wenn es eine auch nur annähernde Übereinstimmung darüber gäbe, was denn eigentlich unter »typisch deutsch« zu verstehen ist.

Wir Deutschen sind darüber seit jeher uneinig, und mit uns unsere ausländischen Analytiker. »Tatenarm und gedankenvoll« nannte uns Hölderlin, sehr entgegen dem späteren Eindruck, den die Welt von uns gewann; »vollkommene Redlichkeit zeichnet den Charakter der Deutschen aus«, glaubte Mme. de Staël geborene Necker, doch widersprach ihr schon Goethe, indem er von den »lieben Deutschen« behauptete: »erst schweigen sie, dann mäkeln sie, dann beseitigen sie, dann bestehlen und verschweigen sie« (zu Riemer, 29. August 1816). Der polnische Nobelpreisträger Henryk Sienkiewicz brachte 1895 solche Widersprüche sogar in eine einzige Definition: »Wenn der Deutsche ein Pessimist ist, so schreibt er ganze Bände darüber, daß das Leben uns zur Verzweiflung bringt. Dabei wird er doch nach wie vor sein Bier trinken, Kinder aufziehen, Geld aufhäufen, seinen Garten bebauen und ruhig unter seiner Decke schlafen«.

Lassen wir es dabei bewenden. Fragen wir statt dessen danach, was als der besondere deutsche Beitrag zur Weltkultur gelten kann. Da wird das Bild schon deutlicher. Drei Elemente werden über die letzten Jahrhunderte hinweg besonders sichtbar. Da ist einmal der Beitrag, den tiefbohrende Denker zur Selbstvergewisserung des Menschen geleistet haben, ja darüber hinaus zu weitreichenden, sogar revolutionären geistigen Wendungen – ich meine Luther, den deutschen Idealismus und Karl Marx. Wie lebendig diese zuweilen unheimliche Fähigkeit unter den Deutschen geblieben ist, scheint mir offen.

Da ist zweitens die Romantik im weiten Sinn des Wortes, also jene geistige und künstlerische Bewegung, zumal in der Musik, die dem

Verstand das Gefühl, dem Realismus das Übersinnliche, der materialistischen Gegenwart die verschönte Vergangenheit oder die geglaubte Utopie entgegensetzt, heute unter anderem sichtbar in den linken und rechten Oppositionsbewegungen gegen die Bonner Demokratie und in deren kulturellen Manifestationen etwa durch Film, Tanz und Bild.
Und drittens, nicht zu vergessen, die nach wie vor lebendige Tradition von Ordnung, Disziplin, planender Strenge und vollem Einsatz für die Sache, die viele »preußisch« nennen und die jedenfalls ein entscheidendes Ingrediens der erstaunlichen industriellen Entwicklung Deutschlands seit hundertfünfzig Jahren darstellt.
Wie verschieden diese drei Beiträge zur Weltkultur sind, wie widersprüchlich also das deutsche Charakterbild in den Augen der Welt ist und bleiben muß, das muß ich nicht näher begründen oder erläutern. Wenn es einen gemeinsamen Nenner gibt, dann ist es vielleicht die große Intensität, manchmal die Unbedingtheit, mit der wir sowohl das Denken betreiben als auch das Handeln, sowohl den Aufbau der industriellen Welt als auch die Konstruktion der romantischen Gegenwelt. Richard Wagner, dieser typische Deutsche, definierte in seiner Schrift von 1867 über »Deutsche Kunst und deutsche Politik« dazu: »Was deutsch sei: nämlich, die Sache, die man treibt, um ihrer selbst und der Freude an ihr willen treiben.« Daraus ist dann das vielzitierte Wort geworden, deutsch sein heiße, eine Sache um ihrer selbst willen tun – notfalls also auch den Weltuntergang, ob auf der Bayreuther Bühne oder gar im Leben. Aber auch wir Deutschen leben gern, erst recht nach dem von Hitler geprobten, zum Glück schließlich mißlungenen Weltuntergang anno 1945.
Doch bleibt zu beobachten, daß die Liebe zur Unbedingtheit des Denkens und Handelns, mithin die Verachtung des Kompromisses, ja daß die Gefahr der Maßlosigkeit unter den Deutschen weiterhin lebendig geblieben ist. Und das gilt ganz gewiß für die Deutschen in West und Ost, Nord und Süd, sogar für manche unserer nahen Vettern in der Schweiz und unsere entfernteren Vettern in den Niederlanden, während sich freilich die österreichischen Brüder in diesem Porträt nicht so recht wiederfinden werden.

Ganz unversehens haben meine Überlegungen damit einen historisch-politischen Charakter gewonnen. Indem ich bisher von Sprache, Literatur und Geschichte, von Kunst und Philosophie sprach, war doch immer schon die politische Dimension sichtbar. Das mag manchen überraschen oder sogar verdrießen, der Kultur und Politik für zwei säuberlich voneinander zu trennende Lebensbereiche hält. In der historischen Erfahrung findet diese Theorie der Trennung indessen keine Stütze, im Gegenteil. Die deutsche Nationalkultur, wie sie sich seit dem frühen Mittelalter in Stufen, auf Umwegen und mit überraschenden Wendungen entwickelte, war wie alle europäischen Kulturen stets untrennbar mit der politischen Nationalgeschichte verbunden. Ihre große Blüte von der Mitte des 18. bis tief in das 19. Jahrhundert zeichnet sich zwar, im Gegensatz vor allem zu Frankreich, durch ihre regionale Vielfalt besonders aus. Doch auch diese Vielfalt gehört zur politischen Geschichte der sich zur gleichen Zeit neu formierenden und einigenden deutschen Nation.

»Unpolitisch« waren auch die Heroen dieser Kulturblüte keineswegs. Es sei mir als einem Nachkommen eines der großen Historiker jener Zeit und gelernten Historiker gestattet, meine Behauptung an diesen zu exemplifizieren. Das ist sehr leicht: Von Niebuhr über Ranke und Mommsen bis zu Meinecke waren sie alle in die politischen Kämpfe ihrer Zeit verstrickt, nahmen leidenschaftlich Partei und nutzten die Historie als Spiegel der Gegenwart:

- so Niebuhr mit seiner römischen Idealverfassung, in der Adel und Bauern friedlich als Bürger eines Staates zusammenwirken,
- so Ranke mit seiner These vom Primat der Außenpolitik, dem die Staaten zu folgen haben,
- so Mommsen in seiner berühmten kritischen Schilderung Caesars als eines antiken Napoleon.

Sie alle erwarteten dabei vom Staat, dem sie dienten, ganz selbstverständlich den schuldigen Respekt vor der Freiheit der Wissenschaft und der Kultur. Nur in solcher Freiheit, die sie sich notfalls auch nahmen, konnten sie als wissenschaftliche Neuerer wirken; nur in solcher Freiheit konnte die große deutsche Literatur gedeihen, deren Motto seit Schiller »in tyrannos« hieß; nur diese Freiheit, die manchmal freilich der Narrenfreiheit ähnlich sah, gab Beethoven im reaktionären Wien des Fürsten Metternich die Kraft zur Schöpfung seiner revolutionären Musik.

So »politisch« also Kultur und Wissenschaft stets sind – und nie-

mand weiß dies genauer als die Diktatoren jeder Couleur, die deshalb immer versuchen, sich beider zu bemächtigen –, so sehr brauchen sie zu ihrer vollen Entfaltung Freiheit von Einmischung, Druck und Zwang, aus welcher politischen Richtung auch immer.
Es ist eben nicht wahr, daß Kunst und Literatur, Geist und Forschung unter strenger Herrschaft besonders blühen. Was als solche einmal galt, nämlich die Fürstenherrschaft in Deutschland, war in Wahrheit doch zumeist recht milde und nur da und dort so etwas wie eine Tyrannei. Seit Hitler und Stalin wissen wir wieder besser: der Geist flieht die Tyrannen. Die in den letzten Jahren von Deutschland nach Deutschland emigrierten Schriftsteller Reiner Kunze, Sarah Kirsch und die vielen anderen, sind dafür vor unseren Augen ein lebendiges, bewegendes Beispiel.
Exemplum docet: Kultur und Politik haben sehr viel miteinander zu tun, nicht in dem Sinne, daß die eine der anderen untertan sei, sondern als miteinander verflochtene Lebensbereiche, deren jeder doch sein eigenes Recht hat. Demokratische, liberale Politik ist nötig, damit die kulturelle Schöpferkraft den Freiraum erhält, den sie braucht, und übrigens oft genug auch das Geld, das sie nicht weniger braucht. Eine freie, schöpferische Kultur ist nötig, damit sich unser Staat als eine liberale Demokratie nach innen und außen legitimieren, damit unser Volk seinen Beitrag zur Weltkultur leisten und vor allem damit der einzelne Bürger geistige und seelische Erfüllung finden kann, indem er Kultur schafft und aufnimmt.

Es geht also nicht ohne diejenigen Grundwerte und Grundhaltungen, die unsere Demokratie tragen und die neuerdings als Grundlagen und Elemente der politischen Kultur bezeichnet werden. Der Begriff »politische Kultur« schillert nun allerdings in manchen Farben. Was ist eigentlich gemeint? Geht es darum, daß die Politiker in Anstand und Toleranz miteinander umgehen, sich der Lüge enthalten und Gerechtigkeit möglichst gegen jedermann üben? Ja, ganz gewiß, und leider sind wir in Bonn und anderswo allzu oft allzu weit davon entfernt.
Doch meint »politische Kultur« eigentlich mehr, nämlich uns alle, uns Bürger eines freien Landes. Ralf Dahrendorf spricht in diesem Zusammenhang in seinem 1965 erschienenen, immer noch lesens-

werten Buch über »Gesellschaft und Demokratie in Deutschland« von den »öffentlichen Tugenden«, deren Vorherrschaft »unter den geltenden sozialen Werten notwendige Bedingung für das Funktionieren der Verfassung der Freiheit« sei. Nicht als ob die privaten Tugenden, überhaupt die Privatheit, niedriger einzuschätzen seien! Aber, so sagt Dahrendorf, wo nur persönliche Freundschaft und familiäre Harmonie das Bild bestimmen, da wird der Mensch »ein Wesen ohne Öffentlichkeit, und die Bildung der Nation tritt zurück«.

Wer dagegen eine Welt mündiger, freier Menschen wolle, der brauche öffentliche Tugenden, besonders »Respekt vor dem anderen und seiner Sphäre« und ebenso Respekt vor den Spielregeln im Umgang miteinander. Das heißt: Freiheit ist stets auch die Freiheit des anderen, und Demokratie herrrscht nur, wenn ihre Regeln anerkannt sind. Demokratische politische Kultur lebt dort, wo diese Grundsätze allgemein gelten – wo Toleranz herrscht und Pluralität der Meinungen nicht als Schwäche, sondern als Stärke gilt. Solche Pluralität war seit jeher ein Lebensgesetz von Kunst und Wissenschaft; das Wort »Kultur« stimmt also durchaus, auch und gerade in diesem vielen noch ungewohnten Zusammenhang.

Toleranz und Pluralität sind indessen alles andere als Beliebigkeit. Deutscher Unbedingtheit fällt es besonders schwer, diese Unterscheidung zu sehen. Ihr gilt Toleranz nicht als die unentbehrliche Tugend des Miteinanderlebens, sondern als Zeichen mangelnder Entschiedenheit im Eintreten für die als richtig erkannte Sache. Damit wird ein falscher Gegensatz konstruiert. Tatsächlich kann nur wirklich tolerant sein, wer selbst auf festem Boden steht, zugleich aber weiß und anerkennt, daß eine andere Erkenntnis als die eigene möglich ist und ihr eigenes Lebensrecht besitzt.

Ich kenne keine schönere Beschreibung solcher Toleranz als die Parabel von den drei Ringen, die Lessing dem weisen Nathan in den Mund legt und an deren Schluß der Richter den drei Söhnen, welche die monotheistischen Religionen verkörpern, das folgende Urteil verkündet:

> »Wohlan!
> Es eifre jeder seiner unbestochnen,
> von Vorurteilen freien Liebe nach!
> Es strebe jeder von euch um die Wette,

die Kraft des Steins in seinem Ring an Tag
zu legen, komme dieser Kraft mit Sanftmut,
mit herzlicher Verträglichkeit, mit Wohltun,
mit innigster Ergebenheit in Gott zu Hilf!«

Schon Lessing wußte eben, worin sich politische Kultur als unentbehrliches Element einer Verfassung der Freiheit verwirklicht.

Ich habe mit Bedacht Lessing zitiert. Gäbe es eine Ehrengalerie derjenigen Dichter und Denker, die für unsere Demokratie Verpflichtendes gesagt, geschrieben und getan haben, dann wäre dieser große deutsche Humanist sicherlich einer der ersten, die in diese Galerie aufzunehmen wären. Er steht zugleich für jene Tradition deutschen Geistes, die zeigt, daß romantischer Illusionismus und religiös oder ideologisch begründete Intoleranz nicht als »typisch deutsch« gelten müssen.

Theodor Heuss gehört als Persönlichkeit wie als Politiker ebenso in diese Tradition. Er beschrieb 1947 in seiner Ansprache vor dem Eisenacher Parteitag der LDPD den engen Zusammenhang von Freiheit und politischer Kultur als Aufgabe liberaler Politik so:

»Die Geschichte der Freiheitskämpfe in Deutschland ist eine Geschichte der Niederlagen. Die anderen hatten siegreiche Revolutionen und haben den Sieg ihres Pathos, ihres Glaubens auch den Unterlegenen geschenkt. Aber wir haben als Erbe die Ängste der Deutschen vor der Freiheit bekommen. Nun stehen wir vor der Frage: Kann denn diese Freiheit in Deutschland eine Heimstätte finden? . . . Wir sehen die Freiheit nicht als ein Stück, das mit Inhalt erfüllt sein soll. Wir sehen auch die Toleranz und Duldung nicht als eine Angelegenheit der Weichherzigkeit, sondern als eine tapfere Achtung vor der Würde des anderen. Was dem Deutschen fehlt, ist das Wort und die Fähigkeit, ›Fairness‹ zu üben. Unsere junge Demokratie wird erst dann zu guten Spielregeln kommen, wenn sie dieses Wort, diese Haltung sich selbst zu eigen gemacht hat.«

Ist ein solches Zitat nach fast vierzig Jahren bloße Schattenbeschwörung? Ich meine nein. Gewiß hat die Demokratie bei uns mittlerweile recht feste Wurzeln geschlagen. Aber die Tugenden der Fairneß und Toleranz, des Respekts vor Freiheit und Recht des anderen, nach

Lessing der Verträglichkeit und des Wohltuns – diese Tugenden haben, fürchte ich, noch keineswegs einen festen Platz in den Köpfen und Herzen vieler Mitbürger. Die Kompromißfähigkeit ist sogar, wie es scheint, gesunken, ob zwischen den Parteien oder unter den Sozialpartnern. Zunehmende politische Polarisierung, wachsende Härte der Arbeitskämpfe, weitgehende Sprachlosigkeit zwischen den Generationen – die Diagnose kann nicht hoffnungsvoll stimmen.
In einer solchen Lage kommt es vor allem auf dreierlei an.
Erstens: Die Politiker müssen lernen, daß demokratische Politik kein moralfreies Spiel um Machtgewinn und Machtverlust sein darf, daß sie sich auf öffentliche Tugenden gründen und die allgemeine Geltung dieser Tugenden erstreben muß.
Zweitens: Eine so verstandene demokratische politische Kultur kann nur leben, wenn sie immer wieder auf den Prüfstand des offenen Dialogs zwischen Kultur und Politik, Geist und Macht gestellt wird.
Drittens: In der sich immer enger vernetzenden modernen Welt sind Freiheit, Demokratie, Kultur nicht mehr Privileg einiger Nationen oder der im Wohlstand lebenden Minderheit, sondern Anspruch und Ziel für alle.
Daraus sind Folgerungen zu ziehen, sowohl im eigenen Land als auch für den Dialog und die Zusammenarbeit mit den anderen. Wir Deutschen sind zu begabt und zu zahlreich, als daß wir uns dabei auf neutrales Zusehen beschränken dürften. Unser Beitrag zur Weltkultur ist auch künftig nötig. Er wird nicht nur daran zu messen sein, ob durch ihn die Erde friedlicher und wohnlicher wird. Es kommt ebenso darauf an, der Verfassung der Freiheit und mit ihr der Freiheit der Kultur, des Geistes sowohl bei uns selbst eine dauernde Heimstatt zu bieten als auch in der Welt eine friedliche Chance zu schaffen.
Zur Lösung dieser Aufgabe wird, um Kants berühmte Beschreibung der Aufklärung darauf anzuwenden, »nichts erfordert als Freiheit; und zwar die unschädlichste unter allem, was nur Freiheit heißen mag, nämlich die: von seiner Vernunft in allen Stücken öffentlichen Gebrauch zu machen«. Das heißt: wer die Freiheit verwirklichen will, muß sie selbst anwenden.

Gibt es noch den häßlichen Deutschen?
– 1985 –

Der gute Deutsche als Kunstfigur?

Die Geschichte ist nicht neu, aber immer noch hübsch – nämlich die von den Antworten auf eine akademische Preisfrage über das Kamel. Der französische Professor schickt nach zwei Besuchen im Zoo einen Essay über »le chameau et ses amours«, sein britischer Kollege, nachdem er an einer Wüstenexpedition teilgenommen hat, eine Serie von Zeitungsartikeln »How to hunt the camels« – und der deutsche Professor legt nach zwei Jahren gründlicher Arbeit in der Universitätsbibliothek drei Bände mit vielen Anmerkungen vor über »Das Kamel an sich«. Die Geschichte stammt erkennbar aus früheren Zeiten, als Paris und Liebe noch synonym waren, das britische Weltreich noch bestand und deutsche Professoren noch angesehene Leute waren. Sie zeigt etwas in schöner Blüte: zum Klischee erstarrte Vorstellungen über andere Nationen. Solche sogenannten Stereotypen gibt es seit eh und je, und meist sind sie nicht schmeichelhaft; schon die alten Griechen mochten die alten Römer nicht gut leiden und schalten sie kulturlos, mit gutem Erfolg bis heute. Das war ihre Rache dafür, daß sie in das römische Imperium mit Gewalt eingegliedert worden waren.

Der gründliche deutsche Professor als nationale Stereotype – da reflektiert sich, unschwer zu erkennen, in ironischer Spiegelung die Weltgeltung deutscher Wissenschaft und Philosophie im neunzehnten Jahrhundert, von Immanuel Kant bis zu Max Planck. Vom »häßlichen Deutschen« noch keine Rede, im Gegenteil. Wer will, der kann neben dem Professor durch die Jahrhunderte noch eine Reihe anderer positiver Vorstellungen über die Deutschen sammeln. Das beginnt mit dem Römer Tacitus, der seinen verderbten Zeitgenossen die Germanen, unsere vermutlichen Vorfahren, als barbarische, aber überaus freiheitsliebende Waldbewohner vorführte. Es setzt sich fort mit Germaine de Staël, geborene Necker, die im Jahre 1810 ihre Liebe zum romantischen Deutschland in einem rasch berühmten Buch öffentlich bekannte. Noch in einem 1965 erschienenen Sammelband über die Deutschen, den Hermann Ziock herausgab, teilt der Ägypter Magdi Youssef mit, vor allen anderen Europäern erweckten bei den Arabern die Deutschen uneingeschränkte Sympathie wegen ihrer hohen ethischen Lebensauffassung und ihres unermüdlichen Fleißes. Im gleichen Band findet sich eine bewegende Klage des afrikanischen Humanisten Leopold Senghor über den Untergang des von ihm geliebten deutschen Humanismus in einer Zivilisation des Komforts.

Von Tacitus bis Senghor – noch immer keine Spur vom häßlichen Deutschen, wohl aber die Erkenntnis, daß der unabhängige, romantische, musikalische, philosophisch-moralische, fleißige, humane, kurz der gute Deutsche offenbar Produkt der jeweiligen geschichtlichen Situation und des jeweiligen Betrachters ist. Diese so sympathische Figur entstand nicht als Objekt zweckloser Bewunderung. Ihre Schöpfer verfolgten vielmehr einen doppelten Zweck: zum einen Dank für von Deutschen empfangene geistige Bereicherung, zum anderen Ermahnung an die eigenen Landsleute, sich zu bessern und so zu werden und zu handeln wie wir.

Der gute Deutsche also als Kunstfigur? Das dürfte nur jemanden überraschen, der Stereotypen für die Wirklichkeit hält. Charakteristisch für die Vorstellungen anderer vom Nationalcharakter eines Volkes ist ja gerade, daß die Vielfalt der Menschen und ihres Verhaltens typisiert, generalisiert, zur Schablone umgeformt wird. »Den« Deutschen gibt es eigentlich gar nicht, so wenig wie »den« Franzosen oder »den« Brasilianer. Aber auch das ist nur die halbe Wirklichkeit. Denn ob gut oder häßlich – eine einmal in den Köpfen vieler Menschen festgelegte Vorstellung davon, welchen Charakter ein Volk habe, ist wirklich, einfach durch ihr Vorhandensein und dadurch, daß sie Wirkungen erzeugt, also ganz unabhängig davon, wieviel Wahrheit sie enthält.

Wäre ich ein Philosoph, so würde ich an dieser Stelle weiter darüber nachdenken, wie sich Wahrheit zur Wirklichkeit verhält. Aber lassen wir die alte Pilatus-Frage nach der Wahrheit für diesmal beiseite. Uns muß es für heute genügen zu sehen, daß die subjektiven Vorstellungen der Menschen über ihre Umwelt oft wirkungsmächtiger sind als die sogenannte objektive Realität – und dies nirgendwo mehr als in der Politik.

Es gibt den »häßlichen Deutschen« tatsächlich!

Untersuchen wir nun also anhand dieser Erkenntnis den »häßlichen Deutschen«. Vier Behauptungen möchte ich zunächst über seine Herkunft und seine Gestalt aufstellen:

1. Es gibt ihn durchaus – vielleicht als Realität, sicherlich in der Vorstellung vieler Leute.
2. Den »häßlichen Deutschen« haben nicht bloß mißgünstige Ausländer geschaffen, sondern auch ernsthafte Deutsche.
3. Das Phantombild des »häßlichen Deutschen« ist so vielgestaltig wie die Deutschen selbst – die im Westen und die im Osten.
4. Es wäre merkwürdig, wenn es ihn nicht gäbe.

Ich behaupte also zunächst, daß es den Ausbund aller deutschen Untugenden oder gar Laster, also den »häßlichen« Deutschen, tatsächlich gibt, zumindest in der Vorstellung vieler Leute. Dies zu beweisen, sind die europäischen Sozialforscher seit langem in der Lage. Ich spreche jetzt nicht von den Wellen, die sich von Zeit zu Zeit in den Publikationsmedien mancher Länder brechen, so zuletzt im Herbst 1977. Auch denke ich dabei nicht so sehr an die offenbar unsterbliche Sorte von Filmen aus Rom oder Hollywood, in denen der dümmlich-brutale Deutsche an die Stelle des indianischen, chinesischen oder sonstigen Bösewichts getreten ist. Vielmehr stütze ich diese Behauptung auf die Untersuchungen im Auftrag des Bundespresseamtes, die Manfred Koch-Hillebrecht lange Zeit durchgeführt und in einem Buch über das Deutschenbild veröffentlicht hat. Drei Versionen des »häßlichen Deutschen« erscheinen da vor allem:

- der gemütliche, aber ziemlich fette und nicht gerade intelligente Biertrinker in Lederhosen,
- der zackige, brutale Militarist, vorzugsweise in schwarzer SS-Uniform,
- der tüchtige, wohlhabende, kleinbürgerlich sich gebärdende Wirtschaftswundermensch, ob als arbeitender Roboter oder als dicklicher und lauter Tourist.

Eigentlich gefährlich mutet nur der zweite dieser Typen an, während die beiden anderen zwar unsympathisch erscheinen, aber doch zuweilen auch heimlich bewundert werden. Gemütlichkeit und Tüchtigkeit vor allem, diese unübersetzbaren deutschen Tugenden, sie machen unseren Nachbarn und der Welt insgesamt zu schaffen.

Sogar den Affen hätten die Deutschen erfunden, heißt es noch heute in Rußland, im Gegensatz zur russischen Erfindergalerie, wie sie die Stalinsche Propaganda einst vorstellte. Da mischen sich Bewunderung und Furcht, ganz ähnlich wie bei manchen unserer französischen Nachbarn, wenn sie von der deutschen Dynamik reden. Ob diese Dynamik wirklich noch so groß ist in einem Lande, dessen Büros am Freitagmittag schließen, will ich dahingestellt sein lassen. Wichtiger ist: der »häßliche Deutsche« erweist sich als aus pervertierten deutschen Tugenden gebildet. Kein Wunder also, wenn er vor allem in der Vorstellung derjenigen unserer Nachbarn kräftig lebt, die besonderen Grund zur Furcht vor deutscher Tüchtigkeit und Dynamik zu haben glauben. Selbst manche deutschsprechenden Nachbarn sind, wie man weiß, von solcher Furcht vor den »Chaibeschwabe« nicht ganz frei.
Es wäre ungerecht, wollte man als Deutscher bestreiten, daß wir in der Geschichte tatsächlich oft schwierige, weil unberechenbare und unruhige Nachbarn waren. Ich meine das nicht nur im politischen oder wirtschaftlichen, viel mehr noch im geistigen Sinn. Das revolutionäre Potential der Deutschen ist beträchtlich, nur eben von anderer Art als etwa das der Franzosen: Unsere Revolutionen – ob die Luthers oder die von Marx und Engels angezettelte – werden an Schreibtischen begonnen, nicht mit dem Sturm auf die Bastille oder auf den nächsten Bahnhof, zu dem wir nach Lenins bekanntem Wort ohnehin unfähig wären. Wer glaubt, das sei doch längst vergessene Vergangenheit, unterliegt einem – ich bin versucht, zu sagen: typisch deutschen – Irrtum. Da sich die deutsche Geschichte über lange Jahrhunderte in Sprüngen vollzog, lassen Deutsche wohl relativ leicht die Vergangenheit hinter sich. Andere sind da anders. Auch historisch überholte Klischees halten sich noch generationenlang zäh in den Köpfen der Menschen. Das Volk der Dichter und Denker freilich, das Germaine de Staël vor hundertsiebzig Jahren feierte, scheint selbst dem Afrikaner Senghor nicht mehr existent.

»Nestbeschmutzer« und Selbstkritik

Der Furcht der Nachbarn bedarf es indessen nicht einmal, damit der »häßliche Deutsche« lebe. Dafür sorgen wir Deutschen schon selbst, vielmehr die sogenannten »Nestbeschmutzer« unter uns. Sie bilden

eine stattliche Reihe. Schon Luther meinte, er wisse wohl, »daß wir Deutschen müssen immer Bestien und tolle Tiere sein und bleiben, wie uns denn die umliegenden Länder nennen und wir auch wohl verdienen«. Unmöglich, in diesem Zusammenhang nicht Goethe zu zitieren, der 1813, also ausgerechnet im Jahr der nationalen Erhebung gegen Napoleon, seinem Freunde Luden schrieb, er habe »oft einen bittern Schmerz empfunden bei dem Gedanken an das deutsche Volk, das so achtbar im einzelnen und so miserabel im ganzen ist«. Der alternde Friedrich Nietzsche bezeichnete zwei Generationen später, nach Bismarcks Reichsgründung, die Deutschen als »unfaßbarer, umfänglicher, widerspruchsvoller, unbekannter, unberechenbarer, überraschender, selbst erschrecklicher, als es andere Völker sich selber sind«; der Deutsche verstehe sich auf die Schleichwege zum Chaos, kündete er prophetisch in »Jenseits von Gut und Böse«. Und erst unser Jahrhundert! Als einen von vielen nenne ich Gottfried Benn, der in einem 1959 veröffentlichten Manuskript, auf das »Dritte Reich« zurückblickend, bemerkte: »Was die Deutschen Idealismus nannten und den sie sich so besonders zusprechen, war immer nur ein Mangel an Formbildung und Gliederungsvermögen«, und der deshalb allen Ernstes vorschlug, die deutschen Kinder künftig »in der Schweiz, in England, Frankreich, Amerika, Dänemark auf Staatskosten (zu) erziehen«.
Genug der nestbeschmutzenden Zitate aus der Feder ernsthafter Deutscher, die übrigens ihr Land und Volk liebten und gerade deshalb öfter an ihm verzweifelten. Derlei ist keineswegs eine deutsche Spezialität. Es gibt beißende Selbstkritik in vielen Ländern, und selbst die Radikalität deutscher Selbstkritik ist nicht einzigartig, gemessen etwa an russischen oder jüdischen Autoren.

Vielfalt des »häßlichen Deutschen« – in Ost und West

So wie in den sozialwissenschaftlich ermittelten Deutschenbildern unserer Nachbarn, so gibt es auch in der langen Tradition deutscher Selbstkritik nicht »den« häßlichen Deutschen, nicht »das« deutsche Kamel an sich. Sondern: Der häßliche Deutsche, wenn es ihn denn gibt, ist so vielfältig wie die Deutschen selbst. Kaum jemand würde zwar heute noch, wie es Hölderlin in seiner Ode »An die Deutschen« tat, sie als »tatenarm und gedankenvoll« kritisieren, eher im Gegenteil. Aber im übrigen kommt die von Nietzsche diagnostizierte Widersprüchlichkeit, also Vielfalt, deutschen Wesens voll zur Geltung, vom äußersten Drill bis zum äußersten Chaos. Diese Vielfalt erlaubt es jedem, sich aus der Fülle jeweils passend zu bedienen, und das geschieht denn auch. Für Propagandisten ist der »häßliche Deutsche« ein gefundenes Fressen. Und da die Deutschen seit nunmehr einer Generation zwischen Ost und West gespalten sind, gilt das gleich doppelt.

Es ist ja wahr: Eine unentbehrliche Stütze des Kapitalismus sind wir Deutschen im Westen, der wichtigste europäische Vorposten des »realen Sozialismus« die Deutschen im Osten. Man identifiziere also den häßlichen Kapitalismus mit dem häßlichen Deutschen, und schon ist alles aufs beste beleuchtet. Für die DDR-Deutschen gilt das mit umgekehrten Vorzeichen ebenso, und zusätzlich müssen sie bei ihren Verbündeten dafür büßen, daß sie trotz des ihnen auferlegten Herrschaftssystems dank ihrer Tüchtigkeit besser leben als ihre Nachbarn und Oberherren. Wer je östlich der DDR reiste, etwa in Polen, weiß um diesen Zusammenhang: für den »häßlichen Deutschen« gibt es dort wie hier bis heute keine Alleinvertretung durch die Bundesrepublik Deutschland.

Es wäre darum merkwürdig, wenn dieses ideale Phantom in absehbarer Zeit verschwände. Es wird in West und Ost gebraucht, sei es auch nur, um von Zeit zu Zeit, bei sich bietendem Anlaß, publizistisch wiederbelebt zu werden. Geschieht dies, so wird man hierzulande sehr schnell nervös, eigentlich ohne rechten Grund. Alle Untersuchungen, wie sie von Koch-Hillebrecht, Graf Zedtwitz-Arnim und anderen referiert werden, sagen übereinstimmend aus, daß veröffentlichte Meinung und öffentliche Meinung zweierlei sind. Dem raschen Wechsel der publizistischen Moden steht ein überaus langsamer, oft nur in Jahrzehnten zu messender Wandel der Einstellungen in den breiten Schichten der Bevölkerung gegenüber. Auf dem Höhepunkt der letzten sogenannten antideutschen Welle, zu Beginn des Jahres 1978, haben dies im »Spiegel« veröffentlichte Ergebnisse von Befragungen erneut dokumentiert.

Wie sollen wir dem »häßlichen Deutschen« begegnen?

Wie also sollen wir dem »häßlichen Deutschen« begegnen, diesem realen Phantom? Für den deutschen Hausgebrauch möchte ich dazu fünf Wünsche äußern. Der erste lautet:
Wir sollten nicht erschrecken, wenn wir dem häßlichen Deutschen von Zeit zu Zeit begegnen, sondern über ihn nachdenken.
Das bedeutet: Zu Hysterie besteht kein Anlaß, auch dann nicht, wenn mit Sicherheit irgendwann eine neue antideutsche Welle losbricht. Das gilt vor allem für unsere Medien, auch für manchen Politiker. Wenn jedes Rauschen im italienischen, französischen oder skandinavischen Blätterwald übereifrig registriert und heftig beantwortet wird, so ist das schon deshalb unangemessen, weil solches Rauschen und die ihm folgende Hysterie zugleich das Bild jener Länder bei uns verzerren.
Als gewesener Journalist füge ich selbstkritisch hinzu: Die inzwischen selbst von großen, seriösen Zeitungen befolgte Parole, nur »bad news« sei »news«, ist der Tod jeder verantwortungsbewußten Publizistik. Da ist dann ein kritischer Kommentar im Mailänder »Corriere Della Sera« berichtenswert, die gleichzeitige Wallfahrt Zehntausender zu einer deutschen Expressionismus-Ausstellung in Rom dagegen nicht. Ich finde das nicht gut, und hoffentlich ändert sich da bald etwas.
Mein zweiter Wunsch lautet: Wir sollen den »häßlichen Deutschen« zwar ernst nehmen, aber nicht deutsch ernst. Wir Deutschen, jedenfalls viele unter uns, neigen ja dazu, eine Sache stets sehr grundsätzlich zu sehen. Nun kann es durchaus eine Tugend sein, den Dingen auf den Grund gehen zu wollen. Aber wie Tugend und Laster oft nahe beieinander liegen, so besonders hier. Eine allzu ernste Beschäftigung mit dem »häßlichen Deutschen« führt dazu, ihn erst recht zur Realität werden, ja ihn außerhalb aller Proportion wachsen zu lassen. Den von Gottfried Benn am deutschen Idealismus diagnostizierten Mangel an Formungsvermögen zu überwinden, verlangt nach Sinn für Proportion. Er fehlt noch allzu oft.

Selbstmitleid ist fehl am Platz

Und nicht nur das. Es gibt auch einen Unterton deutschen Selbstmitleids in der übertriebenen Diskussion um antideutsche Kritik, zumal solche des Auslands. Wer immer sich als Deutscher gern unverstanden fühlt, findet hier ein weites Feld, besonders dann, wenn es, zufällig oder nicht, aus Ost und West gleichermaßen hagelt. Solches Selbstmitleid ist fehl am Platz, nicht nur weil es Ursachen und Wirkung verwechselt. Auch steckt in ihm, wenn auch in kläglicher Weise negativ gewendet, ein Rest jenes dunklen deutschen Erwählungsmythos, der soviel Unheil über uns gebracht hat. Dagegen hilft am besten das helle Tageslicht nüchterner Erkenntnis der Realität. In dieser Realität steht fest, daß das Deutschenbild in aller Welt weitaus besser ist, als larmoyante Selbstbemitleidung wahrhaben will. Vierzig Jahre friedlicher Aufbauleistung und verläßlicher Partnerschaft mit Freunden und Nachbarn, vierzig Jahre demokratischer Bewährung fallen da trotz der Langsamkeit völkerpsychologischer Prozesse zunehmend ins Gewicht, sind heute schon stärker als die kritischen Gegenbilder. Selbst massive, jahrzehntelange Propagandafeldzüge während der Zeit des »kalten Krieges« konnten diese historische Entwicklung nicht aufhalten.

Gelassenheit und – wo nötig – Widerspruch

Weder Panik noch tierischer Ernst sind also gefragt, sondern Gelassenheit und – dort, wo es nötig ist – entschiedener Widerspruch. Denn die wirkliche, nicht die eingebildete Wirklichkeit ist doch, daß die Deutschen in West und Ost unter Schmerzen ihre Lektion gelernt haben. Ihr tatsächliches Verhalten widerlegt alle jene, die ihnen Revanchelust oder imperialistische Herrschsucht andichten. So radikal änderten sie ihr Verhalten, daß unsere Freunde heute eher besorgt fragen, ob wir Deutschen, jedenfalls wir im freien Teil unseres Landes, uns wirklich vor unserer wachsenden weltpolitischen Verantwortung drücken wollen, und ob wir wirklich die Sehnsucht nach nationaler Einheit hinter uns gelassen haben. Wir erleben es gerade in diesen Monaten wieder, wie sich die in Moskau ausgedachte Revanchismus-Kampagne schon wieder totläuft, weil ihr die sichtbare Realität entgegensteht. Das will ja nicht heißen, wir brauchten uns um Phantom oder Realität des »häßlichen Deutschen« nicht mehr zu kümmern. Im Gegenteil: Ein Land, dessen weltpolitisches und weltwirtschaftliches Gewicht erheblich ist und sichtbar weiter wächst, muß damit rechnen, daß sich auch seine Kritiker und Gegner fleißig rühren. Im Zeitalter des Massentourismus bleiben überdies negative Reaktionen gegen diejenigen nicht aus, die sich als reiche Onkel gedankenlos durch die armen Teile dieser Welt bewegen. Aber selbst eine schlimme Vergangenheit bleibt nicht auf ewig als unbeweglicher Klotz auf der Seele dieser Welt liegen. Die Reaktionen in vielen Ländern auf die Filmserie »Holocaust« haben es gezeigt.

So kann es kaum überraschen, darf uns aber freuen, was die Allensbacher Demoskopen letztes Jahr im Auftrag des »Stern« ermittelten: Jedenfalls bei unseren wichtigsten Verbündeten – den Amerikanern, Engländern und Franzosen – sind die Deutschen beliebter, als wir selbst meist glauben. Auf die Frage, ob man die Deutschen eigentlich möge, antworteten 71 Prozent der Amerikaner, 44 Prozent der Franzosen und 42 Prozent der Briten bejahend, nur 7, 17 und 20 Prozent negativ. Dabei ist das positive Bild unter den Jüngeren deutlich noch stärker als in der älteren Generation. Welcher Unterschied zu dem Bild, das uns die Medien vermitteln!

Warnung vor unangebrachtem Optimismus

Mein dritter Wunsch ist allerdings zugleich eine Warnung vor unangebrachtem Optimismus, den solche Zahlen womöglich fördern: Wir sollen nicht glauben, jedermann müsse alle Deutschen lieben.

Dies haben wir ja mit unseren nordamerikanischen Vettern gemeinsam: Wir wollen gar zu gern geliebt werden, »everybody's darling« sein. Unsere weltpolitisch erfahreneren Nachbarn, Engländer und Franzosen zumal, wissen längst, daß das nicht geht. Kleine Länder und Völker mögen in der Lage sein, aller Welt als nett und liebenswert zu erscheinen. Große Weltmächte andererseits mögen glauben, sich nach der Devise der ersten imperialistischen Macht des Altertums verhalten zu können, die lautete: »Oderint, dum metuant« – mögen sie hassen, solange sie fürchten …

Deutschland und die Deutschen sind weder klein genug für das eine noch groß und zahlreich genug für das andere, einmal ganz abgesehen von der fragwürdigen moralischen Qualität imperialistischer Verhaltensweisen. Da wir jedermanns Liebe nicht erreichen können, jedermanns Haß nicht auf uns laden wollen, kann die Devise nur heißen, das Vertrauen möglichst vieler zu erwerben und vom Rest jedenfalls respektiert zu werden. Public Relations reichen dazu allerdings nicht aus.

Vertrauen erwerben – Qualität der Innen- und Außenpolitik

An dieser Stelle ist vielmehr die Frage nach der Qualität der Innen- und Außenpolitik unseres Landes gestellt. Sie mag zwischen Regierung und Opposition in Bonn umstritten sein. Aber jenseits dieses Streits ist doch klar: Liberalität und Stabilität der demokratischen inneren Ordnung ebenso wie Kontinuität und Verläßlichkeit der Außenpolitik sind entscheidend dafür, daß Vertrauen oder mindestens Respekt gewonnen und erhalten werden. Es wäre gut, wenn dies auch im permanenten Wahlkampf unseres Landes nicht in Vergessenheit geriete, sondern wenn darüber der Grundkonsens zwischen Regierung und Opposition erhalten bliebe. Wir brauchen diesen Grundkonsens, wenn wir mit Erfolg an der Verbesserung des Deutschlandbildes in aller Welt weiterarbeiten sollen. Das gilt besonders für die auswärtige Kulturpolitik, die nun schon traditionell auf der Basis eines solchen Konsenses geführt wird, sehr zu ihrem Vorteil.

Die Bedeutung der auswärtigen Kulturpolitik

Die auswärtige Kulturpolitik mit ihren vielfältigen Feldern und Instrumenten ist nicht der einzige, aber ein sehr wichtiger Bereich, in dem praktisch an der Formung des Deutschlandbildes im Ausland gearbeitet wird: durch Förderung der Kenntnis unserer Sprache und damit zugleich unseres Landes in den meisten Ländern der Welt, durch Auslandsschulen und Kulturinstitute, durch Studenten- und Wissenschaftleraustausch, durch gegenseitige Präsentation von Musik, Kunst und Literatur und nicht zuletzt durch Zusammenarbeit von Jugend- und Sportverbänden, Bildungsstätten und sozialen

Organisationen. Längst ist die Zeit vorbei, in der dabei bloße Selbstdarstellung im Vordergrund stand. Auswärtige Kulturpolitik, die Stereotypen zielbewußt und langfristig überwinden will, muß in Dialog und Partnerschaft geführt werden.
Und darum mein fünfter Wunsch: Wir sollen unsere Freunde unterstützen und mit unseren Kritikern sprechen, aber unseren Gegnern Widerpart halten. Das klingt sehr theoretisch, ist aber sehr praktisch gemeint. Zum Beispiel noch einmal die fast schon vergessene antideutsche Welle von 1977/78 mit all ihren Ingredienzien vom Terrorismus und seiner Bekämpfung bis zum wirklich schon vergessenen Fall Kappler: Wir haben damals in der Kulturabteilung des Auswärtigen Amts ein mittelfristiges Programm zur Verbesserung des Deutschlandbildes, vor allem in Europa, entworfen, Bundesregierung und Bundestag bewilligten dafür das notwendige Geld. Inhalt dieses Programms war und bleibt im Kern nicht der kurzatmige Versuch, auf da und dort hörbare und spürbare kritische Bewegung im jeweiligen Lande in hektischen Gegenbewegungen zu reagieren. Manche Reaktion ist zwar nötig, weil Schweigen Zustimmung bedeuten würde, doch reicht sie nicht aus. Wir haben vor allem den Personenaustausch über die Grenzen verstärkt, weil wir hier die besten Chancen langfristig angelegter Überzeugungsarbeit erblicken. Die wirksamsten Verbreiter eines realistischen, im Kern positiven Deutschlandbildes sind eben nicht von hier entsandte oder bezahlte Fachleute, sondern unabhängige Bürger des betreffenden Landes, die ihre Stimme überzeugend erheben können, weil sie eigene Kenntnis und Erfahrung im Umgang mit Deutschland und den Deutschen gewonnen haben.

Kritische Freunde – grenzüberschreitender Dialog

Und wenn solche Freunde dann auch einmal ein kritisches Wort über uns sagen, erhöht es nicht nur ihre Glaubwürdigkeit, sondern zugleich den Wert des Dialogs, den wir mit ihnen führen. Gegen die übertriebene Reizbarkeit, ja Nervosität mancher Kreise gegenüber ausländischer Kritik halte ich daran fest, daß solche Kritik jedenfalls dann hilfreich ist, wenn sie auf Besserung, nicht auf Schaden abzielt. Wir nehmen ja auch für uns in Anspruch, beispielsweise über die

Verwirklichung der Menschenrechte in anderen Ländern notfalls Kritik, auch öffentliche Kritik, zu üben.
Wer gegen solchen grenzüberschreitenden Dialog mit dem Argument angeht, so werde die nationale Souveränität verletzt, der hat den Nationalismus des 19. Jahrhunderts noch nicht überwunden. Auch muß er sich entgegenhalten lassen, daß längst neue internationale Verpflichtungen entstanden sind, die auch innerstaatliches Verhalten regeln, wie etwa die beiden Menschenrechtspakte der Vereinten Nationen von 1966 oder die 1975 von 35 Staats- und Regierungschefs unterzeichnete Schlußakte von Helsinki. Absicht dieser Dokumente ist ja gerade, alle unterzeichnenden Staaten auf bestimmte Verhaltensweisen nach außen und innen zu verpflichten und damit den notfalls auch kritischen Dialog der Regierungen und der Bürger über die Grenzen hinweg zu legitimieren. Die Bundesrepublik Deutschland hat keinen Grund, einen derartigen Dialog mit ihren Nachbarn zu fürchten, ganz im Gegenteil.
Natürlich geht es dabei auch um Stilfragen. Wenn ich mich als freier Bürger im Ausland über mein eigenes Land äußere, werde ich mich bei aller Freiheit doch bemühen, heimische Kontroversen und Polemiken nicht gerade in voller Lautstärke draußen auszutragen. Damit kein Mißverständnis entsteht: Konflikte zu verschweigen oder zu übertünchen, wäre schon deshalb schlechte Politik, weil im Zeitalter der Massenkommunikation ohnehin jeder in aller Welt erfahren kann, was bei mir zu Hause los ist. In anderer Umgebung, vor anderen Menschen kommt aber viel darauf an, nicht nur Bruchstükke der inneren Szene vorzuzeigen, sondern das Ganze – und dabei die Proportionen zu wahren. Das sollte in gleicher Weise auch gelten für die Art und Weise, wie man sich als Ausländer von außen her an inneren Debatten eines anderen Landes beteiligt. C'est le ton qui fait la musique – an diese alte Wahrheit muß man gelegentlich erinnern.
Gleichwohl bleibt es dabei: Kritik über die Grenzen hinweg muß möglich, ja willkommen sein. Es gibt ja auch häßliche Nichtdeutsche, die uns Unbehagen bereiten, und beileibe nicht nur »ugly Americans«. Auch sie als Phantom entlarven zu helfen, ist eine wichtige, eine legitime Sache. Ließe sich nicht vorstellen, daß dazu die Mitglieder der Europäischen Gemeinschaft gemeinsame oder doch gegenseitig abgestimmte Strategien entwickelten? In der Dritten Welt gelten wir längst zunächst als Europäer, erst dann als

Franzosen, Briten, Deutsche und so weiter. Daß wir immer noch so tun, als gelte es nur, den Dialog zwischen Nationen zu führen, ist ein seltsamer Anachronismus. Wir versuchen uns zu zehnt an einer gemeinsamen Nahostpolitik und vielem anderen, aber den »häßlichen Europäer« gemeinsam aus dem Felde zu schlagen, dazu ist es bisher nicht gekommen. Wir sollten uns dazu etwas einfallen lassen. Neue Planstellen in Brüssel brauchen wir sicher nicht, wohl aber ein gutes Stück politischer Fantasie und freilich auch politischen Willen.

Nationale Identität – gemeinsames europäisches Bewußtsein

Auf dem Wege zum 21. Jahrhundert werden die Nationen und die gegenseitigen Vorstellungen über sie gewiß nicht verschwinden. Aber wenn es wahr ist, daß die gegenseitige Abhängigkeit und grenzüberschreitende Zusammenarbeit wachsen und um des Friedens willen weiter wachsen müssen, dann ist der »häßliche Deutsche« längst eine historisch überfällige Figur aus dem Raritätenkabinett. Es wird Zeit, daß er verschwindet. Unser Land und die Menschen, die darin wohnen, können das schaffen. Denn davon bin ich überzeugt: je länger die Bundesrepublik Deutschland als ein liberaler, demokratischer Rechtsstaat besteht, desto mehr werden Freunde und Kritiker »draußen« erkennen, daß wir Deutschen genauso gut und genauso fehlerhaft sind wie sie selbst; je mehr wird auch selbstverständlich werden, daß wir verläßliche Partner, ja gute Freunde unserer Nachbarn sind. Dazu gehört auch, daß wir in gelassenem Selbstbewußtsein unsere eigenen Interessen vertreten. Aber dazu gehört vor allem, daß wir mit uns selbst ins reine kommen. Das gilt nach innen wie nach außen. Nach innen wird es darauf ankommen, nicht länger vor unserer eigenen Geschichte wegzulaufen, sondern Gutes und Böses als Herausforderung an uns selbst zu begreifen. Nationale Identität heute – das hat mit Bürgerrechten und ihrer Verwirklichung ebenso zu tun wie mit preußisch-deutscher staatlicher Tradition.

Nach außen geht es in Europa vor allem darum, das Gemeinsame vor das Trennende zu stellen – das gemeinsame Bekenntnis zu den demokratischen Grundwerten nach Westen, das gemeinsame europäische Bewußtsein nach Osten. Wir Deutschen, die wir in der Mitte Europas leben, haben angesichts dieser Mittellage, angesichts unserer offenen, kaum irgendwo geographisch vorgegebenen Grenzen eine besondere Aufgabe: nicht etwa Schaukelpolitik zwischen Ost und West zu betreiben, sondern unsere Gaben, unsere Leistungsfähigkeit, das wiedergewonnene Vertrauen unserer Nachbarn für das ganze Europa fruchtbar zu machen. Indem wir dies versuchen, beschreiten wir zugleich den einzigen Weg, auf dem die Weltengrenze mitten durch Deutschland vielleicht doch einmal aufgehoben werden kann. Denn das ist doch wahr: erst wenn diese Grenze verschwindet, können wir Deutschen wirklich ganz in Frieden mit unseren Nachbarn leben. Und erst in einer ganz Europa umfassenden Friedensordnung kämen wir dem Ideal nahe, das einst Immanuel Kant beschrieb: dem immerwährenden Bund freier Republiken, in dem freie Menschen im Respekt vor der Freiheit des Andern ihre Gaben zum Wohle des Ganzen entfalten können.

Kulturpolitik im Spannungsfeld zwischen Politik und Kultur
– 1985 –

Kunst und Wissenschaft sind frei, sagt lapidar das Grundgesetz der Bundesrepublik Deutschland in seinem Artikel 5. Das ist kein mehr oder weniger verbindlicher Programmsatz, sondern ein unmittelbar geltendes Grundrecht des Bürgers, das jedermann einklagen kann, notfalls vor dem Bundesverfassungsgericht. Die Freiheit von Forschung und Lehre entbindet freilich nicht von der Treue zur Verfassung, fährt das Grundgesetz fort. Doch der Obersatz gilt: Die Kultur ist frei.

Das kann in einer liberalen Demokratie nicht anders sein. Diese Freiheit ist nicht etwa vom Staat geschenkt, nicht bloßes Privileg, das widerrufbar wäre. Sie gehört vielmehr zu den Bürgerrechten, deren Ursprung jenseits der staatlichen Ordnung liegt. Indem diese Rechte Teil der Staatsverfassung werden, schützt sie allerdings der Staat gegen jedermann, der sie einschränken oder abschaffen möchte, nicht zuletzt gegen etwaigen Mißbrauch der Staatsmacht selbst. Das heißt: die Freiheit der Kultur versteht sich nicht von allein, sondern sie muß immer wieder errungen und gesichert werden. Nur in jenem Teil der Welt von heute ist sie überhaupt existent, wo der freiheitliche Verfassungsstaat eine politische Realität ist.

Solche Feststellungen mögen von manchen als Gemeinplatz abgetan werden. Doch in Deutschland, wo Geist und Macht traditionell als Gegensätze verstanden werden, wird bis heute die Debatte oft so geführt, als hätten Staat und Kultur nichts miteinander zu tun, ja als seien sie einander feindlich. Hier wirken traumatische Erfahrungen aus der jüngeren deutschen Geschichte schmerzhaft nach – von der reaktionären Metternich-Ära, als die Staatsmacht Heine, Marx, Wagner und viele andere ins Exil trieb, bis zur totalitären Diktatur Hitlers, die das geistige Leben in Deutschland und damit zugleich die Weltgeltung deutscher Wissenschaft und Kultur in Stücke schlug. Daß freier Geist und diktatorische Staatsmacht tatsächlich einander ausschließen, lehrt uns Heutige nicht nur diese geschichtliche Erfahrung, sondern ebenso das gegenwärtige Schicksal jener Schriftsteller und Wissenschaftler von Hans Mayer bis zu Sarah Kirsch, die eben deshalb von Deutschland nach Deutschland auswanderten.

Die Freiheit der Kultur ist allerdings auch dann, wenn der demokratische Verfassungsstaat sie schützt, »von zwei Seiten gefährdet«, wie Hellmut Becker schon vor über dreißig Jahren schrieb. »Zunächst von innen her: Der moderne Mensch weiß nicht mehr, sich mit der Freiheit einzurichten, er weiß nicht mehr, in ihr zu leben, und dann fragt man sich: hat er eigentlich noch den Willen zur Freiheit? Man spricht selten von der anderen, der praktisch-wirtschaftlichen Seite, und doch drohen gerade von daher schwere Gefahren. Es ist nicht übertrieben zu sagen, daß wir im Begriff stehen, die kulturelle Freiheit durch die Konzentration aller Finanzkraft beim Staat auf kaltem Wege zu zerstören, wenn wir nicht anfangen, unser politisches und verwaltungsrechtliches Denken umzugestalten und Formen zu entwickeln, die trotz der Finanzallmacht des Staates die Freiheit der Kultur ermöglichen.« Becker plädierte in dieser Lage schon damals dafür, neben der privaten Kulturförderung, die als freiheitsförderndes Gegengewicht zur staatlichen Finanzierung doch nur begrenzt wirksam sein könne, eine aus öffentlichen Geldern gespeiste Selbstverwaltung in Kunst, Erziehung und Wissenschaft zu entwickeln. Eine Verbindung zwischen der weithin ganz unentbehrlichen staatlichen Finanzhilfe und kultureller Freiheit sei zu schaffen, statt zuzusehen, wie eine unmittelbare Steuerung des Kulturlebens durch die finanzierende staatliche Bürokratie seine Freiheit auf die Dauer ersticke.[1]

Beckers Überlegungen sind heute nicht weniger aktuell als damals. Zwar hat sich mit steigendem Wohlstand die private Kulturförderung erfreulich belebt. Indem der Staat private Spenden und Stiftungen für solche Zwecke steuerlich begünstigt, leistet er dazu erwünschte Hilfe, die freilich noch kräftiger ausfallen könnte. Auch haben sich wichtige Teilbereiche des kulturellen Lebens als marktfähig im wirtschaftlichen Sinne des Wortes gezeigt – man denke an die gedruckten Medien oder die Schallplattenindustrie. Doch hat im ganzen die finanzierende Rolle der öffentlichen Hand eher noch an Bedeutung gewonnen. In der dezentralen Ordnung unseres Landes tragen dabei Gemeinden und Länder die Hauptlast, jedenfalls der

1 *Hellmut Becker*, Quantität und Qualität, Grundfragen der Bildungspolitik, 2. Aufl., Freiburg 1968, S. 75 ff. (»Staat und kulturelle Freiheit«, 1953).

inneren Kulturpolitik, während der Bund für die auswärtige Kulturpolitik verantwortlich ist. Um so wichtiger wird die Frage, ob es tatsächlich gelungen ist, durch Selbstverwaltung anstelle bürokratischer Steuerung die Freiheit der Kultur trotz ihrer Abhängigkeit von staatlichen Geldern zu erhalten und zu sichern.

Auf den ersten Blick scheint die Antwort überwiegend bejahend zu sein. Zwar nicht die Schulen, aber die Hochschulen und die Rundfunkanstalten genießen ein hohes Maß an Autonomie. Die kommunale Selbstverwaltung blüht wie eh und je. Für die auswärtige Kulturpolitik wurden die sogenannten Mittlerorganisationen geschaffen oder wiedergegründet – das Goethe-Institut, der Deutsche Akademische Austauschdienst, die Humboldt-Stiftung, Inter Nationes, das Institut für Auslandsbeziehungen und andere –, die ihre Programme weitgehend in eigener Verantwortung durchführen.

Bei näherem Zusehen fallen jedoch dunkle Schatten auf dieses schöne Bild. Zum einen ist die Selbstverwaltung dort, wo sie eine bestimmte Größenordnung überschreitet, zunehmend in Gefahr, selbst bürokratisch zu entarten. Das gilt für die großen Hochschulen nicht weniger als für die Rundfunkanstalten und ganz gewiß für die großen Mittlerorganisationen in der auswärtigen Kulturpolitik. Sodann ist vielerorts sichtbar geworden, daß Selbstverwaltung nicht etwa automatisch vor Patronage und parteipolitischem Machtkampf schützt, daß vielmehr die von Becker geforderte Entscheidungskompetenz für unabhängige Sachverständige nicht selten in eine häßliche Cliquenwirtschaft führt. Und schließlich haben sich Parlamente, Finanzminister und Rechnungshöfe von Bund und Ländern seit längerem auf den Weg gemacht, um durch immer detailliertere Zweckbestimmungen für die bewilligten Gelder und immer kompliziertere Kontrollmechanismen das unbezweifelbare Recht der Parlamente auf das letzte Wort über das Geld der Steuerzahler durchzusetzen.

Am Beispiel der auswärtigen Kulturpolitik lassen sich diese Gefahren erläutern. Ihre Mittlerorganisationen wurden seinerzeit durch den unvergessenen Dieter Sattler, seine Vorgänger und Nachfolger mit der Durchführung der Programme zur Verbreitung der deutschen Kultur und der deutschen Sprache wie zur Förderung der internationalen akademischen Zusammenarbeit deshalb beauftragt, weil sie als nichtstaatliche Organisationen beweglicher, entscheidungsfähiger und also freier waren als eine staatliche Behörde. Ob

das heute noch so ist, scheint mir zunehmend zweifelhaft.
Das hat zunächst einen sozusagen internen Grund: Je größer eine Organisation, desto hierarchischer wird ihre Struktur, desto stärker die Abhängigkeit der Filialen von der Zentrale und ihren »kleinen Königen«. Dazu trägt als externer Faktor kräftig bei, daß der Kulturhaushalt des Auswärtigen Amts seit 1978 nicht mehr nur aus drei Positionen besteht (Kulturfonds, Schulfonds, Baufonds), innerhalb derer relativ frei entschieden werden konnte, sondern durch immer weitergehende Detaillierung inzwischen einen Umfang von 44 engbedruckten Seiten erreicht hat. Während im Vertrag von 1976 zwischen dem Goethe-Institut und dem Auswärtigen Amt festgelegt wurde, daß das Institut neue Zweigstellen im Ausland mit Zustimmung des Auswärtigen Amts gründen kann, brauchen wir heute dazu außerdem ein positives Votum von Bundesregierung und Bundestag. Denn jede Personalstelle der Mittlerorganisationen muß von ihnen genehmigt werden. Von Selbstverwaltung kann da kaum mehr die Rede sein.
Niemand wird nun freilich dem Parlament das Recht bestreiten dürfen, über das Geld der Steuerzahler zu entscheiden und die Regierung zu kontrollieren. Wenn dies aber dazu führt, daß die einstmals freien und beweglichen nichtstaatlichen Organisationen so gut wie völlig den Regeln der Staatsverwaltung unterworfen werden, dann kann das nicht richtig sein. Wir werden in dieser Lage darüber nachdenken müssen, welche Lösungen gefunden werden können, um den staatlich finanzierten Mittlerorganisationen ein notwendiges Stück Freiheit wiederzugewinnen.

Die Mittlerorganisationen

Auch deren Freiheit ist freilich weder unbeschränkt noch ein Selbstzweck. Die Mittlerorganisationen werden so genannt, weil sie in doppeltem Sinn Vermittler sind: zum einen zwischen dem Inland und dem Ausland, zum anderen zwischen dem außenpolitischen Auftrag und der freien Kulturszene.
Was die erste dieser beiden Aufgaben angeht, so ist sie im Prinzip und in der Praxis unbestritten. Schon für den Kulturexport als ursprünglich hauptsächlichen Inhalt der auswärtigen Kulturpolitik gilt, daß im Ausland nur vorgezeigt werden kann, was im Inland

zuvor geschaffen wurde. Die auswärtige Kulturpolitik hängt darum eng mit der innerstaatlichen Kulturpolitik zusammen. Fördert diese die kulturelle Kreativität und die wissenschaftliche Leistungsfähigkeit, dann ist es eine Lust, auswärtige Kulturpolitik zu betreiben. Umgekehrt bedeuten Stagnation oder gar Rückschritt im eigenen Land eine schwere Last auch für diejenigen, die in anderen Ländern für die Bundesrepublik Deutschland und ihr Ansehen als Kulturstaat tätig sind.

Erst recht gilt dieser Zusammenhang, seitdem die auswärtige Kulturpolitik der Bundesrepublik Deutschland von bloßer Selbstdarstellung auf Dialog, Austausch und Zusammenarbeit mit den Partnern in aller Welt umgestellt wurde. Das freudige gegenseitige Geben und Nehmen, wie schon Theodor Heuss die internationale Kulturpolitik genannt hat, verdichtet den ohnehin engen Zusammenhang zwischen Innen und Außen. Das war im akademisch-wissenschaftlichen Feld seit jeher selbstverständlich und galt immer auch schon für den grenzüberschreitenden Austausch von Personen, ob jung oder alt. Es ist nun aber auch leitendes Prinzip für die Kulturszene im engeren Sinn des Wortes, für Sprache und Literatur, Künste, Musik und Film.

Doch gibt es gerade hier zwei schwere Hindernisse für einen wahrhaft freien Austausch von Menschen, Ideen und Werken über die Grenzen. Das eine sollte auf die Dauer überwindbar sein, nämlich die bedauerliche Tatsache, daß die schwächeren unter unseren Partnern, also vor allem die Völker der sogenannten Dritten Welt, weder organisatorisch noch finanziell in der Lage sind, die große kulturelle Offenheit unseres Landes zur Verbreitung ihrer kulturellen Botschaften zu nutzen. Das Auswärtige Amt hilft hier, so gut es kann. Doch reicht das bisher bei weitem nicht aus. Andere, kräftigere Partner in West und Ost brauchen solche Unterstützung allerdings nicht.

Schwerer, oft gar nicht überwindbar ist ein anderes Hindernis, nämlich die mangelnde Offenheit vieler Partnerländer für unser kulturelles Angebot. Sie hat durchaus verschiedene Ursachen: ideologische Abgrenzung, religiöse Bindungen, politische Abkapselung, bürokratische Hemmnisse. Der Grad der Abschließung ist infolgedessen überaus variabel, von völligem Verbot kultureller Importe bis zu milder Zensur. Doch bleibt in allen Fällen die eigentliche Hürde für die grenzüberschreitende kulturelle Freiheit nicht überwindbar, nämlich der Wille der jeweiligen souveränen Regierung, unser Angebot nur selektiv in ihr Land einzulassen. Das geschieht oft mit, öfter gegen den Willen der Regierten, zumindest einzelner Gruppen unter ihnen. Daraus ergeben sich manche Möglichkeiten, die erwünschte Kommunikation über die Grenzen trotz aller Erschwernisse herzustellen. Die betrübliche Wahrheit ist unübersehbar: es gibt, ob freiwillig oder erzwungen, in vielen Ländern Grenzen der Akzeptanz, die weder fremde Regierungen noch ausländische nichtstaatliche Organisationen überschreiten können. Alle schönen Bekenntnisse, etwa der UNESCO, zur Freiheit der Kultur werden jenseits dieser Grenzen Makulatur.

Das wiegt um so schwerer, als solche Grenzziehungen nicht selten respektable Gründe haben. Sexuelle Freizügigkeit in Filmen, Texten oder Bildern zum Beispiel, bei uns längst kein Tabu mehr, gilt in vielen Teilen der Welt aus religiösen Gründen als unerwünschte kulturelle Überfremdung. Selbst wenn es keine gesetzlichen oder administrativen Verbote gäbe, wäre eine solche Haltung vom Ausländer zu achten. Daß in einigen Ländern mit autoritärer Herrschaft die Goethe-Institute als ein Freihafen für demokratische Opposition gewirkt haben, war andererseits nur möglich, solange die jeweilige Regierung dies duldete, und schon deshalb eine Ausnahme, nicht die Regel.

Wie weit kann überhaupt das Goethe-Institut ein Hort unbegrenzter kultureller Freiheit sein? Darüber ist in den letzten beiden Jahren, wie auch schon früher, in der deutschen Öffentlichkeit lebhaft gestritten worden. Nicht selten fordern Schriftsteller und Künstler, das Goethe-Institut müsse ganz und gar unabhängig sein, nicht nur von den Absichten fremder Regierungen, sondern mehr noch und vor allem von der eigenen Regierung – so Günter Grass neulich in dem von Bundesaußenminister Hans-Dietrich Genscher veranstalteten Bonner Symposium zur auswärtigen Kulturpolitik. Es gibt zwar in der Welt kein Vorbild für eine solche Forderung; nicht einmal der »British Council«, wie die BBC ein von vielen bewundertes Modell kultureller Selbstverantwortung, kann dafür herhalten. Doch ist verständlich, daß viele einen Unterschied zwischen der inneren und der auswärtigen Kulturpolitik nicht akzeptieren mögen und dort wie hier auf totaler Unabhängigkeit der Kunst und der Künstler beharren.

Es gibt indessen einen entscheidenden Unterschied: die auswärtige

Kulturpolitik ist ein Teil der Außenpolitik. Sie ist daher nicht einfach autonom, sondern sie dient, bei allem Respekt vor der Freiheit der Kultur und ihrer Schöpfer, zugleich politischen Zielen. Das gilt natürlich nicht für den ohne Geld und ohne sonstige Hilfe der Regierung funktionierenden Kulturaustausch über die Grenzen. Er ist in sich wertvoll und bedarf keiner politischen Begründung oder Begrenzung. Auch darf die Kultur keineswegs die »Magd der Politik« sein, wie das Ralf Dahrendorf einmal formuliert hat. Der Kulturaustausch, der seiner Natur nach langfristig wirkt, entzieht sich den kurzfristigen Schwankungen der außenpolitischen Beziehungen und Konjunkturen.

Und doch ist auswärtige Kulturpolitik, um Hildegard Hamm-Brücher zu zitieren, die »dritte Dimension« der Außenpolitik. Denn sie zielt mit ihren Mitteln darauf ab, zwischen den Völkern Verständnis und Vertrauen zu schaffen. Sie ist also Friedenspolitik im besten Sinne des Wortes. Dabei muß bewußt bleiben, daß mehr Information über fremde Völker und Kulturen, mehr Personenaustausch und mehr grenzüberschreitende Zusammenarbeit auch mehr Konflikte schaffen können. »Was ich nicht weiß, macht mich nicht heiß«, sagt dazu ein deutsches Sprichwort. Aber im ganzen gesehen ist der Optimismus derer berechtigt, die darauf bauen, daß sich die Völker besser verstehen, wenn sie sich gegenseitig in ihrer kulturellen Eigenart besser erkennen können. So ist auswärtige Kulturpolitik sogar die modernste Form der Außenpolitik, weil sie Dialog, Austausch und Zusammenarbeit zwischen den Völkern fördert, nicht nur zwischen Regierungen oder Wirtschaftsunternehmen.

Die Mittlerorganisationen haben also zugleich einen kulturellen und einen politischen Auftrag, der ihnen von Parlament und Regierung erteilt worden ist. Die Politik wird freilich gut daran tun, aus dieser Auftragslage nicht ein Recht auf dauernde intensive Kontrolle abzuleiten. Denn einen solchen Auftrag kann nur der gut erfüllen, der für seine tägliche Arbeit selbst die Verantwortung trägt. Die relativ große Autonomie der Mittlerorganisationen, die sich aus ihrer vermittelnden Rolle zwischen Kultur und Politik begründet, hat sich bewährt. Sie darf nicht angetastet, sie muß vielmehr gegen ihre Gefährdung durch fiskalische Zwänge verteidigt und neu gesichert werden.

Was ist unter diesen Umständen die Aufgabe der Regierung gegenüber den Mittlerorganisationen? Zunächst ist zu präzisieren, was die

Regierung nicht kann und darf: sie kann und darf nicht über einzelne Vorhaben anhand ästhetischer, wissenschaftlicher oder – über das gemeinsame »ethische Minimum« unserer Gesellschaft hinaus – sittlicher Maßstäbe entscheiden wollen. In der liberalen Demokratie ist die Regierung weder Instanz zur Sinnstiftung noch zuständig für Geschmacks-, Erkenntnis- oder Glaubensfragen.

Hingegen ist sie ohne Zweifel für die Richtlinien der Politik und für das Geld der Steuerzahler verantwortlich, nicht aus eigener Macht, sondern weil Parlament und Öffentlichkeit dies mit Recht von ihr verlangen. Für die auswärtige Kulturpolitik setzt deshalb die Regierung den außenpolitischen Rahmen. Sie entscheidet zum Beispiel aus regionaler Sicht darüber, welcher Anteil der verfügbaren Ressourcen in die europäische und transatlantische Zusammenarbeit fließen soll und welcher Anteil in den Ost-West-Austausch sowie den Nord-Süd-Dialog. Sie setzt in gleicher Weise sektorale Prioritäten und Posterioritäten, also zum Beispiel darüber, ob die Kenntnis der deutschen Sprache stärker gefördert, die Zahl der Studienstipendien erhöht, die Förderung der deutschen Schulen im Ausland erweitert, die Nutzung der neuen Medien für kulturelle Zwecke begonnen werden soll oder nicht. Sie muß auch in der Lage sein, einzelne Vorhaben der Mittler zu verhindern, wenn aus ihnen außenpolitischer Schaden droht, und muß daher früh und gut über die Pläne der Mittler unterrichtet sein.

Die Bundesregierung ist mit solchen Entscheidungen dem Deutschen Bundestag rechenschaftspflichtig – schon deshalb, weil fast alle Aktivitäten Geld kosten und dieses vom Parlament bewilligt wird. So sehr man darüber streiten kann, wie extensiv das Parlament von seinem Bewilligungsrecht Gebrauch macht, so deutlich ist doch, daß die kulturelle Selbstverwaltung hier ihre verfassungsmäßige Grenze findet.

Die Grundlagen der Kulturpolitik

Wer die Entwicklung der deutschen auswärtigen Kulturpolitik während der letzten drei Jahrzehnte aufmerksam und objektiv verfolgt hat, der wird feststellen können, daß die spezifisch deutsche Lösung für die vorgegebene Spannung zwischen Kultur und Politik recht gut funktioniert hat und noch funktioniert. Ein wichtiger, in diesem

Beitrag nicht näher erörterter Teil dieser Lösung ist der gegenseitige Respekt von Bund und Ländern vor ihren jeweiligen Kompetenzen. Auch da gibt es gelegentlich begrenzte Konflikte, indessen am Ende stets die Erkenntnis, daß beide zur Zusammenarbeit verpflichtet sind. Die Bundesregierung ist auf die Länder angewiesen, weil die innere Kulturpolitik – unter Einschluß des Bildungswesens, der Wissenschaft und der Massenmedien – ganz überwiegend deren Sache ist. Umgekehrt brauchen die Länder den Bund, nicht einmal so sehr des Geldes wegen als vielmehr wegen dessen unbestrittener Zuständigkeit für die Außenpolitik. Der Doppelcharakter der auswärtigen Kulturpolitik spiegelt sich so auch im Bund-Länder-Verhältnis.

Wie die auswärtige Kulturpolitik den Konsens zwischen Bund und Ländern braucht, so muß sie sich ebenso auf den Grundkonsens zwischen den demokratischen Parteien in der Bundesrepublik Deutschland stützen können. Dieser Konsens besteht trotz gelegentlicher Irritationen seit langem. Er wurde 1975 im Abschlußbericht der Enquête-Kommission des Deutschen Bundestages über die auswärtige Kulturpolitik erneut formuliert und von der Bundesregierung 1977 in ihrer Stellungnahme zu diesem Bericht bestätigt. Die Koalitions- und Regierungswechsel von 1969 und 1982 haben infolgedessen den langfristigen Kurs der deutschen auswärtigen Kulturpolitik nicht verändert.

Das schließt nicht aus, daß jede Regierung ihre Akzente setzt. So fügte die Regierung Brandt-Scheel der auswärtigen Kulturpolitik die gesellschaftspolitische Komponente hinzu. Und so stellte Bundeskanzler Helmut Kohl in Übereinstimmung mit Bundesaußenminister Hans-Dietrich Genscher in seiner Regierungserklärung vom 4. Mai 1983 fest, künftig werde die deutsche Sprache in der Welt noch stärker als bisher gefördert werden.

Die Grundlinie bleibt: Unsere auswärtige Kulturpolitik vermittelt, gestützt auf den Konsens aller demokratischen Kräfte und zwischen Bund und Ländern, der Welt ein umfassendes Bild des kulturellen Lebens unseres Landes, das die demokratische Vielfalt der Meinungen widerspiegelt und zugleich deutlich macht, daß die ungeteilte deutsche Nation in ihrer Kultur kräftig weiterlebt. Sie leistet damit den spezifischen deutschen Beitrag zur kulturellen Entwicklung Europas und der Welt, die von Vielfalt und Einheit zugleich geprägt ist.

Das ist nur möglich, wenn Freiheit der Kultur und politischer Auftrag trotz aller Spannungen miteinander versöhnt werden. Diese Versöhnung ist erreichbar, indem Kultur und Politik unter das Gebot von Freiheit und Toleranz gestellt werden. Toleranz bedeutet, selbst auf festem Boden zu stehen, aber zu wissen und anzuerkennen, daß eine andere Erkenntnis als die eigene möglich ist und ihr eigenes Lebensrecht besitzt.

Kultur und Politik brauchen aber vor allem den Mutterboden der Freiheit. Die kulturelle Schöpferkraft wird nur dann ganz wirksam, wenn sie sich auf diesen Grund stützen kann. Das gilt erst recht für das Zeitalter des Wettkampfes zwischen freier Demokratie und totalitärer Diktatur, in dem wir leben. So wie Demokratie ohne Freiheit zur Tyrannei entartet, so wird Kultur ohne Freiheit zum Instrument der Tyrannen deformiert und verliert ihre schöpferische Kraft. Wer immer noch glaubt, diktatorische Herrschaft nütze der Kunst und überhaupt der Kultur, der nehme sich das schlimme Beispiel des Stalinismus, der Hitler-Diktatur oder der maoistischen Kulturrevolution zu Herzen. Wahr ist, daß der Geist die Tyrannen flieht, gegen die Schiller sein geniales Jugendwerk »Die Räuber« schrieb.

Der moderne demokratische Staat ist ohne die geistigen Kräfte, ohne Kultur nicht leistungsfähig, ja nicht denkbar. Sie stehen ihm jedoch nicht einfach als Dienstleistung zur Verfügung. Der Staat muß auch die kritische Funktion der Kultur annehmen, die ihren Wert nicht weniger ausmacht als die von ihr ebenso verkörperte Affirmation des Zeitgeistes.

Das zu akzeptieren, fällt den Inhabern der politischen, wirtschaftlichen und religiösen Macht immer wieder schwer. Wer läßt sich schon gern von Leuten, die ersichtlich keine Verantwortung tragen, kritisch sagen, Form und Inhalt der Sache, für die man doch seine ganze Kraft einsetzt, stimmten nicht überein, man sei also auf dem falschen Weg, gar in einer Sackgasse! Nicht nur in Deutschland haben es deshalb Geist und Macht nicht leicht, gut miteinander auszukommen.

Ganz gewiß ist diese Spannung zwischen tätigem Handeln und kritischer Nachfrage, zwischen Macht und Geist, zwischen Politik und Kultur nicht aufhebbar, es sei denn durch Zwang. Sie darf freilich nicht zum Bruch führen, weil sonst die Einheit des Lebens zerstört würde. In vernünftigen Grenzen wird sie dann gehalten, wenn keine Seite ihre Position absolut setzt, wenn also gegenseitige Toleranz aus dem Geist der Freiheit herrscht. Auch diejenigen, die auf der Seite des Geistes zu stehen glauben, müssen sich vor Überheblichkeit hüten und ihre Grenzen erkennen, nicht anders als die Mächtigen.

In solcher Weise akzeptiert, kann die Spannung zwischen Geist und Macht überaus fruchtbar werden. Sogar die bewußte Herausforderung der Mächtigen, wie sie in unserm Jahrhundert etwa durch Sigmund Freud und Pablo Picasso geschah, kann dann über Erschrecken und Nachdenken zum verändernden Handeln der Politiker führen. Geschieht dies, dann hat die Kultur ihre kritische Funktion wahrhaft erfüllt.

Die Kulturabteilung des Auswärtigen Amtes im Schnittpunkt innenpolitischer Impulse
Thesen und Überlegungen
– 1980 –

Thesen

1. Ziele und Methoden der auswärtigen Kulturpolitik (AKP) sind in mehrfacher Weise mit der Innenpolitik verschränkt:

a) In der parlamentarischen Demokratie obliegt es dem Parlament und der parlamentarisch verantwortlichen Bundesregierung, der AKP Ziele zu setzen und die für ihre Verwirklichung erforderlichen Mittel im Staatshaushalt bereitzustellen. Ob die AKP expandiert, stagniert oder gar reduziert wird, welchen Sektoren und Regionen Vorrang oder Nachrang zugemessen wird, ist damit Gegenstand innenpolitischer Entscheidungsprozesse.

b) Als »dritte Dimension« der Außenpolitik ist die AKP in Konflikt oder Konsens zwischen Regierung und Opposition über die außenpolitische Orientierung unseres Landes einbezogen. In welchem Maße, ist davon abhängig, ob die AKP jeweils als geeignetes Feld für Konfliktstrategie oder als Muster für eine »gemeinsame Außenpolitik« angesehen wird.

c) Innenpolitische Auseinandersetzungen in den Bereichen der AKP (Kultur i. e. S., Bildungswesen und Wissenschaft, Medien, gesellschaftliche Gruppen) schlagen regelmäßig auf die AKP durch, wenn auch meist in gemilderter Form.

d) Innenpolitisch umstritten können Maßstäbe und Inhalte der klassischen »Selbstdarstellung« nach außen sein, vor allem was die Einbeziehung selbstkritischer Perspektiven betrifft. In jedem Fall ist der Inhalt der Selbstdarstellung innenpolitisch determiniert (die Bundesrepublik Deutschland als Demokratie, Sozialstaat, Kulturstaat).

e) Dies gilt verstärkt in dem Maße, in dem die AKP sich auf partnerschaftlichen Austausch orientiert und etwa die Selbstdarstellung anderer Staaten bei uns gefördert wird sowie die »innere AKP« (Ausländer in Deutschland, Fremdsprachen) an Bedeutung gewinnt.

f) Das vorgegebene Spannungsverhältnis zwischen schöpferischer

Freiheit der Kultur und ihrer politischen Inanspruchnahme ist gleichermaßen Thema der inneren Szene wie der AKP.

g) Die innerstaatliche Gesetzgebungs- und Verwaltungskompetenz für den größten Teil der Bereiche und Gegenstände der AKP (»Kulturhoheit der Länder«) führt dazu, daß der für die Außenpolitik zuständige Bund und die Länder für die AKP unter Einigungszwang stehen.

2. Einige Beispiele zur Verdeutlichung:

a) Die wachsende Bedeutung des *Bundeshaushalts* als Instrument der Konjunktursteuerung und die enge Relation seines Wachstums zur Konjunkturlage haben deutliche Folgen für den Kulturhaushalt: Wachstum 1970–74, Stagnation 1975–77, erneutes Wachstum 1977–80, jetzt erneut Beginn einer Ruhepause. Durch weitgehende Differenzierung des »Kulturhaushalts« anstelle der früheren Globalbewilligung sicherte sich das Parlament seit 1977 zugleich Durchgriffs- und Bestimmungsmöglichkeiten bis in Einzelheiten (z. B. Stellenpläne der Mittlerorganisationen).

b) Mit Einsetzung der Enquête-Kommission (1970), Beschluß über ihren Bericht (1976) und Wiederberufung eines Unterausschusses für AKP (seit 1976) nahm der Bundestag auch die inhaltliche Definition der Ziele und Arbeitsweise der AKP für sich in Anspruch. Die Entscheidung in der Enquête-Kommission für einen gemeinsamen Bericht (1975) bestätigte und verstärkte die Absicht, die AKP so weit wie möglich im innenpolitischen Konsens zu halten.

c) Dies bedeutet nicht, daß auf begrenzte Konflikte zwischen Regierung und Opposition verzichtet wird. Beispiele:

– als Folge des Konflikts über die Ostpolitik sind bis heute die deutsch-polnischen Schulbuchempfehlungen umstritten;
– Meinungsverschiedenheiten, z. T. freilich mit veränderten Fronten, gab es bei der Neugestaltung der Auslandsschulen (»Neue Sekundarstufe«) vor dem Hintergrund des inneren Konflikts um die Zukunft des Sekundarschulwesens;
– die Betonung nationaler Ziele durch die Opposition reflektiert sich in ihrem Verdacht, die Regierung vernachlässige in der AKP die deutschsprachigen Minderheiten im Ausland.

d) Die kritische Einstellung der Opposition zu von ihr als »links« eingestuften großen Teilen der inneren Kulturszene führt dazu, daß nach ihrer Meinung die kulturelle Selbstdarstellung im Ausland einer deutlichen Führung durch die Regierung bedarf, während die Koalition stärker die Autonomie des Kulturaustausches und seiner Träger, der Mittlerorganisationen, betont.

e) Wissenschaftler, Künstler, Schriftsteller entziehen sich gern und häufig der Inanspruchnahme für außenpolitische Ziele, Beispiel: die Weigerung von Heinrich Böll, für das Goethe-Institut tätig zu werden.

f) Nicht nur beim Abschluß von Kulturabkommen, sondern in vielen Einzelfragen ist Fortschritt nur möglich, wenn Bund und Länder an einem Strang ziehen – wo das lange nicht geschah (z. B. Äquivalenzen), entstehen gefährliche Defizite.

3. Die Kulturabteilung des Auswärtigen Amtes muß sich – ganz im Gegensatz zu traditionellen Auffassungen von Diplomatie – mit einem erheblichen Teil ihrer Arbeitskapazität diesen inneren Impulsen und Spannungsfeldern widmen. Sie tut dies mit dem Ziel,

- ein möglichst hohes Maß an Kooperation aller Kräfte zu sichern,
- damit die Konfliktfelder und Konfliktmöglichkeiten auf ein Minimum zu begrenzen,
- gleichwohl auftretende Konflikte pragmatisch zu lösen,
- so die Übertragung neuer Impulse von innen nach außen und umgekehrt zu erleichtern,
- insgesamt den außenpolitischen Stellenwert der AKP (»dritte Dimension«) und ihre innenpolitische Absicherung ständig zu verbessern.

4. Voraussetzung dafür, diese Ziele zu erreichen, ist ein ständiger Dialog des Auswärtigen Amtes mit allen Beteiligten am politischen Prozeß: Bundestag (bes. Haushaltsausschuß, Unterausschuß für auswärtige Kulturpolitik), andere Ressorts der Bundesregierung (bes. Finanzen, Innen, Bildung und Wissenschaft, wirtschaftliche Zusammenarbeit), Bundesländer (bes. KMK, Staatskanzleien). Mit den klassischen Methoden der Hoheitsverwaltung, die z. B. nur über ihre politische Spitze mit dem Parlament verkehrt, läßt sich dieser Dialog nicht führen; er findet auf allen Ebenen statt. Erkennbar ist allerdings auch die Gefahr, daß klare Zuständigkeiten zunehmend verwischt und vermischt werden und schließlich jeder mit allen über alles redet.

5. Zugleich muß die Kulturabteilung des Auswärtigen Amtes ständig die Einordnung der AKP in die Zielsetzungen und das mittelfristige Konzept der Außenpolitik besorgen. Das bedeutet: sie tritt nach innen nicht nur als Gebender, sondern ebenso als Fordernder auf, z. B. dann, wenn reisende Landesminister oder Parlamentarier ihre eigene AKP machen.

6. AKP unterscheidet sich von anderen Politikbereichen nicht nur durch ihre Funktion der Vermittlung von Innen und Außen, sondern leider auch dadurch, daß sie keine »geborene« Lobby besitzt. Mit ihren Wünschen und Ansprüchen an die Gesellschaft, besonders an den Steuerzahler, ist sie nach den Bedingungen des Pluralismus also schlecht abgesichert. Um so mehr muß sie sich – z. B. durch geschickte Publizistik – ständig darum bemühen, nach innen Gehör zu finden, und ihre Priorität zu behaupten. Das können Beamte allein nicht leisten. Darum ist das Schicksal der AKP weitgehend davon abhängig, ob Politiker ihr eigenes Schicksal mit ihr verbinden.

Überlegungen zum Thema

Zunächst eine *persönliche Vorbemerkung:* mir ist bei diesem zweiten Trierer Symposion zur auswärtigen Kulturpolitik wieder einmal zweierlei klar geworden: Einmal, wie außerordentlich langwellig auswärtige Kulturpolitik arbeitet, und zum zweiten, wie sehr auswärtige Kulturpolitik von ihren ersten Anfängen her bis heute mit Besitz und Bildung verbunden ist. Das ist deswegen eine persönliche Vorbemerkung, weil ich in den Papieren und Diskussionsbeiträgen beständig meine eigene Familie wiederfinde, von der Gründung des römischen Archäologischen Instituts über das deutsch-amerikanische Professorenprogramm und notabene den VDA bis hin zu meiner eigenen bescheidenen Rolle, angefangen bei der studentischen Selbstverwaltung Ende der vierziger Jahre. Daß das soziale Substrat für auswärtige Kulturpolitik in diesem Lande bis heute weiterhin das Bürgertum darstellt, ist Schwäche und Stärke zugleich.
Sodann eine *methodische Vorbemerkung:* Ich habe in der Form von Thesen ein Vorpapier geliefert. Dieses Vorpapier sollte die systematische Aufbereitung des Themas erleichtern, mit dem Effekt freilich,

daß darin möglicherweise ein zu harmonisches Bild entstanden ist. Deshalb möchte ich jetzt sozusagen von der anderen Seite her beginnen, nämlich von den Tendenzen und Entwicklungen her, und wir werden dann sehr rasch in die Konfliktzonen hineingeraten, die in diesem scheinbar harmonischen Strukturmodell nicht so recht sichtbar werden.

Ich kann dabei an den Ertrag der Diskussion hinsichtlich der Phasen anknüpfen, in denen auswärtige Kulturpolitik der Bundesrepublik Deutschland nach dem Zweiten Weltkrieg abgelaufen ist. In der Tat ist auswärtige Kulturpolitik der 70er und der beginnenden 80er Jahre in mehrfacher Hinsicht mit anderen Akzenten versehen, sowohl von der inneren Szene her wie auch in ihrer äußeren Erscheinungsform, als das für die 50er und 60er Jahre gilt.

Zunächst einmal hinsichtlich ihrer *internationalen Reichweite*. Auswärtige Kulturpolitik heute geht aus von der Notwendigkeit *weltweiter Präsenz*, wie sie der Reichweite unserer Außenwirtschaftspolitik wie auch unserer Außenpolitik im engeren Sinne mittlerweile entspricht. Es ist das Kennzeichen der Außenpolitik der Bundesrepublik Deutschland der 70er und beginnenden 80er Jahre, daß sie diese weltweite Dimension ausdrücklich erreicht hat; ich verweise dazu auf einen sehr lehrreichen Beitrag, den *Alfred Frisch* in der letzten Nummer von »Documents« geschrieben hat. Solche weltweite Präsenz hat zur Folge, daß die zeitweise sehr beliebt gewesene Diskussion um die »Gießkanne«, also um die Frage, ob nun eigentlich Westeuropa oder Nordamerika oder die osteuropäischen Länder oder Afrika, Asien oder Lateinamerika den Vorrang verdienen, so gut wie verstummt ist. Eine Politik, die von ihren außenpolitischen Rahmenbedingungen her auf weltweite Präsenz zielt, kann sich auf solche Diskussionen eben gar nicht mehr einlassen.

Meine zweite These: In den 70er und 80er Jahren ist eine deutliche *Politisierung* der auswärtigen Kulturpolitik zu verzeichnen. Sehr viel klarer, als es für die 50er und 60er Jahre gilt, ist sie eingeordnet in die langfristigen Zielsetzungen der Außenpolitik, nicht nur was weltweite Präsenz angeht, sondern auch hinsichtlich ihrer wichtigen langfristigen Ziele. Ich will das festmachen an dem Beispiel Dritte-Welt-Politik, also an dem Teil der Außenpolitik der Bundesrepublik Deutschland, der sich nach seinem Vorlauf in der Entwicklungshilfe-Politik in den 60er Jahren erst in den 70ern entwickelt hat. Wir führen gerade jetzt die Diskussion darüber, was denn eigentlich

kulturelle Politik gegenüber der Dritten Welt bedeutet. Es hat in der Wissenschaft hierzu gewiß Anstöße gegeben, etwa in den Diskussionen der linken Kritiker anhand der in Lateinamerika entstandenen »Dependencia-Theorie«. Aber als Gegenstand nicht nur wissenschaftlichen Nachdenkens, sondern politischen Handelns gibt es Dritte-Welt-Politik ja erst seit den 70er Jahren, und erst jetzt stellt sich darum ernsthaft die Frage, wie eigentlich deren kulturelle Komponente beschaffen ist, ob es also genügt, Dritte-Welt-Politik lediglich zu begreifen als politisches Krisenmanagement und sozioökonomische Wachstumspolitik. Der Iranschock hat in diesem Zusammenhang die Diskussion sichtbar beeinflußt.
Die Politisierung der auswärtigen Kulturpolitik gilt auch nach innen. Wir sehen einen immer deutlicher werdenden Führungsanspruch des Parlaments, damit zugleich der politischen Parteien im Bereich der auswärtigen Kulturpolitik. Es ist kennzeichnend, daß die Antwort des Deutschen Bundestages im Jahre 1970 auf die ja auch von einem Politiker, *Ralf Dahrendorf*, initiierten Leitsätze des Auswärtigen Amts zur auswärtigen Kulturpolitik die Einsetzung der Enquête-Kommission war. *Berthold Martin*, ihr Initiator, war nicht zufällig Oppositionspolitiker. Es ist ebenso kein Zufall, daß der Haushaltsausschuß des Deutschen Bundestages vor einigen Jahren den Kulturfonds im Haushalt des Auswärtigen Amts, der eine fast beliebige Verschiebung der Ressourcen regional wie sektoral durch die Verwaltung zuließ, abschaffte und durch eine Vielzahl von Haushaltstiteln ersetzte. Das bedeutet, daß nunmehr bis in Einzelheiten ein Zugriff des Parlaments über den Haushalt auf die auswärtige Kulturpolitik, auf ihre Richtung, ihre Schwerpunkte und ihre Instrumente möglich wird. Wie jedermann unter den hier anwesenden Vertretern der Mittlerorganisationen weiß, liegt damit – was in den 50er oder 60er Jahren ganz unerhört gewesen wäre – sogar die letzte Entscheidung über eine neue Planstelle für eine Sekretärin bei einem Hilfsreferenten des Goethe-Instituts beim Haushaltsausschuß des Bundestages. Seit drei Jahren ist damit auswärtige Kulturpolitik in ihren Zielrichtungen, in ihren Instrumenten, in ihren Methoden, in ihren Ressourcen keine Sache – um es amerikanisch auszudrücken – des »executive privilege« mehr, darf es nicht mehr sein, sondern das Parlament hat das letzte Wort.
So ist von den beiden Seiten aus, der Konzeption über die Enquête-Kommission wie der Durchführung über den Haushalt, der politi-

sche Zugriff des Parlaments und damit der Parteien ganz deutlich geworden. Auch der Stellenwert der den politischen Parteien nahestehenden Stiftungen im Bereich der auswärtigen Kulturpolitik hat übrigens im Gefolge dieser Entwicklung sichtbar zugenommen.
Die dritte Feststellung zur »Politisierung« ist, daß das erkennbar höhere Konfliktpotential der inneren Szene im Bereich von Kultur, Bildung und Wissenschaft auf die auswärtige Kulturpolitik zunehmend durchschlägt, etwa in der Hochschulpolitik. Für die Kulturszene gilt: Die Vermutung der gegenwärtigen Opposition, daß diese einen überwiegend linken Charakter habe, führt dazu, daß von der Bundesregierung verlangt wird, sie müsse in diesem Feld kräftige Führung zeigen und dürfe nicht alles zulassen. Das kumuliert dann jeweils in Diskussionen darüber, ob eine bestimmte Veranstaltung in irgendeinem Goethe-Institut hätte durch den Botschafter verhindert werden sollen oder nicht. Mir scheint dabei bemerkenswert, daß hier die doch vom Subsidiaritätsprinzip herkommende Opposition eher einen staatlichen Zugriff auf die Kulturszene wünscht als die von dem Vorrang der öffentlichen Hand herkommende größere Regierungspartei. Man wird das vor dem Hintergrund der Politisierung der Kulturszene bei uns sehen müssen, die ein Ergebnis der Apo-Welle des Endes der 60er Jahre ist.
Dies alles fließt zusammen in dem, was wir den *erweiterten Kulturbegriff* zu nennen uns angewöhnt haben. Als *Ralf Dahrendorf* diesen Terminus vor zehn Jahren als parlamentarischer Staatssekretär im Auswärtigen Amt einführte, war die Zeit für einen stärker gesellschaftsbezogenen Kulturbegriff reif. Die Konsequenz ist klar: in dem Maße, in dem beispielsweise in dem Informations- und Vortragsprogramm des Goethe-Instituts nun nicht mehr nur das Wahre, Schöne und Gute vorkommt, sondern so umstrittene Fragen wie Verfassungspolitik, Umweltfragen, Städtebau oder Technologiepolitik, begibt man sich in die Mitte innenpolitischer Spannungsfelder sowohl bei uns als auch im jeweiligen Lande. Wenn man, um ein anderes Beispiel zu nennen, Sozialreferenten an Botschaften und damit die internationale Zusammenarbeit der Gewerkschaften in die Kulturarbeit aufnimmt, bezieht man abermals ein Spannungsfeld ein, das nicht mit einfachen Pluralismuskonzepten aufzulösen ist.
An den Beispielen erhellt, daß es einen inneren Zusammenhang gibt zwischen der »Politisierung« der auswärtigen Kulturpolitik einerseits und dem »erweiterten Kulturbegriff« andererseits. In der so

veränderten Landschaft ist die auswärtige Kulturpolitik sehr viel stärker als früher mit innenpolitischen Tendenzen, Entwicklungen, auch Impulsen verbunden. An vier Faktoren wird diese stärkere Verklammerung mit der inneren Szene deutlich.

Der erste Faktor ist die Tatsache, daß die Expansion und die Demokratisierung unseres Bildungswesens in hohem Maße auf Ziele, Methoden, Instrumente der auswärtigen Kulturpolitik durchschlägt. Dies um so mehr, als diese Expansion und Demokratisierung kein isoliertes deutsches Phänomen ist, sondern Element der internationalen Bildungspolitik, jedenfalls in den Industriestaaten, denn in den Entwicklungsländern vollzieht sich die Expansion des Bildungswesens von ganz anderen Voraussetzungen her. Erstaunlich und verwunderlich bleibt, daß die Rückwirkung mancher Pionierleistungen – etwa die Berichte von *Hildegard Hamm-Brücher* über die Bildungsszene in anderen Ländern – von außen nach innen sehr gering geblieben ist. Unsere bildungspolitische Diskussion wird eben bis heute recht provinziell geführt.

Zweiter Faktor: Wir können feststellen, wie die wachsende internationale Vernetzung nicht nur der Wirtschaft und der Politik, sondern auch der Gesellschaften untereinander neue Formen der Zusammenarbeit schafft. Jeder Interessenverband wirtschaftlicher Natur unterhält ja heute seine internationale Abteilung, mindestens eine europäische Abteilung; gleiches gilt für den Bereich der auswärtigen Kulturpolitik, also beispielsweise auch für die politischen Stiftungen. So fördern wir die internationale Kooperation im sozialistischen, liberalen oder christlichdemokratischen Bereich, indem wir internationale Kolloquien der politischen Stiftungen aus den Mitteln des Kulturfonds des Auswärtigen Amts finanzieren. Ich nenne ein solches Beispiel, weil es vor 15 Jahren ganz undenkbar gewesen wäre. Internationale Vernetzung einerseits und Politisierung andererseits bleiben nicht folgenlos.

Dritter Faktor: In dem Maße, in dem die kulturelle Szene im traditionellen Sinne des Wortes sich entnationalisiert – in der bildenden Kunst, in Theater, Ballett, Oper, auch in der Musik, am wenigsten in der Literatur –, wird das Bedürfnis der schöpferischen Träger dieser Szene größer, sich im Ausland zu präsentieren und ebenso Präsentationen aus dem Ausland bei uns zu erleben. Es gibt im überlieferten Sinne *keine Nationalkultur* mehr. Die Internationalisierung ist soweit fortgeschritten, nicht zuletzt durch die tiefgreifende Wirkung der modernen Medien, aber auch durch Ausstellungen und andere Instrumente der auswärtigen Kulturpolitik, daß man heute gar nicht mehr sagen kann, was denn eigentlich deutsche Malerei sei. Auch dazu wieder ein Beispiel: Wir haben vor ein paar Jahren als etwas verspätetes Geschenk an die Vereinten Nationen aus Anlaß unseres Beitritts zur Ausstattung des Gebäudes am East-River in New York beigetragen. Es gab eine große Debatte darüber, was wir machen sollen. Das Ergebnis war nicht etwa ein spezifisch deutscher – als solcher sichtbar erkennbarer – künstlerischer Beitrag, sondern eine moderne Raumausstattung ohne nationalen Bezug; übrigens zur großen Freude aller Beteiligten, die das durchaus als angemessenen Beitrag empfanden. Vielleicht hat immerhin die deutsche Kunstgewerbetradition, von der schon die Rede war, eine gewisse Rolle gespielt.

Der letzte Faktor betrifft die *Sprachen:* Auch hier verbinden sich vor unseren Augen die innere und die äußere Szene zunehmend zu einer Einheit. Auf dem Symposion '80, das im Mai in Bonn stattfand, wurde zum erstenmal vor einer größeren Öffentlichkeit deutlich, daß unsere Politik der Förderung deutscher Sprache im Ausland einerseits und die Probleme des Fremdsprachenkanons in unseren Schulen andererseits zwei Seiten derselben Medaille sind, daß man also nicht das eine tun und das andere lassen kann, sondern beides voneinander abhängt. Auch hier kann ich ein Beispiel nennen – nämlich die alle zwei Jahre stattfindende Sitzung der deutsch-spanischen Kulturkommission. Wir haben in der letzten Sitzung dieser Kommission die spanische Seite dringend gebeten, in ihren Sekundarschulen dem Deutschen einen besseren Rang zu geben, und zwar als Wahlpflichtfach. Die Antwort lautete, man werde das gern tun, aber wir sollten unsererseits doch endlich etwas für die spanische Sprache bei uns tun. Und da sahen wir gar nicht sehr gut aus. Auch hier die Verklammerung von innen und außen, die ein Maß erreicht hat, wie es vor 20 Jahren noch kaum denkbar gewesen wäre. Die Politik zugunsten der deutschen Sprache im Ausland haben wir bis vor wenigen Jahren im Grunde als isoliertes Phänomen gesehen. Wir sehen sie heute nicht mehr so.

Welche Konsequenzen sind aus einer solchen Entwicklung zu ziehen? Ich habe in dem »Vorpapier« einige Voraussetzungen dargelegt, von denen wir in der Kulturabteilung des Auswärtigen Amts ausgehen. Die wichtigste dieser Voraussetzungen ist der innenpolitische

Einigungszwang, unter dem wir stehen. Die Verfassungslage nach dem Grundgesetz schreibt uns den Einigungszwang so weitgehend vor, daß jeder Versuch, im Bund-Länder-Verhältnis eine Konfrontationspolitik zu fahren, zum Scheitern verurteilt sein muß, übrigens von beiden Seiten her. Und darum einigt man sich auch immer wieder. Wenn also der niedersächsische Wissenschaftsminister ganz unbedingt etwas für China tun will, dann wird das Protokoll, das er in Peking unterschreibt, einen Passus enthalten, wonach diese Vereinbarung unter dem Dach des Kulturabkommens geschlossen und in das nächste Jahresprogramm zwischen Peking und Bonn eingebracht werden wird.
Dieser Einigungszwang hat dazu geführt, daß die auswärtige Kulturpolitik im Verhältnis zu den politischen Parteien Element einer wünschenswerten gemeinsamen Außenpolitik wird. Unter allen Außenministern der Bundesrepublik Deutschland hat dies nicht immer explizit, aber zumindest in der Praxis gegolten. Die auswärtige Kulturpolitik wird also so gestaltet, daß Opposition und Regierungsparteien in ihren Grundlinien übereinstimmen.
Gleichwohl bleiben Probleme. Es bleibt, daß das Durchschlagen innenpolitischer Konfliktlagen nach außen gar nicht verhindert werden kann, also auch manche Auseinandersetzungen ausgetragen werden müssen. Unser Bestreben ist, dieses Konfliktfeld so begrenzt wie nur möglich zu halten, aber der Konsensbereich wird von innen her immer wieder abgegraben, etwa in der Schulpolitik.
Zweites Problem: Der verschärfte Zugriff des Parlaments, der in einer parlamentarischen Demokratie natürlich akzeptiert werden muß, auf die auswärtige Kulturpolitik bis in Einzelheiten ihrer Organisation bedeutet, daß wir in sehr viel höherem Maße als bisher dem jährlichen Rhythmus der Haushaltsberatungen ausgeliefert sind. Die notwendige Langfristigkeit außenkulturpolitischer Programme leidet darunter ganz erheblich. Wir sind im Augenblick wieder in einer Situation, in der dies aller Welt sichtbar wird angesichts der Tatsache, daß wir während des laufenden Haushalts zweimal nicht unerhebliche Summen wieder haben in die »Sparbüchse der Nation« abliefern müssen. Die Abhängigkeit von unter Umständen rasch wechselnden Konjunkturlagen und den damit verbundenen Änderungen der Haushaltspolitik verschärft diese Lage nur noch. Ich kann hierzu kein Patentrezept anbieten; ich will aber doch das Problem offenlegen. Es wird jedenfalls notwendig sein, in

ganz anderer Weise als bisher längerfristig angelegte Programme auch mit längerfristigen Finanzierungsgarantien zu versehen, auch wenn eine solche Zielsetzung einer extensiven Auslegung des Budgetrechts des Parlaments widerspricht.

In diesem Zusammenhang eine dritte Anmerkung: Der bis in Details gehende Zugriff des Parlaments – vom Rechnungshof gar nicht zu reden – auf einen Bereich, in dem die nichtstaatliche Finanzierung ständig abgenommen hat und der Anteil staatlicher Finanzierung ständig gestiegen ist, bedeutet, daß unsere ganze Arbeitsstruktur über quasi autonome Mittlerorganisationen gefährdet ist; gefährdet durch die bürokratisierenden Anforderungen, die aus diesem haushaltsrechtlichen Durchgriff erwachsen. Für mich ist das die größte Sorge, die wir im Augenblick haben. Unser System des Operierens durch weitgehend autonome Mittlerorganisationen hat sich ja bewährt. Es steht politisch auch nicht in Frage, trotz eines Dissenses im Bericht der Enquête-Kommission an diesem Punkt, der aber nicht das Prinzip, sondern graduelle Unterschiede betrifft. Das Prinzip ist also unbestritten, aber ihm droht die Auflösung anhand der weit fortgeschrittenen Bürokratisierung der Abläufe in den Mittlerorganisationen unter dem Druck der haushaltsrechtlichen Erfordernisse.

Auch hier werden wir uns überlegen müssen, was man eigentlich tun kann, um diese von einem an sich legitimen parlamentarischen Anspruch her ausgelöste Entwicklung nicht nur zu bremsen, sondern wieder umzukehren.

Und der letzte Konfliktpunkt, den ich noch deutlich benennen möchte: Das Spannungsfeld zwischen der schöpferischen Freiheit des Wissenschaftlers, des Künstlers, des Literaten, einerseits und seiner Inanspruchnahme für außenpolitische Ziele und Zwecke andererseits. Dieses Spannungsfeld bleibt ein Konfliktpunkt der auswärtigen Kulturpolitik par excellence, der auch innenpolitisch ausgetragen werden muß. Wir sind, denke ich, in unserer Praxis an diesem Punkt bisher nicht allzuschlecht gefahren. Aber es ist ganz sicher, daß in dem Maße, in dem Künstler, Schriftsteller, Wissenschaftler nicht nur im stillen Kämmerlein für sich selbst produzieren, sondern eine bestimmte gesellschaftliche Funktion erfüllen, gerade auch in Kritik und Widerspruch, es ständig notwendig ist zu bestimmen, wieviel von dieser schöpferischen Freiheit nach draußen transportiert werden kann.

Diese Frage wird – ich sagte es schon: siehe Enquête-Bericht, siehe die Praxis der letzten Jahre – von Regierung und Opposition zuweilen unterschiedlich beantwortet. Ich möchte uns allerdings wünschen, daß die politischen Kräfte in diesem Lande weise genug bleiben, um zu akzeptieren, daß Kulturpropaganda, wie sie einmal vor 1914 das Ziel gewisser Denkschriften war, nun wirklich das Schlechteste wäre, was wir gebrauchen können. Die Glaubwürdigkeit unserer liberalen Ordnung zu Hause hängt auch davon ab, ob wir sie draußen auch so vorzeigen. Da gibt es gewiß Grenzen. Aber ich warne vor bürokratischer, politischer oder gar gesetzgeberischer Festlegung. Hier handelt es sich um Stilfragen, um Fragen des politischen Takts. Vor allem möchte ich daher wünschen, daß wir die innere Kraft behalten, Kritiker nicht nur gelassen zu ertragen, sondern ihren Dialog über die Grenzen hinweg als positives Zeichen für die Stärke einer freien Gesellschaft innerlich anzunehmen.

Stand und Perspektiven der auswärtigen Kulturpolitik Ein Vortrag vor Auslandslehrern – 1984 –

Zunächst möchte ich einige allgemeine, sozusagen rahmensetzende, Ausführungen machen über die auswärtige Kulturpolitik der Bundesrepublik Deutschland, ihren Stand und ihre Perspektiven. Ich will mit vier Feststellungen beginnen.

Die auswärtige Kulturpolitik ist immerhin schon über 100 Jahre alt. Was das staatliche Handeln betrifft – und die Politik ist ja staatliches Handeln – so beginnt die auswärtige Kulturpolitik in Deutschland im Jahre 1879 mit der Einrichtung eines Schulfonds in dem Haushalt des schon damals »Auswärtiges Amt« genannten Außenministeriums. Ein Schulfonds mit sehr geringen Beträgen und damals ausschließlich bestimmt, um Auswandererschulen in allen Teilen der Welt, vor allem in Nord- und Südamerika, zu helfen, dort wo es besonders nötig erschien. Also die grenzüberschreitende Zusammenarbeit im Bildungswesen ist in der Tat schon über 100 Jahre alt. Es folgten dann Stück um Stück, Stufe um Stufe, weitere Elemente: Vor dem Ersten Weltkrieg Schritte zur Hochschulzusammenarbeit über die Grenzen, 1907 eine erste Vereinbarung zwischen den USA und dem Deutschen Reich über den Austausch von Professoren, dann in der Weimarer Republik die Gründung des institutionellen Rahmens – damals entstanden der Deutsche Akademische Austauschdienst, die Alexander-von-Humboldt-Stiftung, neugegründet aufgrund einer viel früheren Stiftung aus dem Nachlaß von Alexander von Humboldt, das Goethe-Institut, um nur die wichtigsten zu nennen.
Ich weise auf diese historischen Ursprünge deshalb hin, weil die auswärtige Kulturpolitik nicht eine Erfindung erst der 50er Jahre dieses Jahrhunderts ist – wie manche Leute meinen –, sondern ihre Wurzeln sehr viel tiefer reichen. Freilich hat sich die Zielsetzung inzwischen grundlegend verändert. Wenn man nachliest, was im Jahre 1913 in einem berühmt gewordenen Briefwechsel zwischen dem damaligen Reichskanzler, Bethmann-Hollweg, und einem bekannten deutschen Wirtschaftshistoriker, Karl Lamprecht, zu lesen

steht, in dem das Wort »auswärtige Kulturpolitik« zum ersten Mal geprägt worden ist, so wird klar, daß damals die kulturelle, schulische, akademische Zusammenarbeit über die Grenzen wesentliches Element der imperialen Außenpolitik der Zeit im Wettbewerb mit den anderen imperialistischen Mächten war.
Das ist heute für die Bundesrepublik Deutschland nicht der Fall. Wir sind keine Macht mit Weltmacht-Ambitionen.

Die auswärtige Kulturpolitik ist die modernste Form der Außenpolitik. Ich sage dies bewußt und betont, um all denen entgegenzutreten, die immer noch glauben, die Kultur sei »das Wahre, Schöne, Gute« nach Feierabend. Nein, auswärtige Kulturpolitik, so wie wir sie heute verstehen als zwischengesellschaftliche Zusammenarbeit, ist nicht nur die dritte Dimension der Außenpolitik, wie das Frau Hamm-Brücher oft und gern formuliert hat, neben der politischen Außenpolitik und neben der Außenwirtschaftspolitik, sondern sie ist im Vergleich zu diesen beiden in der Tat die modernste Form der Außenpolitik. Warum?
Die politische Außenpolitik und die Sicherheitspolitik haben es im wesentlichen zu tun mit dem Verhältnis zwischen Regierungen. Die Außenwirtschaftspolitik hat es zu tun mit der Zusammenarbeit zwischen Unternehmungen, mit Außenhandel, Auslandsinvestitionen usw. Die Auswärtige Kulturpolitik hat es dagegen zu tun mit dem Austausch, mit dem Dialog, der Zusammenarbeit zwischen den Völkern. Sie ist also auch der demokratischste Aspekt der Außenpolitik, weil es um den unmittelbaren Dialog, um die grenzüberschreitende Zusammenarbeit zwischen den Menschen, zwischen den Völkern, zwischen allen Gesellschaftsschichten geht.

Wir sind von diesem Ziel natürlich in vielen Bereichen noch ein gutes Stück entfernt. Das liegt daran, daß die auswärtige Kulturpolitik es nicht leicht hat, sich durchzusetzen, weil sie nicht eigentlich eine Lobby hat. Ihr Publikum, diejenigen also, die ihre Segnungen, wenn es welche sind, am eigenen Leibe verspüren, das sind Schüler, das sind Schriftsteller, das sind Künstler, das sind Jugendliche im Jugendaustausch, das sind Lehrer – die Lehrer sind freilich als Lobby ja nicht ganz erfolglos im demokratischen Staat. Unter dem Publikum der auswärtigen Kulturpolitik sind sie aus diesem Gesichts-

punkt des Erfolges einer Lobby ganz gewiß eine Ausnahme, nicht die Regel.
Unser eigentlicher Verbündeter ist daher die Öffentlichkeit. Es hilft immer, wenn über die auswärtige Kulturpolitik öffentlich debattiert wird. Dann prägt sich auch das Bewußtsein ihrer Bedeutung besser in das Bewußtsein der handelnden Politiker ein, als das in ruhigen Zeiten der auswärtigen Kulturpolitik, wenn nicht über sie diskutiert wird, der Fall ist. Eine Randbemerkung schon an dieser Stelle: Sie merken aus dieser Argumentation, daß ich überhaupt nichts einzuwenden habe gegen öffentliche, auch kritische, Diskussion, so wie sie über das Goethe-Institut zwei Jahre lang stattgefunden hat.

Traditionsbeladen und höchst modern, leider aber ohne besonders wirksame Lobby, braucht die auswärtige Kulturpolitik gleichwohl Geld, und zwar das Geld des Steuerzahlers.
Da und dort gibt es sicherlich auch private Mittel, privates Mäzenatentum, über Stiftungen oder auf andere Weise – in diesem Bereich darf man das auch immer noch laut sagen, da ist nichts Ehrenrühriges, im Gegenteil. Aber auch wenn man privates Mäzenatentum, private Initiative hoch einschätzt, so wie ich das tue – die auswärtige Kulturpolitik braucht das Geld der Steuerzahler. Daraus folgt, daß es immer wieder notwendig ist, in der Öffentlichkeit, gegenüber den Politikern, den Parlamentariern, den Finanzministern eine Menge Überzeugungsarbeit zu leisten, damit das nötige Geld auch wirklich vorhanden ist.

Wie ist unter diesem Gesichtspunkt die gegenwärtige Situation? Wir haben in den letzten Jahren, wie Sie alle wissen, sowohl auf der Bundesebene wie auch in den Ländern überall Sparhaushalte gefahren, und davon ist natürlich die auswärtige Kulturpolitik auch nicht unberührt geblieben. Seit vier Jahren ist die finanzielle Grundlage der auswärtigen Kulturpolitik real nicht mehr gewachsen. Im laufenden Jahr haben wir im Vergleich zum Vorjahr sogar ein nominales Null-Wachstum, mithin Stagnation, also Realverlust. Das ist eine nicht fröhlich stimmende Feststellung. Wir werden im Haushaltsjahr 1985 wieder etwas besser aussehen und im Kulturhaushalt des

Auswärtigen Amtes insgesamt im nächsten Jahr ein – wenn auch bescheidenes – Wachstum haben.
Wie bescheiden, das mögen Sie bitte aus den Zahlen entnehmen. Auf die 760 Millionen, die wir in diesem Jahr zur Verfügung haben, werden 3,2 Prozent zugelegt werden. Das liegt dann in den einzelnen Bereichen etwas unterschiedlich: da und dort weniger als bisher, an anderer Stelle mehr. Auf einzelne Positionen, wo wir mehr als zehn Prozent gesteigert haben, sind wir schon sehr stolz.
Wir sind also recht bescheiden geworden. Immerhin, ich hoffe, daß wir auch in den kommenden Jahren bei einigermaßen positiver wirtschaftlicher Entwicklung auch in unserem Bereich wieder da und dort etwas Neues anfangen können, was über Jahre hinweg eigentlich nicht mehr möglich war. Im Gegenteil: wir mußten froh sein, daß wir anders als in der Mitte der 70er Jahre, als es schon einmal einen Spareinbruch gab, unser institutionelles Netzwerk fast unbeschädigt haben durchhalten können. Zwar ist die Zahl der vermittelten Lehrer um 60 von 1380 auf 1320 heruntergesetzt worden durch parlamentarische Entscheidung vor zwei Jahren. Aber im Vergleich zur Mitte der 70er Jahre, als binnen zwei Jahren diese Zahl um mehrere 100 heruntergesetzt werden mußte, ist es diesmal noch relativ gnädig abgegangen.
Auch haben wir – anders als damals – kein einziges Goethe-Institut schließen müssen. Im Gegenteil: Indem wir bei den etwas besser personell ausgestatteten Instituten auskämmten, haben wir da und dort sogar Neugründungen in den letzten Jahren zustande gebracht, vor allem in den USA, wo wir einen starken Rückstand in der Zahl und in der Ausstattung der Goethe-Institute aus historischen Gründen hatten und immer noch haben. Allerdings ist da nun auch das Ende der Fahnenstange erreicht. Aber noch einmal: Wir haben das institutionelle Netzwerk im wesentlichen durchhalten können. Das gilt auch für den akademischen Bereich, das dritte der drei Hauptbeine der klassischen auswärtigen Kulturpolitik: die Zahl der Studienstipendien für Ausländer ist kaum verringert worden und liegt im nächsten Jahr sogar wieder etwas höher. Die Zahl der Lektoren für Deutsch, die über den DAAD ins Ausland vermittelt werden, hat bei knapp 400 gehalten werden können. Also zwar Stagnation, aber nicht eigentlich Rückgang – bis auf einen schmerzlichen Punkt, den ich doch auch gleich anschneiden möchte und der sicherlich nachher in der Diskussion eine Rolle spielen wird.

Wir haben, vor der Alternative stehend, entweder die Zahl der vermittelten Lehrer weiter zurückzunehmen oder aber die Bezüge der künftig vermittelten Lehrer maßvoll zu senken, uns schweren Herzens für den zweiten Weg entschieden. Ich stehe zu dieser Entscheidung, die nicht leicht zu treffen war. Wir standen unter dem Druck eines Beschlusses des Haushaltsausschusses des Bundestages – mit den Stimmen der Mitglieder aller Fraktionen – insgesamt 20 Millionen bei den Personalkosten im Schulbereich einzusparen, und haben uns dann dafür entschieden, nur einen Teil dieser Summe, den geringeren Teil, durch die schon von mir genannte Rücknahme der Zahl der vermittelten Lehrer um 60 zu erbringen, den größeren Teil durch eine Reduzierung der Gesamtbezüge der vermittelten Lehrer im Ausland, unter Aufrechterhaltung der Rechtsansprüche aus laufenden Verträgen, um 8,3 Prozent, das ist etwa ein Monatsbezug.

Ich will gleich zwei Dinge an dieser Stelle hinzufügen. Wir haben sehr viel Bedacht darauf gelegt, durch die Art dieser Kürzung den Eindruck zu vermeiden, es handle sich hier um den Einstieg in eine allgemeine Kürzung der Bezüge der Lehrer überhaupt, eine Befürchtung, die bei den Berufsverbänden natürlich bestand und sicher auch noch besteht. Wir haben also nicht – wie es von vielen vorgeschlagen worden war, auch aus dem Bundestag – etwa eine Kürzung bei der Berechnungsbasis, also bei den mitgebrachten Besoldungsgruppen vorgenommen, sondern die Kürzung ist über alles vorgenommen worden, ohne daß sie auf einzelne Bestandteile zugerechnet werden kann, übrigens auch nicht auf die Auslandsbezüge.

Die zweite Feststellung: Eine gleichartige Kürzung ist zum gleichen Zeitpunkt in Kraft gesetzt worden für die durch den DAAD vermittelten Wissenschaftler und Lektoren. Für den Bereich der auswärtigen Kulturpolitik sind sie gemeinsam mit den vermittelten Lehrern diejenige Personengruppe, die aufgrund von Richtlinien ihre Bezüge erhalten. Beim Goethe-Institut ist das ja anders. Hier gibt es einen Tarifvertrag.

Ich will noch einmal sagen: uns ist das nicht leicht gefallen, denn es kann natürlich immer noch der Eindruck entstehen, als sei hier ein Sonderopfer verlangt worden. Mir liegt sehr daran, deutlich zu sagen, daß aus der Sicht des Auswärtigen Amtes es damit auch sein Bewenden hat. Wenn also, was im Augenblick nicht sehr wahrscheinlich ist, etwa bei der Auslandsbesoldung als solcher Einschnit-

te vorgenommen würden, dann ist es ganz gewiß so, daß die Lehrer nicht noch einmal herangezogen werden dürfen.
Ich hatte gesagt, daß wir mit wenigen schmerzlichen Einschnitten, zu denen insbesondere die Kürzung der Ausgaben für die vermittelten Lehrer auf Beschluß des Bundestages beruhte, im ganzen den Bestand in den letzten Sparjahren haben halten können. Das ist natürlich trotzdem keine befriedigende Bilanz, denn es gibt in einer Reihe von Feldern der Auswärtigen Kulturpolitik eine Fülle von Aufgaben, die sich stellen, die derzeit nicht erfüllbar sind. Ich nenne jetzt nur die wichtigsten Beispiele.

Es gibt nach wie vor eine überaus starke Nachfrage nach Studium in Deutschland, die keineswegs nur aus den Entwicklungsländern kommt, sondern auch aus den Industrieländern. Die Zahl der Ausländer, die an unseren Hochschulen insgesamt studieren, ist über die Jahre hinweg gewachsen, jedenfalls absolut. Sie liegt heute bei etwa 70000. Das ist in etwa der gleiche Prozentsatz von 6 Prozent der gesamten Studentenzahl, der schon seit geraumer Zeit so gut wie fest liegt. Bemerkenswert ist, daß demnach die Zahl der an unseren Universitäten und Hochschulen studierenden Ausländer mit dem starken Wachstum der Studentenzahlen Schritt gehalten hat. Und das aufgrund einer wirklichen Nachfrage; die Zahl der Regierungs-Stipendiaten ist darunter ja nur eine Minderheit.

Wir haben einen starken Bedarf an zusätzlichen Mitteln für die Verbreitung der deutschen Sprache im Ausland. Hier weht uns der Wind ins Gesicht, das ist gar keine Frage. Sie werden in diesem Sommer aufgrund eines Pressegesprächs, das ich geführt hatte, in den Zeitungen gelesen haben, daß die Zahl der Deutschlernenden in aller Welt, die vor wenigen Jahren noch mit 18–19 Millionen in etwa realistisch geschätzt wurde, inzwischen bei etwa 15 Millionen liegt, von denen übrigens die Mehrzahl sich in der Sowjetunion und in den Ländern Mittel- und Osteuropas befindet, also in den Ländern, in denen die deutsche Sprache seit Jahrhunderten einen besonders hohen Stellenwert hat, sei es als Verkehrssprache, sei es als Muttersprache derer, die als Bürger deutscher Herkunft dort leben. (Allein in der Sowjetunion sind es 2 Millionen.) Die Zahl der Deutschlernenden ist zurückgegangen, trotz aller Anstrengungen des Goethe-Instituts, des Deutschen Akademischen Austauschdienstes, der Hochschulen, der deutschen Auslandsschulen und auch trotz der

Einbeziehung der modernen Medien, des Rundfunks und des Fernsehens, in die Verbreitung der deutschen Sprache, trotz der Förderung von Literatur und Lehrmaterialien.
Es gibt einige Regionen, in denen die Entwicklung positiv verläuft, an denen also ablesbar ist, was geschieht, wenn nicht gekleckert, sondern geklotzt werden kann. Ich nenne ein Beispiel, das auf den ersten Blick ein bißchen entlegen aussieht, das französischsprachige West-Afrika! Hier war Deutsch aufgrund des französischen Schulsystems traditionell an den bestehenden Lycées erste oder zweite Fremdsprache nach dem Französischen, das freilich für die Afrikaner auch schon eine Fremdsprache ist, denn die Muttersprache ist die jeweilige Stammessprache. Mitte der 60er Jahre entschlossen sich die Franzosen, ihre Lehrer, die den Deutschunterricht bis dahin gegeben hatten, abzuziehen. Zu diesem Zeitpunkt gab es aber keine afrikanischen Deutschlehrer, die Ersatz hätten bieten können. So ist dann damals die Bundesrepublik eingesprungen und hat ein System aufgebaut, das zunächst einmal die Fortführung des Deutschunterrichts sicherte, dann aber die Ausbildung afrikanischer Deutschlehrer in die Wege leitete, mit dem Ergebnis, daß jetzt, nach 15 Jahren Existenz dieses Programms, der Unterricht in der deutschen Sprache in allen frankophonen Staaten in West-Afrika in die Hand afrikanischer Deutschlehrer gelegt werden kann. Es sind weiterhin Fachberater und Experten tätig, aber das Experiment ist auch von dieser Seite her gelungen. Es ist umso mehr gelungen, als die Zahl der Deutschlernenden an Schulen dieser Staaten in dieser Zeit von 25 000 auf über 100 000 hat gesteigert werden können. Die Nachfrage ist durchaus freiwillig. Es ist nicht so, als ob die deutsche Sprache zwangsweise von den Schülern genommen werden müßte, sondern im Regelfall besteht die Wahl zwischen Englisch und Deutsch. Aber einfach dadurch, daß ein gut durchdachtes Angebot bis hin zu einem für Afrikaner von Afrikanern geschriebenen Deutschlehrbuch bereitgestellt wurde, damit ein vernünftiger Unterricht überall angeboten werden konnte, hat sich die Nachfrage nach Deutsch deutlich erhöht.
Aber das ist eher eine Ausnahme. Im ganzen gesehen, weht uns der Wind – was die deutsche Sprache angeht – doch weltweit ins Gesicht. Das kann uns nicht gleichgültig sein. Es gibt zwar manche Leute, die sagen: Laßt das doch bleiben, das kostet alles so schrecklich viel Geld, Englisch ist sowieso die Sprache der Zukunft, Espe-

ranto brauchen wir auch schon nicht mehr, also geht auf Englisch über, wie das beispielsweise unsere großen Wissenschaftler ohnehin in wachsendem Umfange machen und unsere multi-nationalen Unternehmungen auch. Da wird häufig schon zwischen der Zentrale in Deutschland und den Außenstellen auf Englisch korrespondiert.

Gewiß ist die Entwicklung des Englischen zur Weltsprache, übrigens auch auf Kosten des Französischen, gar nicht aufzuhalten. Es gibt trotzdem genügend gute Gründe – ich will sie jetzt nicht alle im einzelnen aufzählen – darauf bedacht zu sein, daß die deutsche Sprache weiterhin so gut wie möglich als Fremdsprache verbreitet wird.

Das Lernen von Deutsch weltweit weiterhin zu erleichtern, ist nicht nur deshalb notwendig, weil das Deutsche nach wie vor eine wichtige Wissenschafts-, Technik- und Wirtschaftssprache ist, sondern auch, weil das Deutsche zu den wichtigen Kultursprachen der Welt gehört und weil mit der Lehre der deutschen Sprache ja stets auch ein lebendigeres Bild Deutschlands vermittelt wird, als es je durch Übersetzungen geschehen könnte. Aber wir brauchen, wenn wir in diesem Sinne eine aktive Sprachpolitik betreiben wollen, erheblich mehr Mittel als bis jetzt.

Eine der wichtigsten Aufgaben der nächsten Jahre wird es sein, eine solche aktive Sprachpolitik von der Forderung auf geduldigem Papier in die Praxis der auswärtigen Kulturpolitik umzusetzen. Ein erster Schritt wird im kommenden Jahr dadurch geschehen, daß wir zum ersten Mal seit 1967 dem Deutschen Bundestag wieder einen Bericht vorlegen über den Stand und die Entwicklungschancen der Lehre, Verbreitung und Anwendung des Deutschen in aller Welt, vor allem als Fremdsprache, aber auch als Muttersprache.

Wir werden zu überlegen haben, in welcher Weise das schulische Angebot, Stichwort Auslandsschulwesen, künftig intensiviert werden kann. Auch dazu werden wir dem Bundestag berichten. In der Regierungserklärung des Bundeskanzlers vom 4. Mai 1983 war neben verstärkten Anstrengungen um die deutsche Sprache auch ein Ausbau des Auslandsschulwesens angekündigt worden. Nun ist dies natürlich leicht gesagt und nicht leicht getan. Unstrittig ist, daß diejenigen Schulen, die wir seit dem Rahmenplan von 1978 deutschsprachige Auslandsschulen nennen, also Schulen, die primär für Kinder deutscher Staatsangehöriger bestimmt sind, weiterhin eine

wichtige Rolle spielen werden, auch als eine Maßnahme der mittelbaren Exportförderung. Das ist im übrigen nichts Schlechtes, im Gegenteil. In einem Lande, dessen Sozialprodukt zu mehr als einem Viertel durch den Export erwirtschaftet werden muß, wo also mehr als jeder vierte Arbeitsplatz vom Export abhängt, ist es eine lebenswichtige Sache, daß dieser funktioniert, und wenn also die deutschsprachigen Auslandsschulen und zu einem erheblichen Teil auch die Begegnungsschulen dadurch mittelbare Exportförderung leisten, daß die Kinder der Ingenieure und Kaufleute, die draußen tätig sind, eine vernünftige schulische Versorgung haben, dann ist das legitim. Es ist natürlich nicht unbedingt auswärtige Kulturpolitik, die sich ja eigentlich an ein ausländisches Publikum richtet, aber es ist eine Dienstleistung, die traditionell innerhalb der auswärtigen Kulturpolitik eine wichtige Rolle spielt und auch weiterhin spielen wird. Die Zahlen der Schüler aber werden in diesem Bereich aller Voraussicht nach auf übersehbare Zukunft nicht steigen. Wie könnte das auch sein? Da sind die Auslandsschulen von den gleichen Bedingungen abhängig, wie wir sie hier in der Bundesrepublik vorfinden. Darum sind sinkende Schülerzahlen auf übersehbare Zukunft die Realität, auch bei den deutschsprachigen Auslandsschulen. Verstärkte Exportanstrengungen, verstärkte Investitionsvorhaben da und dort werden das womöglich etwas wieder nach oben korrigieren, aber wohl kaum auf ein absolutes Wachstum der Schülerzahlen.
Zweitens: Begegnungsschulen. Wir halten an dem Konzept fest. Ich wende mich gegen die Theorie, daß die Schulen Oberschicht-Reservate sein müssen. Wir halten seit langem an den Begegnungsschulen, finanziert aus dem Bundeshaushalt über die Schulbeihilfe, in erheblichem Umfange Schulstipendien bereit, um angesichts der Notwendigkeit, Schulgeld zu erheben, den Zugang auch für Kinder weniger wohlhabender Schichten offenzuhalten. Freilich ist hinzuzufügen: wenn es etwa in einer riesigen Stadt wie Mexiko eine, wenn auch große, von uns geförderte Auslandsschule gibt, dann ist es ganz unmöglich, sie sich vorzustellen als ein Instrument, mit dem vorzugsweise die Kinder der sogenannten Unterschichten an ihre Aufstiegschancen herangeführt werden.
Die Probleme der Begegnungsschulen liegen für meine Begriffe auf einem etwas anderen Feld, nämlich beim Begegnungscharakter als solchen. Der ist ja die eigentliche Attraktion der Schulen. Die Grundidee heißt bikulturelle Schulen, also Schulen, die nicht nur

von der Zusammensetzung der Schülerschaft und der Lehrerschaft her, sondern vor allem von ihrem Lehrplan her, möglicherweise für eine Schülerschaft, in der sich gar keine deutschen Kinder befinden, ein bikulturelles Angebot machen. Ein solches Angebot ist natürlich immer anspruchsvoll. Wir haben an den Ausländerkindern hier bei uns gelernt, wie schwer die Doppelbelastung wiegt, die darin liegt, die eigene Nationalkultur zu erhalten und zu pflegen, sie in die Köpfe und Herzen der Kinder zu bringen und gleichzeitig ein volles deutsches Schulprogramm durchzuführen. Das stellt sich, sozusagen mit umgekehrten Vorzeichen, genauso in den Begegnungsschulen als Problem, wenn man es mit der Begegnung wirklich ernst meint, wenn man also nicht Schulen betreibt, in denen einfach zwei Züge nebeneinander herlaufen und allenfalls im Sport und auf dem Schulhof die kulturelle Begegnung stattfindet.

Also: Diese Grundidee ist nach wie vor sehr gut, aber solche Begegnung kann nur stattfinden zwischen Kulturen, die einander nahe genug sind, und in Ländern, die das zulassen. Ich habe meine Zweifel, ob etwa im islamisch geprägten Bereich wirkliche Begegnungsschule stattfinden kann, die tatsächlich beide Kulturen, in diesem Falle die islamische Kultur des Sitzlandes und die christlich-humanistisch geprägte deutsche europäische Kultur im Lehrplan sozusagen miteinander verschweißt. Der Fall Teheran hat ja gezeigt, wie das ist: wenn die Begegnung nicht mehr gewollt wird, dann geht die Begegnungsschule ganz schnell kaputt. Was wir jetzt in Teheran noch haben, ist eine reine deutschsprachige Auslandsschule, nicht einmal mehr Kinder aus deutsch-iranischen Ehen dürfen auf diese Schule. Das ist ein Extremfall bis jetzt, zum Glück, aber die Fragen stellen sich doch auch anderswo: mit dem wachsenden nationalen Selbstbewußtsein in der Dritten Welt, mit wachsenden Tendenzen kultureller Abgrenzung von den dominanten europäischen Einflüssen droht daher auch das Konzept der Begegnungsschulen zerstört zu werden.

Nun ist klar, daß es gleichwohl Sinn macht, unser schulisches, unser pädagogisches Engagement in vielen Partnerländern zu verstärken, aber das wird wohl auf etwas anderen Wegen geschehen müssen. Der eine Weg ist bereits gegangen worden mit der Einrichtung der deutsch-französischen Gymnasien durch Regierungsvereinbarung. Das bedeutet – neben der Förderung von Privatschulen nach dem Recht des Sitzlandes mit allen Problemen, die das auch für den

Lehrerstab hat – Einrichtung binationaler Schulen aufgrund von Regierungsvereinbarungen. Es ist gar nicht einzusehen, warum es nicht längst, z. B. im Verhältnis zu Holland, auf beiden Seiten Gymnasien oder Realschulen gibt, die einen ähnlichen binationalen, bikulturellen Lehrplan anbieten mit in beiden Ländern gültigen Abschlüssen, wie das die deutsch-französischen Gymnasien in Lebuc bei Paris, in Freiburg, in Saarbrücken erfolgreich tun. Solche Vereinbarungen sind nicht leicht zuwege zu bringen, aber ich halte das für einen offenen Weg, der stärker als bisher begangen werden sollte, übrigens auch im deutsch-französischen Verhältnis. Diese drei Schulen müssen auch dort nicht das Endziel sein.

Ein zweiter Weg ergibt sich dort, wo wirklich eine ausgesprochene Nachfrage von Nachbarländern nach deutschen Lehrern, ob Fachlehrern oder Sprachlehrern, besteht und ausgesprochen wird, die dann zur Entsendung von deutschen Lehrern als sozusagen integrierte Experten in das öffentliche Schulsystem des jeweiligen Partnerlandes führt. Ich nenne absichtlich dieses Stichwort, »integrierte Experten«. Das ist ja in der Entwicklungspolitik eine bekannte Methode. Auch arbeitet längst der DAAD mit seinen vermittelten Wissenschaftlern so: Diese Wissenschaftler bekommen von den Universitäten der Partnerländer ihre Verträge. Sie werden mit Hilfe des DAAD aus Deutschland dorthin vermittelt, und sie bekommen Zuschläge zu den normalen Bezügen, die sie an dieser Universität erhalten, dann, wenn es nötig ist, um einen angemessenen Lebensstandard sicherzustellen, und natürlich Umzugskosten und was sonst dazugehört.

Ein erster Anwendungsfall im Schulbereich könnte die Türkei sein. Dies vor allem auch, weil den türkischen Erziehungsbehörden sich zunehmend das Problem der Rückkehrer-Kinder stellt, die durch unsere Schulen gegangen sind und nicht einfach wieder in die türkischen Schulen reintegriert werden können, wo es also Übergänge und Hilfestellung geben muß. Wir haben mittlerweile konkrete Wünsche aus der Türkei nach Entsendung einer größeren Zahl von Lehrern. Und zwar sollen sie in denjenigen türkischen Städten, in denen sich die Rückkehrer jetzt befinden, an neu zu gründenden Gymnasien mit einem gemischten deutsch-türkischen Lehrplan operieren. Wie das im einzelnen aussieht, ist noch ganz offen, aber das ist eines der Vorhaben, bei denen es Sinn macht, mit einem relativ starken Engagement hineinzugehen. Ich will aber gleich hinzufügen: wir sollten nicht glauben, daß wir ganz schnell und in großer Zahl die noch nicht in den Landesdienst übernommenen und voll ausgebildeten arbeitslosen Lehrer dahin schicken können. Wir haben ja Erfahrung mit dem Junglehrer-Programm. Die Erfahrung lautet: diese jungen Kollegen sind ganz überwiegend gut und engagiert, aber sie brauchen die Abstützung durch das Kollegium vor Ort. Als Einzelkämpfer sie irgendwo in den Busch zu schicken, wäre sträflich. Da muß man sich anderes einfallen lassen.

Es sollte nach meiner Meinung darauf hinauslaufen, daß Lehrer, die sich bereits im Schuldienst befinden, die auch die nötige Berufserfahrung mitbringen – wir wissen alle aus den klassischen Auslandsschulen, daß das eine notwendige Voraussetzung ist – aus dem Landesdienst beurlaubt werden, im Grunde nicht anders als die amtlich an die deutschen Auslandsschulen vermittelten Lehrer, damit ihre Plätze dann während ihrer Abwesenheit durch bisher arbeitslose Kollegen besetzt werden können. Ich meine, das muß man auch so manchem Parlamentarier erklären, der unter dem Druck der immer noch wachsenden Lehrerarbeitslosigkeit aus seinem Wahlkreis nach Bonn kommt und nun also verlangt: »Bringt endlich diese arbeitslosen Lehrer unter, damit die mir nicht mein Wahlkreisbüro einrennen! Und schickt sie von mir aus auch ins Ausland, wenn's hier keine Arbeit gibt!«

Also: die Debatte ist noch zu führen. Sie hat gerade erst angefangen, aber ich habe deswegen gerade gesagt, wohin nach unserer Meinung die Dinge laufen sollten, und ich habe den Eindruck, daß auch die Kultusverwaltungen sich auf diese Linie begeben, so daß wir hier jedenfalls in einem Konsens zwischen den Kultusverwaltungen und dem Auswärtigen Amt sind und den dann auch durchsetzen können: Verstärktes Engagement im Öffentlichen Schulwesen von Partnerländern, die dies wünschen.

Das heißt nicht Abschied von der klassischen deutschen Auslandsschule, damit ich da nicht mißverstanden werde. Wir werden selbstverständlich, trotz aller Erschwernisse, unser Engagement bei den Schulen durchhalten und, wo immer dies pädagogisch verantwortbar ist, auch den vertikalen Ausbau dieser Schulen weiter betreiben. Dies sollte, wo immer möglich, auch dadurch geschehen, daß berufsqualifizierende Abschlüsse neben dem reinen Gymnasialabschluß an den Schulen angeboten werden. Das ist ja ein langes Thema, mit vielen Schmerzen verbunden. Es ist an einer Stelle, nämlich in Lima,

mit einer Schulneugründung völlig danebengegangen. Trotz dieser leidvollen und schwierigen Erfahrungen sollten wir einen neuen Anlauf nehmen, um solche berufsqualifizierenden Abschlüsse an den klassischen deutschen Auslandsschulen besser als bisher heimisch zu machen.
Man muß das natürlich einstellen auf die Bedürfnisse des jeweiligen Sitzlandes. Da liegt das Hauptproblem. Man kann nicht einfach die deutsche Berufsschule übertragen, schon deshalb nicht, weil das duale System nicht exportierbar ist. Also: Die Probleme sind groß, aber wir sollten es wieder versuchen.
Ich habe damit jetzt ein wenig länger über den Schulbereich gesprochen, als ich es eigentlich vorhatte, aber das ist in diesem Kreise normal. Ich möchte ein paar abschließende Bemerkungen zu den anderen Bereichen machen; insbesondere zum Goethe-Institut, zur gesellschaftspolitischen Zusammenarbeit sowie zu den Medien.

Goethe-Institut: Da hat es eine kritische Debatte gegeben, ausgelöst durch den in bestimmten Bereichen des kulturellen Lebens, vor allem Literatur und Film, nicht auflösbaren Widerspruch zwischen der überwiegenden politischen Tendenz in diesen Bereichen hier bei uns zu Hause und der Forderung mancher nach mathematischer Ausgewogenheit: Modell Rundfunk. Das kann nicht aufgehen. Die Debatte hat gezeigt, daß man hier nicht einfach die innenpolitische Ausgewogenheit als Forderung erheben darf. Wir haben eine solche Forderung nicht erhoben und werden dies auch in Zukunft nicht tun, sondern wir bleiben dabei, daß das Ganze der kulturellen Lebenswirklichkeit draußen präsentiert wird. Doch gelten zwei im Grunde selbstverständliche Bedingungen. Die eine Bedingung ist, daß ein aktiver Kampf gegen unsere Verfassungsordnung im Angebot unserer auswärtigen Kulturpolitik keinen Platz hat. Wenn ich sage »aktiver Kampf gegen unsere Verfassungsordnung«, dann meine ich natürlich ihre Grundlagen, nicht jedes Detail des Grundgesetzes.
Zweitens: Das Angebot kann nur in dem Maße im jeweiligen Partnerland gemacht werden, in dem es dort auch akzeptiert wird. Ein Beispiel: Die nach den Maßstäben unserer Gesellschaft inzwischen voll akzeptierte, relativ große Freizügigkeit in sexuellen Fragen ist in anderen Gesellschaften, ob buddhistisch, ob islamisch, tabu, und also auch nicht vorzeigbar, es sei denn im kleinen Kreis auf Einladung.

Nun gibt es in jedem Partnerland unterschiedliche Möglichkeiten der Akzeptanz. Sie hängt natürlich immer auch von der politischen Struktur dieses Landes ab. Ist es – sagen wir einmal – mild-autoritär, dann ist die Bewegungsfreiheit erheblich größer, als wenn es streng-autoritär ist. Das Grundprinzip bleibt: das ganze Bild wird angeboten, genauso wie wir als ein offenes Land das Angebot unserer Partner hier bei uns aufnehmen.
Wir haben in dieser Debatte auch gefunden, daß es – ich sage das mit Befriedigung – eine »große Koalition der Vernunft« in der auswärtigen Kulturpolitik nach wie vor gibt, an der alle demokratischen Parteien Anteil haben. Die auswärtige Kulturpolitik braucht diesen Grundkonsens zu Hause. Nur dann läßt sich das Prinzip der Offenheit, das Prinzip der Vielfalt des Angebotspluralismus durchhalten. Dieser Grundkonsens hat eine gute und inzwischen schon lange Tradition. Als sein wichtigstes Instrument ist bis heute der Bericht der Enquête-Kommission auswärtige Kulturpolitik von 1975 anzusehen, denn da ist es bis auf einen Punkt wirklich gelungen, den Konsens der damals drei Fraktionen zu erreichen. Nach meiner Beobachtung haben übrigens auch die Grünen diesen Konsens bisher nicht ernsthaft in Frage gestellt.
Der Grundkonsens, der von der damaligen Bundesregierung in ihrer Stellungnahme zum Bericht der Enquête-Kommission von 1977 ausdrücklich übernommen worden ist, wurde nach dem Koalitionswechsel von 1982 ebenfalls vom Bundesaußenminister öffentlich immer wieder bestätigt. Auch der Bundeskanzler hat in seiner Rede in Kyoto zur Einweihung des dortigen Goethe-Instituts erklärt, daß die auswärtige Kulturpolitik unser Land in Spruch und Widerspruch auch draußen präsentiert. Das schließt aber nicht aus, und das wird auch weiterhin so sein, daß eine kritische Debatte über einzelne Dinge immer wieder stattfindet. Das ist auch vollkommen in Ordnung. Wir leben in einer Demokratie, für die eine solche kritische Debatte lebensnotwendig ist. Da, denke ich, sollten auch die von solcher Kritik gelegentlich betroffenen Schriftsteller, Filmemacher oder anderen unmittelbaren Träger der Kulturszene nicht so empfindlich sein, wie sie es manchmal sind. Sie selber nehmen sich ja das Recht zur politischen Meinungsäußerung – und das sollen sie haben –, aber damit begeben sie sich natürlich auch in die Debatte und setzen sich der Kritik anderer aus. Ich kann daran nichts Übles finden. In der politischen Debatte ist der Schriftsteller genauso ein

Staatsbürger wie jeder andere und muß sich, wenn er dezidierte Meinungen äußert, auch mit anderen Meinungen ordentlich auseinandersetzen. Am Ende geschieht dies übrigens auch.

Gesellschaftspolitische Zusammenarbeit: Austausch und Zusammenarbeit zwischen wichtigen gesellschaftlichen Gruppen über die Grenzen hinweg gibt es seit jeher: zwischen Gewerkschaften, Frauenverbänden und Sportorganisationen, zwischen den Kirchen, vor allem der beiden großen Konfessionen, schließlich und nicht zuletzt im Sport und zwischen den Jugendverbänden und ihren Mitgliedern. Solcher Austausch findet vielfach statt, etwa im Gewerkschaftsbereich, ohne daß die Regierungen und ihr Geld überhaupt nötig wären oder auch nur eine Rolle spielen sollten. Anderes dagegen, so der Jugendaustausch, bedarf staatlicher Hilfe.
Diese »zwischenstaatliche Gesellschaftspolitik«, wie sie Ralf Dahrendorf genannt hat, war und ist das wichtigste neue Feld einer auswärtigen Kulturpolitik, die auf dem erweiterten Kulturbegriff aufbaut. Hier gab es deshalb in den 60er und 70er Jahren vieles Neue, vom Deutsch-Französischen Jugendwerk, das im vorigen Jahr sein 20. Jubiläum feiern konnte, bis zu der wachsenden Tätigkeit der politischen Stiftungen in der fördernden Vermittlung von gesellschaftspolitisch orientiertem Austausch über die Grenzen. Was den Jugend- und Schüleraustausch betrifft, so haben wir die letzte große Anstrengung erst kürzlich unternommen, und zwar im Zusammenhang mit dem 300. Jahrestag der ersten deutschen Einwanderung in die Vereinigten Staaten von Amerika. Hier geht es darum, der heutigen jungen Generation, für welche die Kriegs- und Nachkriegszeit längst Geschichte ist, das gleiche oder doch ein ähnliches Bewußtsein der Zusammengehörigkeit, auch der kritischen Gemeinsamkeit, zu vermitteln, das die Älteren unter uns in den Aufbaujahren gewannen. Die gleiche Aufgabe stellt sich übrigens auch im Verhältnis zu anderen westlichen Partnern und selbstverständlich unverändert im Austausch mit den Staaten des Warschauer Pakts, der freilich nach wie vor leider nur sehr unter Einschränkungen funktioniert.
Im übrigen aber herrschte auch hier in den letzten Jahren angesichts der Sparnotwendigkeiten Stagnation. Es wird eine besonders wichtige Aufgabe der auswärtigen Kulturpolitik sein, gerade hier in den nächsten Jahren neue Schwerpunkte zu setzen.

Medien: Bücher und Zeitschriften, Tonträger und Hörfunk sind uns als Instrumente der internationalen kulturellen Zusammenarbeit seit langem wohlvertraut. Mit wachsendem Gewicht kommt nun das Fernsehen sozusagen ins Bild. Wir haben natürlich seine Möglichkeiten schon früher genutzt, vor allem für die Verbreitung der deutschen Sprache. Seit den 60er Jahren sind weltweit zwei Sprachfilmserien über die Fernsehnetze vieler Länder ausgestrahlt worden, und die dritte Serie ist im Entstehen begriffen. Indessen ändert sich vor unseren Augen die Situation in geradezu dramatischer Weise. Ob wir sie lieben oder nicht: die neuen Medien haben bereits die Szene betreten. Satellitenübertragung, Bau von Kabelnetzen und in Kürze auch der Empfang von Fernsehsendungen direkt vom Satelliten – also die neuen Kommunikationstechniken, die gemeinhin als »neue Medien« bezeichnet werden – schaffen nicht nur eine neue Programmvielfalt für den inländischen Verbraucher, sondern verwandeln auch zum ersten Mal das Fernsehen in ein international frei durch den einzelnen Bürger empfangbares Medium.

Darin liegen gewiß auch Gefahren. Vor allem kleinere Länder und Völker, und besonders die kulturell wenig stabile Dritte Welt, befürchten, daß sie durch die neuen Medien mit einer Flut genormter Produkte überschüttet werden, unter der ihre eigene Kultur ersticken könnte. Doch sollten wir andererseits auch die großen Chancen nicht übersehen, die sich für die Verbreitung eines vielfältigen, zutreffenden Bildes unseres Landes in den breiten Schichten der Bevölkerung anderer Länder durch die neuen Medien ergeben.

Amerikaner, Franzosen und Briten, und ganz gewiß auch die Russen, sind bereits dabei, diese Chancen zu nutzen. Wir werden in diesem Wettbewerb mithalten müssen. Das kostet allerdings viel, sehr viel Geld. Was wir erreichen wollen, ist ein in Europa über direktsendenden Satellit unmittelbar empfangbares, außerhalb Europas in der ganzen Welt über Satellit an dortige Fernsehveranstalter zu lieferndes regelmäßiges Programmangebot aus Deutschland. Es wird nur zustande kommen, wenn alle Beteiligten – Bund und Länder einerseits, ARD, ZDF, die Rundfunkanstalten nach Bundesrecht und möglicherweise auch die künftigen privaten Fernsehveranstalter andererseits – nach bestem Vermögen zusammenwirken. Es ist bei den Medien nicht anders als im Schulbereich: Konfrontation zwischen den Beteiligten, vor allem zwischen Bund und Ländern, ist schädlich, nur Kooperation sichert den Erfolg.

Die Aufgaben für die kommenden Jahre sind groß. Es muß noch viel Überzeugungsarbeit geleistet werden, damit die Parlamente die nötigen Steuergelder auch bewilligen. Ich bin aber nicht pessimistisch. Rang und Stellenwert der auswärtigen Kulturpolitik sind in der Öffentlichkeit nicht mehr umstritten, zumindest nicht in der Theorie. Jetzt kommt es darauf an, diese Erkenntnis in die Praxis umzusetzen.

Von der Selbstdarstellung zu Austausch und Zusammenarbeit: Beispiel Asien
– 1986 –

Vor einigen Jahrzehnten antwortete ein französischer Diplomat auf die Bitte, das Ziel der auswärtigen Kulturpolitik seines Landes in einem Satz darzustellen, mit den Worten: »Mais c'est très simple – faire les peuples du monde aimer la France!« Das war damals gewiß richtig und hätte – mutatis mutandis – so auch von seinem britischen oder deutschen Kollegen gesagt werden können. Ist es aber heute noch richtig?

Die auswärtige Kulturpolitik der Bundesrepublik Deutschland folgte lange diesem Motto. Das war sehr vernünftig in einer Zeit, in der es darum ging, mühsam den durch die unsäglichen Verbrechen Hitlers beschmutzten Ruf Deutschlands und der Deutschen wiederherzustellen. Das andere, bessere Deutschland galt es, der Welt zu zeigen, dasjenige Deutschland, das der Menschheit große Dichter, Denker, Musiker und Wissenschaftler geschenkt hatte. Nicht von ungefähr tragen bis heute große, international tätige kulturelle und wissenschaftliche Organisationen unseres Landes die Namen von Goethe, Humboldt und Max Planck. In Indien erinnert bis heute der Name der deutschen Kulturinstitute – Max-Müller-Bhavan – an dieses besondere Erbe.

Deutschland achten lernen

Deutschland und die Deutschen wieder lieben, zumindest achten lernen – das also war die Devise der 1951, kurz nach der Gründung der Bundesrepublik Deutschland, wieder errichteten Kulturabteilung des Auswärtigen Amtes in Bonn. Ihre auswärtige Kulturpolitik konnte dabei an manche Institutionen der Weimarer Republik und deren Zielsetzung anknüpfen und sie wieder beleben, so zum Beispiel den Deutschen Akademischen Austauschdienst, früher in Berlin, jetzt in Bonn, und das Institut für Auslandsbeziehungen in Stuttgart. Auch die freilich sehr viel ältere Alexander-von-Humboldt-Stiftung und das Goethe-Institut wurden wieder belebt und mit zunächst sehr bescheidenen Etats ausgestattet, um den durch Diktatur und Krieg unterbrochenen wissenschaftlichen Austausch mit dem Ausland und die Präsentation deutscher Sprache auch in fremden Ländern wieder zu beginnen.

Eine andere Tradition aus der Weimarer Republik, die Unterstützung der deutschsprechenden Minderheiten im Ausland, blieb freilich lange Zeit fast unmöglich. Zwar nahm die Kulturabteilung des Auswärtigen Amtes sehr bald die an Zahl stark geschrumpften Schulen deutscher Sprache im Ausland wieder unter ihren fördernden Schutz, vor allem in Europa, im Mittelmeerraum und in Lateinamerika, doch blieben die östlichen und südöstlichen Nachbarstaaten lange Zeit verschlossen, und überhaupt gab es nach den von Hitler und Stalin angeordneten Völkerwanderungen in Mittel-, Ost- und Südosteuropa deutschsprachige Minderheiten nur noch in wenigen Ländern. Zudem wirkte der Mißbrauch deutscher Minderheiten in aller Welt durch Hitlers imperialistische Politik noch lange Zeit nach. Erst heute beginnt sich dieses historische Trauma auf beiden Seiten langsam zu lösen. Ob in Kanada, USA, Brasilien oder Ungarn – die deutsche Herkunft vieler Bürger gilt dort nicht mehr als Makel, sondern wieder als Zeichen besonderer Tüchtigkeit. So kann die deutsche auswärtige Kulturpolitik heute und morgen die Brückenfunktion dieser Bürger zum Nutzen beider Seiten stärken: nicht mehr im Sinne nationalistischer Ansprüche, sondern als Beitrag zur grenzüberschreitenden Freundschaft zwischen den Völkern.

Vierzig Jahre nach dem Ende des schrecklichsten aller Kriege können wir rückblickend sagen, daß die Wiedereingliederung des deutschen Volkes in die Völkerfamilie geglückt ist. Daran hatte die auswärtige Kulturpolitik der Bundesrepublik Deutschland einen großen Anteil. Indem sie die große kulturelle, intellektuelle und wissenschaftliche Tradition Deutschlands wieder ins Bewußtsein der Welt brachte und an sie durch die Präsentation gegenwärtiger kultureller Leistungen der Deutschen anknüpfte, gewann sie verlorenes Vertrauen zurück. Sie konnte dies freilich nur erreichen, indem sie entschieden aller nationalistischen Überheblichkeit absagte und die deutsche Kultur als einen wichtigen Teil der europäischen und der Weltkultur präsentierte. Dazu gehörte auch, auf den Anspruch weltweiter Geltung der deutschen Sprache zu verzichten und nur dort mit Programmen zur Förderung des Deutschen tätig zu werden, wo dies die ausländischen Partner ausdrücklich wünschten.

Neuorientierung der Kulturpolitik

Schon seit der Mitte der sechziger Jahre zeigten sich immer deutlicher die Schwächen und Grenzen dieser durch ihren Erfolg zunächst voll gerechtfertigten Politik. Vier Gründe sind hervorzuheben.

Erstens: Je mehr sich die Nationalstaaten in regionalen und weltweiten Zusammenschlüssen organisieren, desto notwendiger wird grenzüberschreitende Zusammenarbeit auch und gerade im nichtökonomischen Bereich.

Zweitens: Je mehr die technische Entwicklung vor allem des Massenverkehrs und der Massenkommunikation die weltweite Zirkulation von Menschen und Ideen möglich macht, desto mehr entwickelt sich der internationale Kulturaustausch, der früher ein Privileg von Minderheiten war, zum breitgefächerten Dialog der Gesellschaften über die nationalen und ideologischen Grenzen hinweg.

Drittens: Der mit der Unabhängigkeit Indiens im Jahre 1947 beginnende Prozeß des Eintritts der früher kolonialer Herrschaft unterworfenen Völker Asiens und Afrikas in die Weltpolitik fügte dem bis dahin auf Europa – einschließlich der Sowjetunion – und Amerika beschränkten kulturellen Dialog eine neue Dimension hinzu.

Viertens: Die allmähliche Öffnung der vom Stalinismus beherrschten Länder und Völker nach Stalins Tod machte auch den kulturellen Dialog zwischen West und Ost wieder möglich.

Alle diese Faktoren führten zwischen 1965 und 1975 zu einer Neuorientierung der auswärtigen Kulturpolitik der Bundesrepublik Deutschland. Die bisherigen Zielsetzungen wurden dabei nicht etwa zum alten Eisen geworfen, vielmehr in eine erweiterte Aufgabenstellung integriert. Sie wurde 1975 in einem umfangreichen Bericht dargestellt, den eine vom Deutschen Bundestag berufene Enquête-Kommission dem Parlament vorlegte, und in einer Stellungnahme der Bundesregierung im Jahre 1977 im wesentlichen bestätigte.

Diese Neuorientierung läßt sich so zusammenfassen:

1. Westeuropäische Integration, atlantische Partnerschaft, Ost-West-Zusammenarbeit und Nord-Süd-Dialog brauchen die kulturelle Komponente gleichrangig neben ihren politischen und wirtschaftlichen Aspekten.
2. Über die nationale Selbstdarstellung – also die Verbreitung eines realistischen und positiven Bildes von Deutschland und den Deutschen – hinaus soll die auswärtige Kulturpolitik den Dialog und

die praktische Zusammenarbeit über die Grenzen hinweg fördern.

3. Kultureller Austausch in diesem Sinne umfaßt nicht nur Sprache und Literatur, Kunst und Wissenschaft, sondern ebenso die Bildungssysteme einschließlich der Erwachsenenbildung, die Medien, den Personenaustausch auf allen Ebenen, besonders der Jugend, und die grenzüberschreitende Zusammenarbeit gesellschaftlicher Gruppen wie zum Beispiel der Kirchen, der Gewerkschaften, der Frauenorganisationen und des Sports.
4. Indem wir die deutsche Sprache und Kultur anderen Völkern nahebringen, verpflichten wir uns zugleich, ihrer Sprache und Kultur bei uns selbst mehr Raum zu geben.

Diese Orientierungspunkte gelten bis heute. Sie fanden nicht nur die Zustimmung aller demokratischen Parteien im Deutschen Bundestag. Sie gelten auch in der internationalen Diskussion über Ziele und Methoden der auswärtigen Kulturpolitik als ein wichtiger Beitrag, der weithin Zustimmung gefunden hat, zum Beispiel in Frankreich und in Großbritannien.

Es versteht sich von selbst, daß die auswärtige Kulturpolitik der Bundesrepublik Deutschland auch und gerade nach dieser Neuorientierung Teil der nationalen Außenpolitik unseres Landes bleibt. Sie fördert weiterhin, wie Bundeskanzler Dr. Helmut Kohl in seiner Regierungserklärung vom 6. Mai 1983 dargelegt hat, die Kenntnis der deutschen Sprache im Ausland, die Tätigkeit der deutschen Schulen im Ausland und vor allem die weltweite Verbreitung eines zutreffenden Deutschlandbildes. Sie präsentiert die nationale Kultur der Deutschen trotz der staatlichen Teilung Deutschlands so, wie sie ist, also ungeteilt. Die vom Grundgesetz der Bundesrepublik Deutschland garantierte Freiheit von Wissenschaft und Kultur ist ihre unentbehrliche Grundlage, auch und gerade im internationalen Kontext. Das bedeutet: Wir sagen offen, welche Nation hier agiert und zu welchen Grundwerten wir uns bekennen. Zugleich aber bemühen wir uns, die so oft zitierten und so oft verletzten Prinzipien des offenen Dialogs und der gleichberechtigten Zusammenarbeit über Europa hinaus weltweit zu realisieren.

Brücke über Grenzen

Nach den Reformimpulsen der siebziger Jahre ist das Symposium »Internationale Kulturbeziehungen – Brücke über Grenzen« im Jahre 1980 für die Entwicklung unserer Kulturpolitik gegenüber der Dritten Welt ein Markstein gewesen. Auch viele Vertreter aus den Ländern der Dritten Welt haben hieran maßgeblich mitgewirkt.
Seine Ergebnisse sind 1982 in die »Zehn Thesen zur kulturellen Begegnung und Zusammenarbeit mit Ländern der Dritten Welt« eingeflossen, in denen der neue Akzent unserer auswärtigen Kulturpolitik auf dem kooperativen Charakter der Kulturbeziehungen zur Dritten Welt prägnanten Ausdruck fand.
Bundesaußenminister Hans-Dietrich Genscher ist im Herbst 1984 vor den Vereinten Nationen in New York auf diesen neuen Stellenwert der kulturpolitischen Zusammenarbeit mit der Dritten Welt eingegangen:
»Der Kulturaustausch zwischen Nord und Süd darf nicht am Rande, er muß im Zentrum des Nord-Süd-Gesprächs stehen. Unsere Welt ist voll von kulturellen Vorurteilen, die oft auf Unwissenheit beruhen. Wir haben alle noch voneinander zu lernen. Der Norden ist zwar reicher als der Süden, aber er ist deshalb nicht klüger, menschlicher, kultivierter. Die Kulturen des Nordens und des Südens müssen sich wechselseitig in ihrer kulturellen Eigenwürde als gleichwertig anerkennen.«

Nord-Süd-Dialog in Sachen Kultur

In unseren Kulturbeziehungen mit den Ländern der Dritten Welt stellt sich damit die Frage, ob die für die wirtschaftliche und soziale Entwicklung notwendige Übernahme westlicher Technologie und westlicher Lebensformen auch ein Zurückdrängen oder gar eine Preisgabe eigener kultureller Werte zur Folge haben muß. Wäre dies so, dann wäre der Preis für Modernisierung zu hoch. In unserer auswärtigen Kulturpolitik wollen wir deshalb dazu beitragen, daß sich die Partnerländer in der Dritten Welt ihrer eigenen kulturellen und geistigen Identität bewußt werden und daß der sozio-kulturelle Wandel, den diese Länder durchlaufen, mit der Bewahrung ihrer kulturellen Eigenständigkeit einhergeht. Wir verstehen unser kul-

turpolitisches Angebot als Hilfe zur Selbsthilfe. Die kulturelle Zusammenarbeit der Bundesrepublik Deutschland mit den Ländern und Völkern Asiens ist dafür ein gutes Beispiel.
Unserer kulturellen Zusammenarbeit mit den Ländern Asiens kommt zugute, daß der Orient als Wiege und Heimat großer Weltkulturen und -religionen die europäische Kunst, Literatur, Philosophie, Sprach- und Religionswissenschaft über Jahrhunderte vielfältig befruchtet und bereichert hat. Im Vergleich zu Lateinamerika, dessen Kulturen stark vom europäischen Einfluß geprägt sind, und zu Afrika, wo die Tradition der von der Kolonialzeit überlagerten Stammeskulturen oft fast verlorengegangen ist, treffen wir in Asien auf eigenständige, schriftlich überlieferte und lebendige Hochkulturen mit auch heute noch stark ausgeprägter eigener kultureller Identität. Hier sind die Voraussetzungen für einen gleichgewichtigen Kulturaustausch – ein gegenseitiges Geben und Nehmen – besonders günstig.
Das hat praktische Konsequenzen. Hierfür ein Beispiel: Mit dem Instrument der »Kulturhilfe« fördern wir die Erhaltung oder Wiederentdeckung des kulturellen Erbes unserer Partner ebenso wie die zeitgenössischen kulturellen Entwicklungen in diesen Ländern.
Wir helfen bei der Restaurierung historischer Bauten, dem Aufbau von Museums- und Archivstrukturen und entsprechenden Ausbildungsprogrammen. Deutsche Fachleute leisten archäologische Feldarbeit, restaurieren, katalogisieren und zeichnen mündliche Überlieferungen auf. Diese Programme genießen überall wachsende Anerkennung und sollen deshalb in den kommenden Jahren noch ausgebaut werden. Ich erwähne nur ein Beispiel: Die gemeinsame Restaurierung der Wandmalereien von Wat Suthat, einem der bedeutendsten Königsklöster Bangkoks und einem der großartigsten Zeugnisse der Kultur des klassischen Thailand. Wir sind stolz darauf, daß wir dazu beitragen konnten, eine kulturelle Kostbarkeit zu retten, die der ganzen Menschheit gehört.
Ein zweites Beispiel: Im Rahmen des kulturellen Nord-Süd-Dialogs wird es in Zukunft in noch stärkerem Maße als bisher unsere Aufgabe sein, den Ländern der Dritten Welt den Zugang zur deutschen Öffentlichkeit zu erleichtern. Diese sogenannte »Präsentationshilfe« vermittelt unserer eigenen Öffentlichkeit den Zugang zu anderen Kulturen. Diesem Zweck dienen die finanzielle Förderung deutsch-ausländischer Gesellschaften – sei es in der Bundesrepublik

Deutschland oder im Ausland – und die Unterstützung größerer Vorhaben wie z. B. der Deutsch-Brasilianischen Kulturtage 1985 in Bonn, der Lateinamerikanischen Tage 1986 und – entsprechend der jüngst von Premierminister Rajiv Gandhi und Bundeskanzler Helmut Kohl bei dessen Indienbesuch getroffenen Vereinbarungen – der Durchführung indischer Festspiele in der Bundesrepublik Deutschland.

Diese Politik der Partnerförderung nimmt eine gute deutsche Tradition wieder auf. Zwar hat man uns Deutschen gelegentlich und nicht ganz ohne Grund einen gewissen Hang zum Grundsätzlichen, ja Schulmeisterlichen nachgesagt. Auf der anderen Seite aber hat ihre geographische Mittelage die Deutschen in besonderem Maße allem Fremden geöffnet. Das gilt für die deutsche Wissenschaft seit zweihundert Jahren. Es gilt heute für die Deutschen insgesamt. Denn Weltoffenheit und Weltneugier sind notwendige und erstrebenswerte Charakterzüge einer freien Gesellschaft, die sich gerade heute, in einer kleiner gewordenen und auf Zusammenarbeit angewiesenen Welt, erneut bewähren müssen.

Zweiter Teil
Europäischer und transatlantischer Dialog – Austausch zwischen verwandten Kulturen

Gibt es eine europäische Kulturpolitik?
– 1985 –

Ein Historiker, der im 21. Jahrhundert die Geschichte der europäischen Einigung schreibt, wird vermutlich feststellen, daß die Kultur um die Mitte der siebziger Jahre ziemlich unvermittelt zu einem wichtigen Feld dieser Einigung geworden ist. Das gilt für die drei Ebenen des Einigungsprozesses, die Europäische Gemeinschaft, den Europarat und das ganze Europa, und läßt sich an konkreten Ereignissen festmachen. Im Jahr 1975 schlug der damalige belgische Premierminister Leo Tindemans in seinem Bericht an den Europäischen Rat der Staats- und Regierungschefs über die Europäische Union vor, im Rahmen der Europäischen Gemeinschaft eine Stiftung zur Kulturförderung zu gründen. Im gleichen Jahr unterzeichneten 35 Staats- und Regierungschefs aus Europa und Nordamerika die KSZE-Schlußakte von Helsinki, in deren drittem Teil – dem »dritten Korb« – zwei Kapitel von verstärkter gesamteuropäischer Zusammenarbeit in Kultur, Bildungswesen und Wissenschaft handeln. Ein Jahr später versammelte sich im Rahmen des Europarats, dem Beispiel der Erziehungsminister folgend, die erste Konferenz der Kulturminister. Die EG begab sich damals zum ersten Mal, noch zögernd, auf das kulturelle Feld im engeren Sinn des Wortes, nachdem wenige Jahre zuvor schon die Bildungsminister der Mitgliedsstaaten mit regelmäßigen Zusammenkünften begonnen hatten. Auch die KSZE-Schlußakte war eine Premiere, weil damit der Kulturaustausch zwischen West und Ost in Europa erstmals zu gemeinsamer Aufgabe aller Staaten diesseits wie jenseits der Europa seit 1945 trennenden Systemgrenze erhoben wurde. Der Europarat blickte freilich schon damals auf eine mehr als zwanzigjährige Tradition langsamen Aufbaus kultureller Zusammenarbeit zurück, gestützt auf die schon 1954 geschaffene Europäische Kulturkonvention, der bis heute 23 westliche und neutrale Staaten beigetreten sind.

Wie beschwerlich und langwierig der Aufbau solcher Zusammenarbeit ist, haben seither auch die Europäische Gemeinschaft und die Teilnehmer am KSZE-Prozeß erfahren. Der künftige Historiker wird dazu beispielsweise notieren müssen, daß die Europäische Stiftung nach zehn Jahren, also 1985, noch immer nicht ins Leben getreten war, weil der dazu erarbeitete Vertragsentwurf noch immer nicht von allen zehn Mitgliedsstaaten und auch nicht vom Europäischen Parlament gebilligt worden war. Auch müßte er feststellen, daß die kulturelle Ost-West-Zusammenarbeit in Europa wegen widriger politisch-ideologischer Umstände im gleichen Zeitraum nur wenig gewachsen war, auch wenn einem ersten Wissenschaftsforum in Hamburg (1981) nun, 1985, ein Kulturforum in Budapest folgt. Selbst die Bilanz der Ministerkonferenzen des Europarats weist auf der Habenseite nicht viel mehr aus als eine von der vierten Konferenz 1984 in Berlin verabschiedete gemeinsame Deklaration über die Ziele der Kulturpolitik.

Gleichwohl bleibt festzuhalten, daß die über lange Zeit vernachlässigte, ja fast vergessene kulturelle Komponente der europäischen Einigung seit der Mitte der 70er Jahre deutlich an Gewicht gewinnt. Vor allem in der EG wird das zunehmend sichtbar. Der erste sichtbare Markstein war die Feierliche Erklärung von Stuttgart, die am 19. 6. 1983 von den Staats- und Regierungschefs der Zehn und dem Präsidenten der EG-Kommission unterzeichnet wurde. Zum ersten Mal in der über dreißigjährigen Geschichte der Gemeinschaften wurde mit ihr die kulturelle Zusammenarbeit in den Katalog der gemeinsamen Aufgaben aufgenommen. Seither gibt es einen halbjährlich tagenden Kulturministerrat, der sich bisher vor allem dem Film und dem Fernsehen zugewandt hat. Weitere Schritte stellt der im März 1985 vorgelegte, im Juni zur Entscheidung durch den Europäischen Rat anstehende Bericht der vom Rat eingesetzten sogenannten Dooge-Kommission in Aussicht. Unter der Überschrift »Förderung gemeinsamer kultureller Werte« schlägt die Kommission vor, künftig gemeinsam

- das europäische Kulturerbe zu bewahren,
- kulturelle Neuschöpfungen zu fördern,
- die Sprachbarrieren zu überwinden,
- die neuen Medien auf europäischer Ebene zu entwickeln,
- Hindernisse für den freien grenzüberschreitenden Verkehr von Kulturgütern und Informationen zu beseitigen,
- die gegenseitige Kenntnis aller Völker der Gemeinschaft in ihrer Verschiedenheit und ihren Beiträgen zur europäischen Kultur zu verbessern,

– Austauschprogramme auszubauen.
Erste Schritte dazu sind schon getan, etwa in den Beschlüssen des Bildungsministerrats zur Fremdsprachenförderung oder durch das gemeinsam mit dem Europarat ins Werk gesetzte »Europäische Jahr der Musik 1985«. Doch bleibt der Weg zum Ziel lang und von Hindernissen übersät. Immerhin: was dem Europarat seit jeher selbstverständlich war und in der KSZE-Schlußakte von West und Ost beschworen wurde, ist nunmehr auch der EG zunehmend klar – daß nämlich Europa als drittes Kraftzentrum der Welt nur dann entstehen kann, wenn die Völker besser miteinander kommunizieren, einander besser verstehen, mehr Vertrauen zueinander fassen und so den Frieden in Europa dauerhaft sichern.

Wie ist es eigentlich dazu gekommen, daß diese Erkenntnis erst jetzt neuen Raum gewinnt? Hat nicht die europäische Bewegung im freien Teil Europas seit jeher gefordert, Europa dürfe nicht nur politisch und wirtschaftlich wachsen, sondern müsse auch und vor allem als kulturelle Realität wieder aus den Trümmern des Jahres 1945 entstehen? Warum blieb sie in diesem Punkt so lange erfolglos? Mehrere Gründe sind hier vor anderen zu nennen.
Erstens: Seit dem Beginn der fünfziger Jahre, genaugenommen seit dem Scheitern der EVG und des ersten Verfassungsentwurfs, konzentrierten sich die Bemühungen um eine Integration, zunächst der sechs Gründerstaaten der EG, demnächst von zwölf Mitgliedsstaaten auf die Schaffung eines gemeinsamen Marktes mit gemeinsamen Institutionen. Die Kombination von Markt und Institutionen, wie sie in den römischen Verträgen entstand, sollte aus sich selbst zum Umschlag in eine politische Union, vielleicht gar einen europäischen Bundesstaat führen. Wir wissen heute, daß die Hoffnung auf solche Automatik trog, indessen wirkt der einmal gewählte Ansatz fort.
Zweitens: Ein gemeinsames europäisches Bewußtsein der Völker zu fördern, erschien zunächst kaum als besonders dringlich angesichts der erschütternden Erfahrung der Katastrophe des Zweiten Weltkriegs, die ohnehin das Ende des Nationalstaates zu markieren schien. So blieb die Aufgabe, das Bewußtsein der Gemeinsamkeit wachzuhalten und zu stärken, weithin den nichtstaatlichen europäi-

schen Organisationen überlassen – und dies auch dann noch, als Charles de Gaulle eine erstaunliche Renaissance des Nationalstaates einleitete. Noch heute tun sich manche Regierungen damit schwer, die europäische Bewußtseinsbildung durch eine gemeinsame Kulturpolitik auch als staatliche Aufgabe zu begreifen.
Drittens: Der Europarat, der schon vor der Gründung der EG seine Pionierrolle im kulturellen Feld übernommen hatte, verteidigte angesichts der überlegenen Dynamik der Gemeinschaft gerade dieses Feld über lange Jahre erbittert als seine Zuständigkeit. Erst in jüngster Zeit hat sich das geändert: der Kurs steht jetzt auf Kooperation zwischen Straßburg und Brüssel.
Und viertens und nicht zuletzt: Europa selbst brauchte lange Zeit, um seine schweren Wunden zu heilen und aus der Betäubung zu erwachen, in die es seit dem 2. Weltkrieg versunken war. Erst 1974 bekannte sich die EG in ihrer Kopenhagener Erklärung, erst 1985 gar das Ministerkomitee des Europarats dazu, daß Europa eine eigene Identität besitze, d. h. vor allem eine gemeinsame Kultur. Wer sich darüber wundert, der möge nachlesen, wie pessimistisch sich der große englische Historiker und Philosoph Arnold Toynbee in den ersten Nachkriegsjahren zur Rolle Europas äußerte: nicht mehr selbständiges Kraftzentrum, sondern nur noch Bühne der Auseinandersetzungen der neuen Weltmächte könne es künftig sein. Erst das europäische Wiederaufbauwunder belehrte die Europäer selbst eines Besseren, und dies nur langsam.
Dieses Wunder war und ist nicht bloß eines der Wirtschaft. In fast allen Ländern schaffte man über den Wiederaufbau hinaus die demokratische Öffnung des Bildungswesens, übrigens auch im Osten Europas. Große wissenschaftliche Leistungen gelangen wieder in Europa und wurden, wenn auch seltener als früher, mit dem Nobelpreis belohnt. Öffnung der Grenzen und wachsender Wohlstand schufen die Möglichkeit vielfältiger Begegnung über die Grenzen zwischen den Menschen, freilich auch den modernen Massentourismus, der Vorurteile über fremde Länder und Völker häufig eher bestärkt als überwinden hilft. Die kulturelle Schöpferkraft kehrte nach Europa zurück, ablesbar etwa in Malerei und Graphik, in Musik und Ballett, wo sich der Schwerpunkt wieder über den Atlantik zurück nach Westeuropa verlagert hat. Europa gewann auch wieder den Zugang zur eigenen kulturellen Tradition, zum historischen Sinn. Das war und ist die eigentliche Bedeutung des

vom Europarat 1975 veranstalteten Denkmalschutz-Jahres, und ebenso der großen Ausstellungen, die der Europarat an wechselnden Standorten veranstaltete. Ob romanische Kirchen in Köln oder Adelspaläste in Prag – ungeachtet des politischen, ideologischen Standortes der jeweiligen Regierung sind sie heute Gegenstand sorgfältiger Bewahrung und großen Stolzes.

Dabei bleibt es doch schwierig, Europas Umfang und Grenzen kulturell zu definieren. Hat nicht die von Europa ausgehende Kultur der Neuzeit, die technisch-wissenschaftliche Zivilisation, mittlerweile fast die ganze Erde überzogen? Ist also die europäische Kultur die eigentlicher Weltkultur, ja in dieser aufgegangen? Führt nicht die moderne Kommunikationstechnik dazu, daß nicht nur die Ergebnisse forschender Wissenschaft, sondern ebenso literarische, künstlerische, musikalische, weltanschauliche, religiöse Tendenzen buchstäblich mit Blitzesschnelle um die ganze Welt gehen?
Es gibt trotz solcher Fragen und Probleme ein starkes, sogar wachsendes Gefühl der Zusammengehörigkeit, der gemeinsamen Identität unter den Europäern, auch und gerade als kulturelle Realität. Europa sei kein geographischer, sondern ein kultureller Weltteil, konstatierte Oskar Kokoschka. Das ist richtig gesehen: Europa ist gewiß nicht in klaren topografischen Grenzen zu fassen, es ist durch seine Offenheit definiert, und dies macht die europäische Identität letztlich aus.
Es ist mit Europa nicht anders als mit den Nationen: sie bestehen oder vergehen als Realität zuvörderst und vor allem im Bewußtsein der Menschen. Unser Bewußtsein sagt uns klar und deutlich, daß es auch in der Welt als Dorf, wie sie der Medienprophet Marshall McLuhan beschrieben hat, Europa als besondere Kulturlandschaft nach wie vor gibt. Diese Landschaft erstreckt sich nicht nur über die Grenzen der Nationalstaaten hinweg, sondern auch über die Europa teilende Grenze der gesellschaftspolitischen Systeme. Polen ist nicht weniger Europa als Frankreich, Ungarn genauso wie das ganze Deutschland. Wir sollten auch unseren Sprachgebrauch danach richten: So wenig die Bundesrepublik Deutschland das ganze Deutschland ist, so wenig können die EG und selbst der Europarat für ganz Europa stehen. Sie können und sollen indessen für ganz

Deutschland und Europa sprechen, solange den Menschen auf der anderen Seite der Systemgrenze Selbstbestimmung und Bürgerrechte verwehrt sind.
Ähnlich unbestimmt und auslegungsfähig ist das Wort »Kultur«. Es reicht von dem Anspruch der Kultursoziologen, etwa Alfred Webers, auf die Ganzheit der Beziehungen zwischen Personen und Gesellschaft bis zu der Eingrenzung auf die »nutzlosen«, nur für den Feierabend taugenden Dinge des Lebens, als die Literatur und Künste gerne von praktischen Mitmenschen bezeichnet werden.
Ich möchte vorschlagen, einen mittleren Weg zu gehen. In Sprache und Geschichte, Kunst und Literatur, Bildung und Wissenschaft, kurz im geistigen Leben der Menschen und Völker lebt ihre Kultur. Jacob Burckhardt hat dies im Geiste der Definition Europas aus der Idee der Freiheit so formuliert: »Kultur nennen wir die ganze Summe derjenigen Entwicklungen des Geistes, welche spontan geschehen und keine universale oder Zwangsgeltung in Anspruch nehmen.« Im Zeitalter des Massenverkehrs und der Massenkommunikation, in der pluralistischen Gesellschaft, rechnen die vielfältigen Begegnungen von Menschen und Gruppen verschiedenster Art ebenso dazu wie die Medien, die in erheblichem Maß die wachsende Freizeit der Menschen ausfüllen.
Das gilt national wie über die Grenzen hinweg. Der grenzüberschreitende Kulturaustausch ist heute nicht mehr auf die bildungsbürgerlichen Kulturinhalte beschränkt. Er zielt vielmehr auf Austausch, Dialog und Verständigung zwischen den Menschen und den Gesellschaften insgesamt. Erst indem er auf diese Weise mit dem demokratischen Anspruch ernst macht, wird er ein wahrhafter Beitrag zur Völkerverständigung und damit zum Frieden.

Das gilt besonders für die europäische Einigung. Es bleibt ja alles richtig, was immer wieder zur Begründung dieser Einigung gesagt wurde: vor allem, daß die relative Ohnmacht der europäischen Nationalstaaten in der von den beiden Supermächten dominierten Welt nur durch ihren Zusammenschluß zu gemeinsamem Handeln überwunden werden kann – und sodann, daß die Spaltung Europas und Deutschlands auf lange Sicht nur geheilt werden wird, wenn eine gesamteuropäische Friedensordnung entsteht, innerhalb deren

die Völker Europas, auch das deutsche Volk, ihr Schicksal frei bestimmen können.
Aber wir haben gelernt, daß die europäische Einigung nur gelingt, wenn Europa fester als bisher im Bewußtsein der Menschen verankert wird, nicht nur als eine politische und wirtschaftliche Realität, sondern mehr noch als geistige Wirklichkeit. Das geschieht nicht von selbst. Europa muß von den Menschen gelernt und in eigener Anschauung erfahren werden können, sowohl als historisches Europa wie als zukunftsreiche Gegenwart.
Europa darf nicht Synonym werden für monströse Beamtenapparaturen, überschwappende Wein- und Milchseen oder Querelen um Fangquoten. Europa braucht das Bewußtsein seiner Bürger für die Notwendigkeit seiner Einigung. Einsichtig kann diese Notwendigkeit nur dann werden, wenn zugleich ihre Voraussetzungen und Wurzeln in Geschichte und Gegenwart reflektiert und erlebt werden. Es geht in der Tat um die europäische Identität. Und diese europäische Identität ist vor allem eine in Jahrtausenden gewachsene kulturelle Identität.
Dies sich untereinander in Europa mitzuteilen, dazu bedarf es der Fähigkeit, sich in den europäischen Sprachen zu verständigen; dessen sich in Europa bewußt zu werden der Besinnung auf die gemeinsame Geschichte, und dies schließlich zu bestätigen des Kulturaustauschs.
Dabei geht es nicht darum, die Vielfalt der Nationalkulturen im Einheitsbrei bürokratischer Harmonisierung und Integration zu ersticken. Aber der überaus lebendige kulturelle Austausch der Nationen in Europa ist doch bisher zu einer gemeinsamen Zielsetzung nur in Ansätzen gelangt. Alle Staaten in Europa machen bisher im wesentlichen nationale Kulturpolitik nach innen und außen.
Das ist angesichts der tatsächlichen Lage ein merkwürdiger Anachronismus. Denn so lebendig die europäischen Nationen, die nationale kulturelle Identität auch immer noch und wieder sein mögen, so wenig haben wir bisher die Erkenntnis der europäischen Gemeinsamkeit in kulturelle Tat umgesetzt.
Dabei wissen wir doch, daß die nationalen Kulturen nur Ausformungen der europäischen Kultur, Teile eines Ganzen sind. Wir müssen also unsere Kulturpolitik darauf ausrichten, den Blick für das grenzüberschreitende Europäische freizumachen. Dies ist ein wesentliches Element für die Schaffung eines europäischen Bewußt-

seins, ohne das die vor vierzig Jahren begonnene europäische Einigung nicht lebensfähig werden kann.

Was ist also zu tun? Ich sehe vor allem vier Bereiche der grenzüberschreitenden Zusammenarbeit in Europa:

1. Menschliche Begegnungen und Austausch;
2. Förderung des Unterrichts in den europäischen Sprachen;
3. Vertiefung der gegenseitigen Kenntnis der Völker, ihrer Kultur und ihrer Geschichte und schließlich
4. Pflege des gemeinsamen kulturellen Erbes und der gemeinsamen kulturellen Gegenwart.

Dazu einige kurze Anmerkungen:

1. Im Vordergrund aller Bemühungen um die Entwicklung des europäischen Bewußtseins müssen menschliche Begegnungen und Austausch zwischen den europäischen Bürgern stehen. Alle Maßnahmen zum Austausch von erwachsenen und jungen Menschen, Austausch aller gesellschaftlichen Gruppen, verdienen besondere Förderung. Gerade jüngere Menschen erhalten durch die Begegnung mit ihresgleichen in anderen Ländern nachhaltige Eindrücke, die ihr ganzes späteres Leben europäisch prägen und beeinflussen können.
2. Austausch und Zusammenarbeit im vielsprachigen Europa erfordern, daß die Bürger der europäischen Staaten sich untereinander verständigen, also verstehen können. Ausreichende Kenntnisse anderer Sprachen, besonders der Sprachen der jeweiligen Nachbarn, sind hierfür eine fast zwingende Voraussetzung. Neben den Sprachen mit weiter Verbreitung verdienen auch die weniger häufig gesprochenen europäischen Sprachen besondere Aufmerksamkeit, wenn man echte Zusammenarbeit zwischen Gleichberechtigten gewährleisten will.

   Von Bedeutung ist dabei, daß eine Verbesserung der Sprachkenntnisse nicht allein als eine Angelegenheit des Bildungswesens angesehen werden darf. Auch für die Kulturpolitik herkömmlicher Art gibt es zahlreiche Möglichkeiten, dieser Aufgabe gerecht zu werden, z. B. durch die Förderung mehrsprachiger kultureller Veranstaltungen, einschließlich vermehrter mehrsprachiger Sendungen der Medien, oder auch durch die Unterstützung von mehrsprachigen literarischen Editionen.

3. Eine Vertiefung der gegenseitigen Kenntnis der Völker Europas, ihrer Kultur und ihrer Geschichte, ist dringend nötig. Erst wenn der Bürger begreift, wieviel seiner Kultur er von den anderen Europäern übernommen und sich anverwandelt hat und was seine Kultur den anderen zu schenken vermochte, entsteht ein wahrhaft europäisches Bewußtsein.
   Alle Mittel, die diesem Ziel förderlich sein können, sollten mobilisiert werden. Dazu gehört der Einbau einer europäischen Dimension in den Unterricht von Schulen und Hochschulen, sodann der Austausch von Ausstellungen von gemeinsamem europäischem Interesse, überhaupt von kulturellen Veranstaltungen, die die Europäer einander näherbringen. Dies gilt nicht zuletzt auch für Rundfunk- und Fernsehsendungen europäischen Inhalts.
   Wir brauchen dazu nicht unbedingt eine europäische Fernsehanstalt nach den Empfehlungen des Europäischen Parlaments. Die moderne Kommunikationstechnik bietet schon jetzt viele Möglichkeiten, um über Kabel und Satelliten die Kultur und die gesellschaftliche Realität der europäischen Nachbarn jedem Bürger unmittelbar ins Haus zu bringen. Wir brauchen aber den Willen der Verantwortlichen für Rundfunk und Fernsehen, eben dies zu tun. Dazu gehört auch der gemeinsame Entschluß, der Übermacht der amerikanischen Programmproduktionen zu begegnen – nicht durch Quoten oder Verbote, sondern durch wettbewerbsfähige eigene Produktionen, die nur auf europäischer Basis entstehen können.
4. Die Pflege des kulturellen Erbes und der kulturellen Schöpfungen der Gegenwart macht erst Europa zur Realität im Bewußtsein seiner Bürger.
   Die Zeugnisse der europäischen Architektur, der bildenden und darstellenden Kunst, der Literatur und der Musik der Vergangenheit wie der Gegenwart sollen jedem einzelnen europäischen Bürger das gemeinsame Erbe bewußt machen und ihn anregen, es zu bewahren, zu pflegen und weiter in die Zukunft zu entwickeln.
   Ein schönes Beispiel ist das von Europarat und EG gemeinsam veranstaltete Europäische Jahr der Musik, das aus Anlaß der Geburtstage der großen Komponisten Bach, Händel, Scarlatti, Alban Berg und Heinrich Schütz in diesem Jahr begangen wird. Es dient nicht nur der Traditionspflege, sondern fördert zugleich

die lebendigen Kräfte der heutigen europäischen Musikkultur und wird, so ist zu hoffen, in diesem Sinne über das Jahr 1985 hinaus weiterwirken.

Um dies alles zu verwirklichen, brauchen wir bessere Instrumente, als wir sie bisher besitzen. In dem Maße, in dem sich die EG ihrer kulturellen Aufgabe zuwendet, werden die für Bildungsfragen und für Kultur zuständigen Ministerräte weiter an Gewicht gewinnen, parallel dazu die entsprechenden Gremien des Europäischen Parlaments. Dabei ist oft schwer zu entscheiden, welche Fragen gemäß dem EWG-Vertrag als Gemeinschaftsmaterie gelten können und wo nur zwischenstaatliche, wenn auch sehr enge Zusammenarbeit möglich ist. Beispiel Fernsehen: Die Brüsseler Kommission hat mit einem Grünbuch vom Juni 1984 den Anspruch angemeldet, verbindliche Regelungen für die ganze Gemeinschaft zu treffen, um so einen freien Fernsehmarkt innerhalb der EG zu schaffen. Da geht es nicht nur um die Werbung, sondern auch um Urheberrecht, Jugendschutz und einiges mehr. Der Deutsche Bundesrat hat bereits dieser Absicht maßvoll, aber deutlich widersprochen; er sieht die Medienordnung als nationale Aufgabe, die in der föderativen Bundesrepublik Deutschland weitgehend den Ländern obliegt. Ob dieses Votum das letzte Wort ist, bleibt derzeit offen; aus der Sicht des Bundes besteht ein europäischer Regelungsbedarf jedenfalls für die Werbung und den Urheberrechtschutz sowie für die Förderung europäischer Produktionen, doch sollten gerade hier die deutschsprachigen Nachbarländer Österreich und Schweiz einbezogen sein, die indes der EG nicht angehören, wohl aber dem Europarat. Dieser jedoch hat bisher nicht mehr zustande gebracht als Empfehlungen, etwa für die grenzüberschreitende Fernsehwerbung, die für niemand verbindlich oder einklagbar sind.
Dieses Beispiel eines bisher ungelösten Problems macht deutlich, wie schwierig die Dinge werden können, wenn der Sprung vom politischen Bekenntnis zur gesetzlichen oder völkerrechtlichen Praxis versucht wird. Neue Wege müssen hier gefunden werden, im geschilderten Fall etwa die Möglichkeit, daß Nicht-EG-Mitglieder in spezifischen Fragen einer EG-Regelung beitreten. Für die notwendige engere Zusammenarbeit zwischen Europarat und EG öffnet sich hier ein weites Feld.

Nicht weniger dringlich ist die Aufgabe, die bisher oft vereinzelt arbeitenden autonomen Institutionen europäischen Charakters miteinander enger zu verbinden und so ein europäisches kulturelles Netzwerk zu schaffen, das Programme und Projekte europäischen Charakters entwickelt und durchführt. In den Kreis der Partner eines solchen Netzwerks gehören sowohl nichtstaatliche wie halbstaatliche Institutionen, die oft schon lange und erfolgreich tätig sind: die Europa-Akademien und Europa-Häuser, die Europäischen Schulen, das Europa-Kolleg Brügge und das Europäische Hochschulinstitut Florenz, das Jugendinstitut des Europarats, das Europäische Übersetzerkolleg in Straelen und nicht zuletzt die private Europäische Kulturstiftung (Sitz Amsterdam).
Dieses institutionelle Netzwerk, das noch erweitert werden sollte, ist deshalb so wichtig, weil erst durch seine Tätigkeit der politische Wille der Parlamente und Regierungen, ein gemeinsames europäisches Bewußtsein zu schaffen, in die Realität umgesetzt werden kann. Seine Glieder sind recht eigentlich die europäischen Mittlerorganisationen, angesiedelt zwischen Politik und Kultur, Regierungshandeln und geistiger Freiheit. Sie wirken in erster Linie nach innen, also innerhalb Europas, doch könnte ihr Netzwerk eines Tages auch nützlich sein, um stärker nach außen, in die Welt zu gehen und in Amerika, Afrika, Asien und Australien die europäische kulturelle Gemeinsamkeit sichtbar zu machen. Das geschieht bisher fast ausschließlich durch nationale Kulturinstitute, die sich nur allzu selten zu gemeinsamen Projekten zusammenfinden – auch dies ein weites Feld, auf das ich jetzt nur hinweisen kann, das aber dringlich beachtet werden muß.

Dabei bleibt uns bewußt, daß Europa an der Elbe nicht aufhört. Die kulturelle Zusammenarbeit über die Grenzen, auch die Systemgrenzen hinweg in ganz Europa bleibt uns aufgegeben. Sie ist schon jetzt nicht Aschenbrödel, sondern wird von den Europäern und ihren Regierungen in West und Ost als ein unentbehrlicher Teil des Dialogs zwischen den Menschen und Völkern und der zwischenstaatlichen Kooperation verstanden. So sagt es jedenfalls die Schlußakte der KSZE in ihrem »dritten Korb«. Für die freien Demokratien des Westens steht dabei mehr auf dem Spiel als eine repräsentative

Selbstdarstellung bei den östlichen Nachbarn. Kulturaustausch im größeren Europa stärkt vielmehr das Bewußtsein der Zusammengehörigkeit, und er vermittelt zugleich denen, die danach verlangen, ein Stück geistiger Freiheit.
Darum ist es gut, daß das KSZE-Folgetreffen von Madrid in seinem Schlußdokument erneut die Bedeutung des Kulturaustauschs bekräftigt hat. Ein für Herbst 1985 auf französischen Vorschlag in Ungarn geplantes Europäisches Kulturforum soll diesen Austausch weiter fördern. Wir sehen ihm mit um so größerer Erwartung entgegen, als die Impulse der Schlußakte von Helsinki im kulturellen Bereich bisher keineswegs voll wirksam geworden sind. Gerade heute, zu einer Zeit, in der im Ost-West-Verhältnis erneut Spannungen sichtbar geworden sind, welche die Menschen schwer belasten, ist es wichtig, daß die Menschen und die Völker ganz Europas einander mehr als bisher begegnen können.

Das Ziel ist klar: Die Europäer müssen lernen, miteinander und nach außen eine gemeinsame Sprache zu sprechen, auch in politischen Dingen. Das kann nur gelingen, wenn das Bewußtsein der Gemeinsamkeit wächst und wenn es durch gemeinsame Bemühung gestärkt wird.
Es geht also in Europa nicht nur um politische Tagesprobleme und wirtschaftliche Fragen. Entscheidend ist eine langfristige Perspektive, die das Ziel der Einigung in allen Feldern wieder stärker in den Mittelpunkt unseres Denkens und Handelns stellt. Ohne eine solche Perspektive droht die Gefahr, daß sogar die Mitgliedstaaten der Europäischen Gemeinschaft in nationale Interessenpolitik zurückfallen. Gerade die wirtschaftlichen Probleme in der Gemeinschaft und in den Mitgliedstaaten, aber auch die außenpolitischen Herausforderungen zwingen den freien Teil unseres Kontinents dazu, enger zusammenzurücken. Indem wir dies tun, stärken wir zugleich die Hoffnung der Menschen im anderen Teil Europas auf eine gemeinsame Zukunft. Diese Zukunft streben wir an. Denn nur ein vereintes Europa kann Herr seines Schicksals werden.

Ziele der deutsch-französischen Zusammenarbeit
Eine Bilanz vor dem Frankfurter Kulturgipfel
– 1986 –

Kaum jemand – außer den Fachleuten – erinnert sich: Auf dem deutsch-französischen Frühjahrsgipfel von 1981, wenige Wochen vor der Wahl von François Mitterrand zum Präsidenten der Französischen Republik, verabschiedeten Präsident Giscard d'Estaing und Bundeskanzler Helmut Schmidt ein gemeinsames Programm für künftige Schwerpunkte der kulturellen Zusammenarbeit. Neben der wichtigsten Aufgabe, der Verbreitung der jeweiligen Partnersprache, setzte es einen intensiveren Austausch vor allem der Hochschulen und der Medien zum Ziel. Als konkretes Projekt kündigte Präsident Giscard d'Estaing die Gründung eines Zentrums für Information und Forschung über das gegenwärtige Deutschland an, als CIRAC inzwischen in Paris existent und erfolgreich.

Fünf Jahre später, im Februar 1986, beschlossen Präsident Mitterrand und Bundeskanzler Helmut Kohl, die kulturelle Zusammenarbeit erneut zum Schwerpunkt eines deutsch-französischen »Gipfels« zu machen, und zwar noch im gleichen Jahr. Das wird nun Ende Oktober in Frankfurt geschehen. Zwei öffentliche Foren, das erste in Versailles, das zweite in Paris, haben die Themenbereiche aufgearbeitet, eine Fülle von Expertentreffen eine gemeinsame Erklärung vorbereitet. Es wird in Frankfurt nicht nur diese Erklärung geben, sondern auch deutsch-französischen kulturellen Glanz, am schönsten sichtbar in einer deutsch-französischen Festaufführung der Oper »Werther« von Jules Massenet.

Braucht eigentlich die kulturelle Zusammenarbeit solchen Aufwand? Ist nicht gerade die deutsche kulturelle Zusammenarbeit mit Frankreich so dicht wie mit keinem anderen nicht-deutschsprachigen Land? Haben nicht das Kulturabkommen von 1954 und vor allem der Elysée-Vertrag von 1963 reiche Frucht getragen, darunter das in der Welt immer noch einzigartige Deutsch-Französische Jugendwerk?

Die Bilanz von vierzig Jahren der kulturellen Verständigung zwischen beiden Völkern kann sich wahrlich sehen lassen. Wenige Hinweise genügen: auf die mehr als tausend Städte- und Gemeindepartnerschaften – auf über vier Millionen Teilnehmer am Jugendaustausch seit der Gründung des Jugendwerks vor 23 Jahren – auf 25 Prozent aller Sekundarschüler, die in der Bundesrepublik Deutschland Französisch, und 22 Prozent, die in Frankreich Deutsch lernen – auf 6000 Studenten, die derzeit im Nachbarland statt zu Hause studieren – auf manifeste Erfolge deutscher Filmemacher, Theaterleute, Maler und Musiker in Frankreich und ihrer französischen Kollegen in Deutschland.
Diese eindrucksvolle quantitative Bilanz läßt gewiß Wünsche offen, so die fast schon rituelle Forderung nach weiterer Verstärkung des Unterrichts in der Partnersprache oder das dringende Begehren des Deutsch-Französischen Jugendwerks, in seinem Etat die langjährigen Inflationsverluste endlich auszugleichen. Auch müßte zum Beispiel das Netz der Instituts Français in der Bundesrepublik und der Goethe-Institute in Frankreich weiter verdichtet werden, um der großen Nachfrage nach ihren Sprach- und Kulturangeboten auch nur einigermaßen gerecht zu werden. Es gibt auch zu wenig Stipendien für das Studium im Partnerland – et cetera.
Gleichwohl müßten wir eigentlich zufrieden sein. Aber wir sind es nicht. Die französischen Deutschlandexperten und die deutschen Frankreichkenner erheben stets erneut warnend ihre Stimmen: Das Werk der Verständigung, also des gegenseitigen Verstehens, ist nicht schon wirklich und dauerhaft gelungen. So in der von Robert Picht 1978 unter dem Titel »Deutschland-Frankreich-Europa« herausgegebenen Bilanz von 15 Jahren Elysée-Vertrag, so erneut ein Autorenkreis in »Documents« 4/82 zum zwanzigjährigen Vertragsjubiläum, so erst jüngst Joseph Rovan in seinem neuen Buch sowie Alfred Grosser und Rudolf von Thadden auf dem Versailler Kulturforum vom Juni 1986. Franzosen und Deutsche, sagen sie alle, sind zwar miteinander ausgesöhnt; Krieg ist undenkbar, die gemeinsame Zugehörigkeit zu Europa ebenso selbstverständlich wie die offene Grenze.
Wer jedoch fragt, ob die Völker – und auch deren Eliten! – wirklich einander verstehen, der erntet Zweifel der Experten. Deutschland bliebe allzu vielen der rätselhaft-unberechenbare Nachbar, und Frankreichs Uhren gingen auch heute für die meisten Deutschen

anders. Manche glauben sogar, der Dialog über die Grenze hinweg habe an Intensität verloren – jener der Philosophen zum Beispiel, in deren Feld dem Verstehen zwischen Sartre und Heidegger das Nichtverstehen zwischen Habermas und Glucksmann gefolgt sei, oder auch unter den bildenden Künstlern, bei denen Brückenfiguren wie einst Hartung, Wols und Max Ernst nicht einmal in Sicht kämen. Die jungen Wissenschaftler gingen ohnehin aus beiden Ländern nach Amerika und redeten Englisch miteinander, und was beide Fernsehnationen einige, sei weniger der deutsch-französische Dialog als vielmehr Dallas und Denver.

An solcher skeptischen Diagnose mag manches übertrieben, mancher richtige Teilaspekt allzu sehr generalisiert worden sein. Richtig bleibt die Feststellung, daß das Versöhnungswerk keineswegs vollendet ist. Dafür sorgt allein schon der Wechsel der Generationen, der ja auch im transatlantischen Verhältnis manchen Kummer bereitet. Vierzig Jahre nach Kriegsende treten zunehmend jene Persönlichkeiten von der deutsch-französischen Bühne ab, die aus der eigenen Erfahrung aus Diktatur und Krieg, Widerstand, Gefangenschaft und Neubeginn den Impuls zur Versöhnungsarbeit gewannen. Der Tod von Pierre Bertaux ist dafür ein traurig stimmendes Signal. Nächsten Generationen ist vieles schon selbstverständlich, fast langweilig, was die vorigen aus existentieller Betroffenheit zustande brachten. Die Erde ist übrigens groß, zwischen New York und Moskau, London und Rio voller faszinierender Erfahrungsmöglichkeiten, die in der Kommunikations-Weltgesellschaft fast jedermann erreichen kann.

Darum tut sich im deutsch-französischen Kulturaustausch ein offenbarer Widerspruch zwischen Quantität und Qualität auf. Der erhoffte Umschlag von jener in diese war nie ein Automatismus und wird künftig noch weniger wahrscheinlich als bisher. Ist das richtig und zu befürchten, dann sind drei Folgerungen zu ziehen:

1. Das mühsame und wenig spektakuläre, gleichwohl lebenswichtige Geschäft der gegenseitigen Sprach- und Informationsvermittlung muß weitergehen, ja es muß mehr als bisher geschehen.
2. Über den Austausch von Informationen hinaus kommt es darauf an, den geistigen, wissenschaftlichen, künstlerischen, gesellschaftlichen Dialog beider Völker tief und dauerhaft zu machen.
3. Über den Dialog hinaus geht es nunmehr darum, in einer neuen Etappe der kulturellen Zusammenarbeit die gegenseitige Vernet-

zung in gemeinsamen Projekten, Programmen und Institutionen voranzubringen.

Dies alles ist zunächst und vor allem Aufgabe der Bürger, nicht bloß als Individuen, sondern ebenso im freiwilligen Zusammenwirken durch gesellschaftliche Organisationen und Institutionen. Frankreich und die Bundesrepublik Deutschland gehören zu dem leider nur langsam wachsenden Kreis jener Staaten, die sich auf das Bekenntnis zur Bürgerfreiheit in Theorie und Praxis gründen. Die Regierungen dürfen darum nicht alles, ja nicht einmal das meiste tun. Sie sollen und müssen aber anregen, fördern und Hindernisse für Information, Dialog und Zusammenarbeit beseitigen. Das freilich ist eine ganze Menge, und auch hier ist längst nicht alles schon geschehen. Eben darum ist der Frankfurter »Kulturgipfel« nicht überflüssig, sondern dringend nötig.

An den Rechtsgrundlagen und Instrumenten für das, was die Regierungen zu tun haben, fehlt es nicht. Das weite Feld der kulturellen Zusammenarbeit gliedert sich, wie man weiß, in die Bereiche Bildungswesen und Wissenschaft, Künste, Sprache und Literatur, Medien und Personenaustausch, hier vor allem der jungen Generation. Der Elysée-Vertrag von 1963 erwähnt ausdrücklich zwar nur das Erziehungswesen und den Jugendaustausch, verweist aber im übrigen auf das fortbestehende Kulturabkommen von 1954, das alle genannten Bereiche umfaßt. Den Außen-, Erziehungs- und Jugendministern sowie den für die gesamte auswärtige Kulturpolitik zuständigen Leitern der Kulturabteilungen beider Außenministerien schreibt der Elysée-Vertrag regelmäßige Zusammenkünfte vor.

Dem deutschen Förderalismus verdanken wir eine besonders interessante Lösung für die Vertretung der Bundesrepublik in diesen Treffen: den Bevollmächtigten der Bundesrepublik Deutschland für kulturelle Angelegenheiten im Rahmen des Vertrages für die deutsch-französische Zusammenarbeit – als Partner des französischen Erziehungsministers. Er wird nach einer Bund-Länder-Vereinbarung von 1969 von den Regierungschefs der Länder aus ihrer Mitte vorgeschlagen und von der Bundesregierung für jeweils vier Jahre bestellt. Der Bevollmächtigte, derzeit Bremens Bürgermeister Klaus Wedemeier, vertritt also gegenüber Frankreich in seiner Zuständigkeit nicht nur die Länder, sondern ebenso den Bund. Die ständigen deutsch-französischen Expertenkommissionen – für das allgemeinbildende Schulwesen, für berufliche Bildung und für das

Hochschulwesen – unterstützen ihn und den französischen Erziehungsminister in ihrer Arbeit. In häufigen Arbeitsgesprächen der beiden Kulturdirektoren der Außenministerien wird beraten und abgestimmt, was nicht in die Zuständigkeit des Bevollmächtigten und seines französischen Partners fällt; jugendpolitische Fragen, also vor allem die Arbeit des Deutsch-Französischen Jugendwerks, werden regelmäßig zwischen den Jugendministern besprochen.
Der Mechanismus ist also ziemlich kompliziert, doch er funktioniert. Das ist um so wichtiger, als auf der politischen wie auf der administrativen Ebene die im deutsch-französischen Regierungsdialog handelnden Personen zumeist jeweils nur einige Jahre lang tätig sind. Kulturbeziehungen sind ihrer Natur nach langfristig angelegt; sie müssen den Wechsel von Mehrheiten und Personen überdauern können. Deshalb sind die institutionellen Aspekte der Zusammenarbeit keine Spielwiese von Bürokraten, sondern eine unentbehrliche Grundlage für sachliche Fortschritte. Zum Beispiel die deutsch-französische Hochschulkommission, in der die Vertreter der Regierungen – auf deutscher Seite von Bund und Ländern – und der Hochschulen an einem Tisch sitzen: Sie scheiterte zwar Anfang der siebziger Jahre mit ihrem allzu ehrgeizigen Vorhaben eines »Deutsch-französischen Hochschulgesamtplans«, hat aber seither so gut wie alle Einzelvorhaben auf den Weg gebracht oder doch gestützt, die beide Länder im Hochschulbereich einander nähergebracht haben, von der gegenseitigen Anerkennung von Studienzeiten und integrierten Studiengängen über den Professorenaustausch bis zur Schaffung des in Saarbrücken und Metz angesiedelten »Deutsch-Französischen Hochschulinstituts«. Viel Publizität ist mit solchen Einzelprojekten freilich nicht zu gewinnen, und zumeist verlaufen die Entscheidungsprozesse im komplizierten Verhältnis zwischen Hochschulen und Staat, Bund und Ländern, Paris und Bonn quälend langsam. Die Summe der Einzelschritte erst gewinnt politische Qualität, doch eben diese Qualität ist das langfristige Ziel, das nur über gemeinsame ständige Institutionen erreichbar ist.

Was kann, was muß über diese gemeinsamen Institutionen und Mechanismen in den kommenden Jahren geschehen? Es ist nicht Aufgabe dieses Beitrags vorwegzunehmen, was in Frankfurt be-

schlossen werden soll. Doch fällt es nicht schwer anzuzeigen, wohin in den drei Bereichen Information, Dialog und Zusammenarbeit die Reise gehen soll.
Erstes Vehikel der Informationsarbeit bleibt, auch im visuellen Zeitalter, die Sprache. Was immer deshalb getan werden kann, um der jungen Generation die jeweilige Partnersprache zu vermitteln, ist wohlgetan. Das ist freilich leichter gesagt als verwirklicht. Die Entscheidung fällt in den Schulen, so wichtig die Hochschulgermanistik und die Sprachkurse in Medien und Erwachsenenbildung auch sind. Hier aber haben, übrigens weltweit, die Fremdsprachen zwar im Primarbereich zunehmend Fuß gefaßt, jedoch im Wettbewerb mit den naturwissenschaftlich-technisch orientierten Fächern im Sekundarbereich an Boden verloren.
In beiden Ländern kann überdies niemand den Vormarsch des Englischen als erster Fremdsprache aufhalten, mit der Folge, daß seit Jahren auch die Zahl französischer Schüler, die zuerst Deutsch lernen, absolut und relativ deutlich zurückgeht.
So konzentrieren sich die Bemühungen um die Partnersprache beiderseits mehr und mehr auf ihren Rang als zweite Fremdsprache, damit also auf die Notwendigkeit, zu erreichen, daß an den Schulen durchgehend zwei Fremdsprachen verbindlich gelehrt oder doch angeboten werden. Dann darf aber das bei uns oberstufentypische »Abwählen« einer als schwierig geltenden Sprache – und beiderseits hat die Partnersprache diesen Ruf – nicht mehr möglich sein. Auch muß die Schwelle der für eine Deutsch- oder Französischklasse nötigen Schülerzahl so einladend niedrig gelegt werden, wie das in Frankreich für Spanisch geschehen ist. Nicht zuletzt müssen die Schüler das Land besser kennenlernen, dessen Sprache sie sprechen sollen. Das bedeutet mehr Frankreichkunde bei uns, mehr Deutschlandkunde drüben, auch als Vorbereitung und Begleitung des erfreulich lebhaften Schüleraustauschs hin und her.
Diese und andere Absichten – zum Beispiel: mehr Französisch respektive Deutsch an den Grundschulen und an den Hochschulen! – werden allerdings ihr Ziel nur erreichen, wenn mehr Anreize als bisher dafür geschaffen werden, die gelernte Partnersprache auch im Alltag anzuwenden. Hier tragen Wirtschaft und Wissenschaft ebenso wie die gedruckten und elektronischen Medien eine große Verantwortung. Die Regierungen können und müssen wohl mahnen und einzelne Vorhaben fördern, zum Beispiel zweisprachige Publika-

tionen. Doch liegt es entscheidend an der freien Gesellschaft, ihren Bürgern und ihren Organisationen, ob die europäische sprachliche und damit kulturelle Vielfalt weiterhin blüht oder in der absoluten Herrschaft der Weltsprache Englisch untergeht.

Ähnliches gilt für die Antwort auf die Frage, was getan werden kann, um überhaupt die Kenntnis voneinander zu verbessern. Die dafür nötigen Informationen kann jedermann schon jetzt erlangen, denn in und zwischen beiden Ländern ist der Informationsfluß frei, von staatlichem Zugriff so gut wie nicht behindert. Gewiß ist die politische Öffentlichkeitsarbeit der Regierungen hilfreich, diesen Fluß zu verbreitern, und auch die vom Geld der Steuerzahler unterhaltenen Kulturinstitute beider Länder tragen dazu kräftig bei. Doch sind dies Rinnsale im Vergleich zu den mächtigen Strömen der gedruckten und audiovisuellen Information, die dank einer technisch hochentwickelten, weit verzweigten Kanalisation täglich jedes Haus, jeden Bürger erreichen. Auf die Herren dieser Ströme kommt es an, vor allem auf die Chefs des wichtigsten Massenmediums, des Fernsehens. Haben sie schon alle Möglichkeiten benutzt, mehr Deutsches nach Frankreich, mehr Französisches nach Deutschland zu bringen? Niemand wird darauf guten Gewissens mit Ja antworten können. Als beliebiger Beleg diene die deutsche Fernsehprogrammwoche vom 31. 8. bis 5. 9. 1986: zehn angelsächsische gegen zwei französische Beiträge im ersten, dreizehn gegen drei im zweiten Programm. Koproduktionen waren nicht darunter, schon gar keine gemeinsam ausgestrahlten Programme. Unschwer läßt sich daraus folgern, welche Aufgabe den Fernsehgewaltigen auf beiden Seiten gestellt ist.

Von der gegenseitigen Information zum Dialog und zur Zusammenarbeit führen viele Wege, oft fast mit Notwendigkeit. Beispiel Fernsehen: Von der Übernahme fertiger Produkte des Nachbarn über die Koproduktion eines Films oder einer Unterhaltungssendung führt eine sich verdichtende Zusammenarbeit mit innerer Logik zur Idee eines gemeinsamen Programms. Davon ist seit Jahren unter dem Titel »deutsch-französischer Kulturkanal« immer wieder die Rede, doch bisher ohne jedes konkrete Ergebnis, dies schon deshalb, weil niemand die Frage nach dem nötigen Geld beantworten konnte.

Es wird also darum gehen, bestehende oder geplante Programmangebote zur Übertragung über direktsendende Satelliten oder in Kabelnetze so miteinander zu verbinden, daß sie zu einem zunächst teilweise identischen Angebot in beiden Ländern – und damit zugleich bei den deutsch- und französischsprachigen Nachbarn – führen. Denkbar wäre etwa, daß mit diesem Ziel das Zweite Deutsche Fernsehen sein von Österreich und der Schweiz mitgetragenes Zweitprogramm »Drei-Sat« und die französische Anstalt »Antenne 2« das ebenfalls schon bestehende, belgische und schweizerische Anteile enthaltende Kabelprogramm für das Ausland »TV Cinq« stufenweise miteinander koppeln. In deutsch-französischer Zusammenarbeit erwüchse so zugleich der Kern eines europäischen Programms, das für weitere Teilnehmer offen gehalten werden kann.
Beispiel Kunst: Angesichts eines mit wachsender Geschwindigkeit sich vernetzenden internationalen Ausstellungsbetriebs ist es längst an der Zeit, von der bloßen gegenseitigen Präsentation deutscher Kunst in Frankreich und französischer Kunst bei uns zu gemeinsamen Vorhaben überzugehen. Daß die Tendenzen der Malerei in beiden Ländern historisch wie gegenwärtig durchaus unterschiedlich sind, braucht kein Hindernis zu sein, sondern könnte sogar den Reiz gemeinsamer Unternehmungen steigern, besonders dann, wenn sie im Sinne europäischer Öffnung auch andere Länder einbeziehen.
Beispiel Wissenschaft: Den zum Teil schon seit langem laufenden gemeinsamen wissenschaftlich-technischen Großprojekten von der Kernforschung bis zum Airbus fehlt nach wie vor der unentbehrliche Unterbau vielfältiger Vernetzung zwischen Hochschulen und Forschungsinstituten, wie sie im Verhältnis beider Länder zu den USA schon vielfach existiert. Um das zu ändern, sind mehr integrierte Studiengänge mit gemeinsam anerkannten Abschlüssen nötig, mehr Stipendien auf gemeinsame Forschungsvorhaben zu orientieren, mehr Professoren auszutauschen. Es geht dabei primär nicht um neue gemeinsame Institutionen, etwa gar eine deutsch-französische Universität, vielmehr darum, ein immer dichteres Netzwerk der Zusammenarbeit in der ganzen Breite der Hochschul- und Forschungslandschaft zu entwickeln. Dafür sind Pilotprojekte wichtig, an deren Erfolg sich alle anderen orientieren, und solche Projekte brauchen zusätzliche staatliche Nachhilfe, also auch staatliches Geld. In Sparzeiten, wie sie beiden Ländern aus wirtschaftlicher Vernunft auferlegt sind, herrscht daran Mangel. Doch zeigen schon

begonnene Vorhaben wie das forschungsorientierte deutsch-französische Stipendienprogramm »Procope«, daß auch durch Umorientierung der vorhandenen Mittel einiges bewirkt werden kann. Nicht immer freilich reicht solche von den Finanzministern natürlich gern gesehene Umschichtung aus – im konkreten Fall geht sie zu Lasten der freien Einzelstipendien, für die dann doch wieder zusätzliche Mittel nötig werden.

Information, Dialog und Zusammenarbeit sind keine Ziele an sich. Vielmehr sollen sie es den Menschen, jung und alt, zunehmend möglich machen, den Nachbarn besser kennenzulernen, Freundschaften zu schließen und, wenn sie es wollen, ungehindert unter den Nachbarn tätig zu werden. Man sollte meinen, daß dies alles nach einer Generation enger kultureller Zusammenarbeit zwischen den Regierungen leicht möglich sein sollte. In Wahrheit sind wir von der Freiheit zur Niederlassung und Berufsausübung im Partnerland noch weit entfernt. Die traditionell großen Verschiedenheiten der Bildungssysteme, die ja die Berufsberechtigungen verleihen, schlagen hier nach wie vor durch. Abitur und Baccalauréat werden gegenseitig generell anerkannt, aber weder berufsbildende noch akademische Abschlüsse. In mühsamen Verhandlungen ist es bisher gelungen, ganze fünfzehn berufsbildende Abschlüsse zu harmonisieren und in einigen Studienfeldern die gegenseitige Anerkennung der Hochschul-Studienzeiten zu erreichen. Daß die Europäische Gemeinschaft mit ihren einschlägigen Bemühungen noch weiter zurückhängt, ist ein schwacher Trost; denn eigentlich wollen Frankreich und die Bundesrepublik Deutschland doch die entschiedenen Vorreiter der europäischen Einigung sein. Man kann nicht einmal sagen, daß die Bildungssysteme beider Länder sich annähern – für die deutsche Spezialität der dualen Berufsbildung und die französischen »Grandes Ecoles«, beides international renommierte Paradestücke des jeweiligen Systems, gibt es beim Nachbarn keine Entsprechung. Die Schul- und Hochschulreformen der letzten zwanzig Jahre wurden jeweils souverän, ohne Rücksicht auf das Nachbarland, durchgeführt mit der Folge, daß sogar schon vereinbarte Regelungen wie etwa der Äquivalenzvertrag über Studienzeiten von 1980 wenige Jahre darauf den Boden zu verlieren drohen.

Hier ist das Feld, das es vor allem zu beackern gilt. Da muß freilich, um im Bilde zu bleiben, Furche um Furche gepflügt werden. Es gibt keine gütige Fee, die das ganze wüste Feld über Nacht von den Heinzelmännchen in einen fruchttragenden Acker verwandeln lassen kann. Wenn irgendwo, dann müssen hier nach Max Webers vielzitiertem Wort die dicken Bretter mit Augenmaß und Geduld beharrlich gebohrt werden. Aber unstreitig wird hier zu langsam geackert, zu wenig gebohrt. Der deutsche Föderalismus zeigt dabei durchaus auch Schattenseiten. Politische Impulse sind dringend nötig, wenn es in den nächsten Jahren Fortschritte geben soll. Denn die volle gegenseitige Anerkennung der Bildungssysteme und ihrer Abschlüsse kann nur gelingen, wenn statt der erbsenzählenden Methode genauen Stundenplanvergleichs politisch entschieden wird, daß die Abschlüsse trotz unterschiedlicher Vorbereitung gleichwertig sind. So geschah es schon relativ früh, als Abitur und »Bac« gleichgestellt wurden. Nur so können auch die beruflichen und akademischen Qualifikationen insgesamt kompatibel gemacht, die Berufs- und Niederlassungsfreiheit im anderen Land damit real gesichert werden.

Deutsch-französische Zusammenarbeit und Freundschaft sollen, so sagen beide Seiten, nicht exklusiv sein, sondern ganz Europa zugute kommen – sei es durch modellhafte Vorhaben, sei es durch gemeinsame Initiativen. Dies ist im kulturellen Bereich zum Glück nicht nur Theorie, sondern schon vielfältige Praxis. So führte die Erkenntnis, zwei Fremdsprachen müßten fest im Kanon jedenfalls der Sekundarschulen verankert werden, zu entsprechenden Beschlüssen der Europäischen Gemeinschaft und des Europarats. So wirkt das Deutsch-Französische Jugendwerk als vielbeneidetes Modell für parallele Initiativen, sei es bilateral mit dem Vorschlag eines deutsch-polnischen, deutsch-britischen oder deutsch-amerikanischen Jugendwerks, sei es multilateral bis zum jüngsten Vorschlag der Brüsseler Kommission für ein Jugendaustauschprogramm der zwölf EG-Mitglieder. So ist die Idee eines deutsch-französischen Fernsehprogramms schon vor Jahren in den Beschluß des Europäischen Parlaments erweitert worden, ein solches Programm europäisch zu konstruieren. Die Reihe läßt sich fortsetzen. Darum war es gut, daß

Präsident Mitterrand und Bundeskanzler Kohl, als sie im Februar den deutsch-französischen Kulturgipfel beschlossen, ihm sogleich eine europäische Orientierung gaben. Sie wird, so ist zu hoffen, in der Frankfurter Kultur-Erklärung deutlich sichtbar sein.
Europa – das ist zunächst die Europäische Gemeinschaft als der dichteste und handlungsfähigste Zusammenschluß, der darum eine Führungsrolle hat, auch wenn es um die Kultur im weiten Sinne des Wortes geht. Besonders aus deutscher, aber auch aus französischer Sicht muß indes stets bewußt bleiben, daß Europa weit größer als die Gemeinschaft ist, wie immer man im Osten seine geographische Grenze zu ziehen versucht. Neben den zwölf EG-Mitgliedern gehören neun weitere Staaten zum Kreis der schon 1952 geschlossenen Kulturkonvention des Europarats; zwölf Staaten, nämlich die Sowjetunion und ihre Verbündeten einerseits, die USA und Kanada andererseits, erweitern diesen Kreis noch einmal zu dem der Unterzeichner der KSZE-Schlußakte von Helsinki (1975) und ihres vielzitierten »dritten Korbs«, dem die Kultur, das Bildungswesen und die Medien zugehören. So wenig also die deutsch-französische Partnerschaft exklusiv ist, so wenig darf die Brüsseler Gemeinschaft gegenüber den beiden weiteren Kreisen, aus denen Europa besteht, protektionistisch sein, schon gar nicht im auf Offenheit angelegten Kulturleben.
Europäische Einigung, so verstanden, bedeutet überdies nicht Vereinheitlichung. Das föderale wie das staatenbündische Europa-Modell sind nicht zuletzt aus der Erkenntnis geschaffen worden, daß Europas Kultur aus der Vielfalt in der Einheit lebt und jeder Gleichmacherei mit Recht widersteht. Auch und gerade in der jahrzehntelangen Arbeit an der deutsch-französischen Verständigung haben wir gelernt, daß es nicht um schematisierende Angleichung der Nationen geht, sondern darum, das Anderssein des Nachbarn zu verstehen und darin das Gemeinsame, also Europa, zu entdecken.

Annäherung an Frankreich
Aufgaben nach dem Kulturgipfel
– 1987 –

Kulturelle Annäherung an Frankreich – das ist ein langes und großes Thema. Als gelernter Historiker muß ich der Versuchung widerstehen, bei Karl dem Großen zu beginnen. Schon zu seiner Zeit, erst recht danach im Mittelalter und durch die ganze Neuzeit bis auf unsere Tage waren das deutsche und das französische Volk einander nahe. Es handelt sich nicht nur um geographische Nachbarschaft. Der kulturelle, der geistige Dialog zwischen beiden Völkern ist es, der uns einander nahe brachte und bringt.

Dieser Dialog zwischen Nachbarn hat durch die Jahrzehnte Höhepunkte und Unterbrechungen erfahren. Einen ersten Höhepunkt erreichte er im hohen Mittelalter, als die höfische, die ritterliche Kultur aus Frankreich zu uns kam, ebenso wie der gotische Baustil, der in Deutschland seine Vollendung erfuhr. Im 16. Jahrhundert wirkte die Reformation aus Deutschland kommend tief nach Frankreich hinein. 200 Jahre später lebte Preußens Großer Friedrich in der Symbiose beider Nationalkulturen, sogar mit deutlicher Vorliebe für französische Sprache, Literatur und Philosophie. Wenige Jahrzehnte später markiert das berühmte Buch der Madame de Staël über Deutschland den Beginn einer Periode, in der die deutsche Klassik und Romantik prägend auf das französische Geistesleben wirkten.

Oder denken wir an Romain Rolland, den Vorkämpfer deutsch-französischer Verständigung vor und nach dem Ersten Weltkrieg, und an die von Heidegger und Sartre geprägte Philosophie des Existentialismus, die nach dem Zweiten Weltkrieg die junge Generation bewegte. Immer wieder haben in diesem Dialog, in dieser gegenseitigen Prägung Emigranten eine große Rolle gespielt: die Hugenotten des 17. und 18. Jahrhunderts ebenso wie die deutschen politischen Emigranten des 19. und 20. Jahrhunderts.

Aber es gibt auch die andere Tradition der gegenseitigen Fremdheit. Von einer Kulturmauer zwischen beiden Völkern hat jüngst Robert Picht gesprochen, die der deutsch-französischen Zusammenarbeit in vielen Bereichen Grenzen setze. Der Ausdruck mag übertrieben sein, doch kennzeichnet er einen Teil der deutsch-französischen Wirklichkeit. Für viele Franzosen bleiben die Deutschen bis heute

rätselhafte, unberechenbare Nachbarn, die in den Nebeln der germanischen Wälder wohnen und sich als irrationale Romantiker zeigen. Viele Deutsche hingegen meinen, daß Frankreichs Uhren anders gehen, wie ein seinerzeit oft zitierter Buchtitel lautet. Unterschiedlich sind in der Tat in vielen Dingen die politischen Strukturen und Traditionen beider Länder: zentralistisch dort, föderalistisch hier, voller Verehrung für die Revolution die einen, antirevolutionär aus Prinzip die anderen. Geist und Macht können sich in Frankreich innig miteinander verbinden, wie z. B. der gegenwärtige Präsident François Mitterrand zeigt. In Deutschland hingegen gelten beide meist als einander entgegengesetzt, eher feindlich. In den beiden Weltkriegen dieses Jahrhunderts standen wir gegeneinander, besonders während des Ersten Weltkriegs derart erbittert, daß für viele die nationale Identität des eigenen Vaterlandes geradezu auf dem Gegensatz zum Nachbarn aufbaute.
Über 40 Jahre nach dem Ende des Zweiten Weltkrieges ist es für mich immer noch ein Wunder, daß dieser Gegensatz Vergangenheit ist. Mag auch die traditionelle Kulturmauer, um abermals mit Robert Picht zu sprechen, da und dort noch sichtbar und hinderlich sein, so können wir doch sagen, daß beide Völker miteinander nicht nur Frieden, sondern darüber hinaus Freundschaft geschlossen haben. Der grenzüberschreitende Dialog ist längst nicht mehr nur Sache der kulturellen Eliten wie in der Vergangenheit, sondern geht in die Tiefe und Breite der beiden Gesellschaften. Es gibt zwischen beiden Ländern mehr Städte- und Schulpartnerschaften als mit irgendeinem anderen Land. Dank des Deutsch-Französischen Jugendwerks, das nächstes Jahr seinen 25. Geburtstag feiert, haben seit 1963 fast 5 Millionen Jugendliche mit Hilfe von Steuergeldern das andere Land kennenlernen können. Nach der Weltsprache Englisch behaupten das Deutsche in Frankreich und das Französische bei uns einen sicheren zweiten Platz im Fremdsprachenangebot der höheren Schulen.
Ist also alles in bester Ordnung? Auf den ersten Blick kann die Antwort nur ja lauten. Krieg zwischen beiden Völkern ist undenkbar geworden. Das Netz der politischen, wirtschaftlichen, wissenschaftlichen und kulturellen Zusammenarbeit ist inzwischen so dicht verknüpft, daß es unzerreißbar scheint. Der deutsch-französische Vertrag von 1963, mit dem Charles de Gaulle und Konrad Adenauer ihr Lebenswerk krönten, hat reiche Frucht getragen. Und doch bleibt

ein Unbehagen, das die Rede von der Kulturmauer immer noch rechtfertigt, wenigstens in bestimmten Teilbereichen. Das hat seine benennbaren Gründe. Im Kernbereich der kulturellen Identität beider Völker, nämlich in Philosophie, Kunst und Literatur, haben sich Dialog und Austausch eher vermindert, wenn man mit den vierziger oder fünfziger Jahren vergleicht. Die Philosophen reden kaum miteinander. Die Schriftsteller kennen einander kaum. Ihre Themen finden sie beide im eigenen Land, nicht beim Nachbarn, von wenigen Ausnahmen abgesehen. Auch die bildende Kunst geht unterschiedliche Wege, ganz anders als zu den Zeiten, als Hans Hartung und Wols ihre Kunstwerke für beide Völker schufen.

Ja noch schlimmer: die naturwissenschaftliche und technische Zusammenarbeit zwischen beiden Ländern hinkt trotz einiger spektakulärer Großprojekte weit zurück hinter dem, was täglich im Verhältnis beider Länder mit den Vereinigten Staaten von Amerika geschieht. Wenn die Massenmedien, vor allem das Fernsehen, als Maßstab für den Dialog über die deutsch-französische Grenze gelten können, dann steht es erst recht nicht gut: »Dallas« und »Denver« dominieren bei weitem die »Schwarzwaldklinik« oder den »Kommissar Maigret«.

Vor einem Jahr haben sich deshalb die beiden Regierungen auf dem sogenannten Kulturgipfel in Frankfurt Rechenschaft darüber abgelegt, was bisher geschah und welches die nächsten Ziele sein müssen. Eine neue Etappe der deutsch-französischen kulturellen Zusammenarbeit müsse beginnen, hieß es damals. Was heißt das konkret? Drei Dinge sind notwendig:

1. Wer den Partner wirklich verstehen will, muß seine Sprache sprechen und sein Land kennen. Noch immer geschieht dafür in beiden Ländern zu wenig. In dem mühsamen Geschäft der gegenseitigen Sprach- und Informationsvermittlung müssen also neue Impulse gegeben, neue Wege eröffnet werden.
2. Gemeinsamkeiten und Unterschiede der Nationalkulturen müssen noch mehr bewußt werden, auch als Beiträge zur Einheit und Vielfalt der europäischen Kultur. Der geistige, wissenschaftliche, künstlerische, gesellschaftliche Dialog muß noch tiefer werden, um dauerhaftes Verstehen zu erreichen.
3. Die gegenseitige Präsentation nationaler Leistungen ist nicht mehr genug. Über Selbstdarstellung und Dialog hinaus geht es jetzt darum, in einer neuen Etappe der kulturellen Zusammenar-

beit durch gemeinsame Projekte, Programme und Institutionen mehr gegenseitige Vernetzung und damit erst wirklich dauerhafte Freundschaft zu bewirken.

Das alles ist zunächst Aufgabe der Bürger. Aber die Regierungen müssen sie dabei unterstützen, indem sie Hindernisse der grenzüberschreitenden Zusammenarbeit beseitigen und dort, wo es ohne öffentliche Gelder nicht geht, ihre Programme aktiv fördern. Dazu hat der Kulturgipfel in Frankfurt fünf Schwerpunkte gesetzt:

- verstärkte Förderung der Sprache und Landeskunde des Partners,
- eine engere Zusammenarbeit in der beruflichen Bildung,
- eine zunehmende Verflechtung von Studiengängen und Forschungsprojekten der Hochschulen, die durch ein deutsch-französisches Hochschulkolleg bewirkt werden soll,
- mehr gemeinsame Vorhaben in darstellender und bildender Kunst, Musik, Literatur und Film, um die sich ein deutsch-französischer Kulturrat bemühen wird,
- neue Impulse für deutsch-französische Fernsehkooperation bis hin zu einem europäischen Programm.

Es ist nicht leicht, dies zu erreichen. Die öffentlichen Kassen geben kaum zusätzliche Gelder her, und private Sponsoren können auch nur einen Teil leisten. Erste Schritte sind aber trotzdem getan. Das Hochschulkolleg und der Kulturrat werden, so hoffe ich, bald entstehen. Der Personenaustausch im Bereich der beruflichen Bildung wird in den nächsten Jahren verdoppelt werden. Neue Programme der Sprachvermittlung, beginnend bei den Kindergärten und den Grundschulen, wurden in beiden Ländern begonnen. Ministerpräsident Späth, der Bevollmächtigte der Bundesrepublik Deutschland für die kulturelle Zusammenarbeit mit Frankreich, verhandelt seit einiger Zeit mit französischen und deutschen Partnern über ein deutsch-französisches kulturelles Fernsehprogramm mit europäischer Zielsetzung. Die Goethe-Institute in Frankreich und die französischen Institute in Deutschland haben erste gemeinsame Projekte in Angriff genommen. Die Liste ließe sich verlängern.

Mancher wird einwenden, dies seien doch alles nur sehr kleine Schritte. Es ist wahr: Aus dem Zeitalter der großen Visionen sind wir in die Ära der konkreten und oft recht mühsamen Programme und Projekte eingetreten. Aber das ist gut so. Nur Stück für Stück können wir das dauerhafte und sturmsichere Haus der Freundschaft erbauen, das wir alle wollen.

Der transatlantische Dialog im Wandel der Generationen Eine Festrede – 1988 –

Eine Generation im Dienste des deutsch-amerikanischen Kultur- und Wissenschaftsaustausches – das ist ein beträchtlicher Beitrag für Freundschaft und Zusammenarbeit über den Atlantik hinweg. Am Anfang meines Vortrags soll daher der Dank an all jene stehen, die das Austauschprogramm zwischen der Universität zu Köln und der Pennsylvania State University 1961 vereinbart, ab 1962/63 mit Leben erfüllt und seitdem zum Erfolg geführt haben. Sie haben mitgewirkt, die historisch tief verwurzelten, dann fast zerstörten Bindungen zwischen dem deutschen und dem amerikanischen Volk wieder enger zu knüpfen, indem sie dem akademischen Dialog über die Grenzen kreative Anstöße gaben.

Allen, die so seit 1945 zu europäisch-amerikanischer Freundschaft und atlantischer Solidarität praktisch beitrugen, verdankt Europa die längste Epoche des Friedens in seiner Geschichte. Denn Frieden entsteht nicht nur durch Politik, sondern wird erst wirklich gestiftet durch Dialog, Austausch und Zusammenarbeit, geleitet durch die Bereitschaft der Alten und der Neuen Welt, ihr Schicksal miteinander zu verbinden. Kultur und Wissenschaft haben dazu Entscheidendes beigetragen, nicht nur zum Frieden, sondern ebenso zur Herrschaft der Freiheit, die sie ja selbst brauchen wie die Luft zum Atmen.

Blicken wir zurück: Deutsche und Amerikaner trafen sich nach dem Zweiten Weltkrieg fast als Fremde, jedenfalls in großer Unkenntnis der jeweils anderen Kultur. Nachdem bereits der Erste Weltkrieg die hoffnungsvolle Entwicklung der deutschen Sprache in den USA jäh gestoppt und die im 19. Jahrhundert gewachsene, enge kulturelle und wissenschaftliche Zusammenarbeit abgebrochen hatte, schienen die im deutschen Namen begangenen Verbrechen und der Anblick der Greuel in den befreiten Konzentrationslagern zunächst die schlimmste Meinung über die Deutschen zu bestätigen. Viele Amerikaner identifizierten den NS-Staat und seine Rassen- und Raumideologie mit den Traditionen des deutschen Nationalismus und des preußischen Militarismus. Deutsche Sprache und Kultur schienen

für lange Zeit diskreditiert. Das Volk der Dichter und Denker erschien als eines der Richter und Henker.
Doch schon im Sommer 1945 setzte ein Umschwung ein. Die US-Behörden in unserem als »besiegt«, nicht als »befreit« geltendem Land begannen vorsichtig, kulturelle und publizistische Aktivitäten zu gestatten. Nicht nur Care-Pakete erreichten uns, sondern auch die Romane von Hemingway und Faulkner, die Theaterstücke von Tennessee Williams und Arthur Miller. Diese Neuanfänge eines kulturellen Dialogs gewannen Schwung, als Außenminister Byrnes im September 1946 in Stuttgart erklärte, das amerikanische Volk wolle dem deutschen Volk helfen, »seinen Weg zu einem ehrenvollen Platz unter den freien und friedlichen Völkern der Welt wiederzugewinnen«. Konkrete Gestalt gewann diese Absicht im Marshall-Plan, der den Wiederaufbau eines demokratischen Europas mit Deutschland als integralem Teil vorsah. Amerika unterschied nicht mehr zwischen besiegten und befreiten Europäern.
Der Erfolg des Marshall-Plans, an dem der östliche Teil Deutschlands leider nicht teilhaben konnte, ist uns allen gerade erst im letzten Jahr durch viele Gedenkveranstaltungen zu seinem 40. Jahrestag wieder bewußt geworden. Er machte erst den politischen Wiederaufbau möglich. Aus der Grundstimmung des »Nie wieder!« wurde demokratischer Neubeginn, trat die Bundesrepublik Deutschland in die Wertegemeinschaft des Westens ein, entwickelte sich das deutsch-amerikanische Verhältnis in nie erhoffter Weise. Aus Siegern und Besiegten wurden schon bis zur Mitte der fünfziger Jahre Verbündete. Zwischen ehemaligen Gegnern entstand eine Partnerschaft der Gleichen, die sich bis heute mit Recht als Schicksalsgemeinschaft versteht.
Ich kann hier nicht auf die komplexen politischen, wirtschaftlichen, sozialen oder psychologischen Motive eingehen, die zu dieser Entwicklung führten. In jedem Fall ist sie undenkbar ohne den kulturellen, den geistigen und wissenschaftlichen Dialog. Im Miteinander deutscher Emigranten, die in Amerika eine Zuflucht, ja eine neue Heimat gefunden hatten und dort das Erbe deutscher Kultur lebendig erhielten, und jener vielen Amerikaner, die beim Aufbau demokratischer Strukturen in Europa halfen und durch manche Krisen Vertrauen in das erneuerte Deutschland bewiesen, mit der rasch wachsenden Zahl von Deutschen, die sich vom Trauma des Krieges und der Diktatur befreiten, entstand die atlantische Partnerschaft,

für die wir in der Allianz heute gemeinsam einstehen. Der Schutz der Menschenrechte, der Freiheit und der Demokratie hält uns im atlantischen Bündnis zusammen; die Fortentwicklung dieser Ideen ist vornehmste Aufgabe des transatlantischen Dialogs.
Dieser war nie Sache der Regierenden allein. Eine Vielzahl privater, halb-staatlicher und staatlicher Institutionen, aber auch viele engagierte Einzelpersonen haben seit jeher ihr Gewicht und ihre Kraft in den Dienst der transatlantischen Beziehungen gestellt. Ich erwähne die große Zahl deutsch-amerikanischer Vereinigungen und Clubs, die Austauschorganisationen, die Schulen und Universitäten beider Länder, die privaten und politischen Stiftungen, Städte und Gemeinden, Gewerkschaften, Jugend- und Frauenverbände. Das so entstandene dichte Netzwerk wird schließlich doch immer von Personen getragen. Ganz besonders möchte ich hier Prof. de Levie hervorheben, der vor dem Krieg in Köln studiert hatte und zu Beginn der 60er Jahre in Pennsylvania das Austauschprogramm ins Leben rief, dessen Jubiläum wir heute begehen.
So können wir heute von deutsch-amerikanischer Freundschaft sprechen. Sie beruht natürlich auch auf der Tatsache, daß jeder vierte Amerikaner deutsche Vorfahren hat. Die Bedeutung der deutschen Einwanderung ist schon in der Kolonialzeit belegt, etwa in der bangen Frage Benjamin Franklins, des großen Sohnes Pennsylvanias und späteren Gründungsvaters der USA, »warum Pennsylvania, das von den Engländern gegründet sei, eine Kolonie von Fremden werden müsse, die in Kürze so zahlreich werden, daß sie uns germanisieren, statt daß wir sie anglifizieren«. Diese Befürchtung hat sich als unbegründet erwiesen, zumal sich die deutschen Einwanderer in einem Land, das ihnen politisch, wirtschaftlich und sozial ungeahnte Aufstiegsmöglichkeiten bot, verhältnismäßig schnell integrierten und assimilierten. Herausragende Figuren wie Baron von Steuben, Franz Lieber, 1848er wie vor allem Carl Schurz, aber ebenso die intellektuelle Elite der von den Nationalsozialisten vertriebenen Künstler und Wissenschaftler illustrieren, wie bereitwillig deutsche Einwanderer sich amerikanisierten und wie sehr sie Amerika bereicherten. Zwar haben die Deutsch-Amerikaner nach der Zerstörung ihrer kulturellen Institutionen im ersten Weltkrieg nie wieder zu so kräftigem Zusammenhalt gefunden, wie ihn andere ethnische Gruppen in den Vereinigten Staaten zeigen. Aber eine wachsende Zahl von Amerikanern erinnert sich heute wieder der

AN DEN

VERLAG GÜNTHER NESKE

POSTFACH 7240

7417 PFULLINGEN

deutschen Wurzeln, eine Tatsache, der Präsident und Kongreß Rechnung trugen, als sie im vorigen Jahr den 6. Oktober zur Erinnerung an das Eintreffen der ersten deutschen Einwanderergruppe 1683 zum »German American Day« proklamierten.

Wichtig für den deutsch-amerikanischen Dialog, so wie er heute geführt und gestaltet wird, sind nicht nur die Nachkommen der deutschen Einwanderer, sondern alle jene Deutschen und Amerikaner, die aktiv an Begegnungen und Zusammenarbeit mitwirken. Das sind zunächst einmal die vielfältigen Gruppen, die den Kulturaustausch tragen – ob in der Musik, der Malerei, der Literatur, im Theater, im Film oder im Fernsehen. Dieser Austausch ist so breit und tief wie nie. Der Strom der Unterhaltungskultur fließt freilich ganz überwiegend in West-Ost-Richtung auf die Bildschirme, in Taschenbücher mit Millionen-Auflagen und in die Rock-Konzerte. Das ist Anlaß für manche, eine »Amerikanisierung« Europas zu beklagen, ja von einer Zerstörung der Kultur durch die Zivilisation zu reden. Hier ist nicht der Ort, um diese komplizierte Sache wirklich anzugehen, doch möchte ich wenigstens zwei Bemerkungen dazu machen.

Die eine: ob »Dallas« oder »Schwarzwaldklinik«, beide Produkte dienen der Massenunterhaltung in einem Massenmedium, sind also Konsequenz der gemeinsamen Entwicklung demokratischer Gesellschaften und der sie kennzeichnenden und stützenden Kulturtechniken. Der kulturkritische Anti-Amerikanismus muß sich also fragen lassen, ob er sich nicht in Wahrheit aus elitärer Überheblichkeit gegenüber heutiger Popularkultur speist, die geradezu antidemokratische Züge entwickeln kann. Und zweitens: in dem Maße, in dem Europas wirtschaftlicher, politischer und vor allem geistiger Wiederaufbau gelungen ist, erobern sich auch Europas Wissenschaft und Literatur, Malerei und Film wieder einen angesehenen Platz auf der anderen Seite des Atlantik. Im friedlichen geistigen Wettbewerb hat Europa da und dort sogar wieder die Nase vorn. Zu larmoyanter Selbstbeklagung ist also überhaupt kein Grund.

Wer den transatlantischen Austausch unter dem Gesichtspunkt gleichberechtigter Partnerschaft besieht, der wird gleichwohl einige Problembereiche finden, in denen gestaltende Politik tätig werden muß. Da geht es um offenkundige Ungleichgewichte, die auszutarieren sind, auch wenn natürlich klar ist, daß eine schematische Symmetrie etwa in der Zahl ausgetauschter junger Menschen weder

nötig noch möglich ist angesichts der unterschiedlichen Größe, Bedeutung und Anziehungskraft beider Länder. Hauptaufgabe auswärtiger Kulturpolitik in diesem Bereich ist es, hier und dort zu ergänzen und Asymmetrien nicht zu stark anwachsen zu lassen.
Solche Asymmetrien sind besonders im Bereich der Wissenschaft und der Hochschulen, aber auch im Jugendaustausch stark ausgeprägt. Eine Studie der Alexander-von-Humboldt-Stiftung hat aufgezeigt, daß die Bundesrepublik Deutschland etwa 70 Prozent der Kosten des bilateralen Wissenschaftsaustausches finanziert. Für das Fulbright-Programm z. B. sind 1986 7,7 Millionen DM von deutscher Seite und 1,69 Millionen US$ von amerikanischer Seite aufgewandt worden. Diesen Finanzierungsanteilen entspricht, daß jährlich über 6000 Deutsche als Studenten, Lehrer oder Forscher in den USA tätig sind, während nur etwa 4000 Amerikaner entsprechende Tätigkeiten bei uns ausüben. Die darin sichtbare größere Attraktivität amerikanischer Hochschulen und Forschungseinrichtungen sollte unsere Universitäten anspornen nachzuziehen. Ich bin dankbar, daß die Universität zu Köln und Pennstate University schon auf diesem Weg sind und in Zukunft neben Betriebswirten auch Mediziner austauschen werden, und ich wünsche sehr, daß dieses Beispiel Schule macht.
Ein zweites Beispiel: Im offiziell geförderten Jugendaustausch reisen jährlich ca. 10000 junge Deutsche in die USA und kommen 5000 junge Amerikaner zu uns. Das bedeutet, daß die deutschen Teilnehmerzahlen etwa einem Prozent der Jahrgangsstärke entsprechen, die amerikanischen jedoch lediglich etwas über einem Promille. Hier müssen wir eine Ausweitung des Volumens und – besonders auf amerikanischer Seite – eine Aufstockung der Mittel anstreben. Zwar hat sich dank der Jugendaustausch-Initiative, die Präsident Reagan 1983 ergriff, einiges gebessert, doch sind weitere Schritte nötig. Der Deutsche Bundestag und der amerikanische Kongreß haben ein gutes Beispiel gegeben, indem sie ein Austauschprogramm vereinbarten, durch das jährlich bis zu tausend junge Menschen ein Jahr lang das andere Land gründlich kennenlernen. Mitte Mai dieses Jahres wird sich der von Bundeskanzler Helmut Kohl und Präsident Reagan initiierte deutsch-amerikanische Rat für Jugendaustausch in Washington konstituieren; seine Aufgabe wird sein, weitere solche Programme zustande zu bringen.
Wichtige Träger des transatlantischen Dialoges sind auch die ameri-

kanischen Soldaten und ihre Familien, die in der Bundesrepublik Deutschland stationiert sind, sowie die hier lebenden Amerikaner. Etwa 700 000 US-Bürger leben und arbeiten derzeit in der Bundesrepublik Deutschland. Es liegt an uns, ihnen unsere Kultur und Gesellschaft näherzubringen, damit sie nach ihrer Rückkehr als Mittler zwischen unseren Ländern wirken können. Der von der Bundesregierung bestellte Koordinator für die deutsch-amerikanische zwischengesellschaftliche, kultur- und informationspolitische Zusammenarbeit, Professor Weidenfeld, arbeitet an dafür geeigneten Programmen und Projekten.

Trotz der beiderseitigen Potentiale für deutsch-amerikanische Begegnungen und Erfahrungen, zu denen auch die Millionen von Touristen gerechnet werden können, die alljährlich den Atlantik überqueren, verdichten sich jedoch die Schwierigkeiten, einander zu verstehen. Es mehren sich die Zeichen, daß die jungen Generationen auseinanderdriften. Wachsende Amerikakritik in der Bundesrepublik Deutschland, eine schlechte Presse der Europäer in den USA, offenkundige Unterschiede der Perzeption in so vitalen Bereichen wie denen der politischen Führung, der Sicherheit, der Wirtschaft oder der europäischen Integration signalisieren eine offenbar abnehmende Bereitschaft, gemeinsame Probleme atlantisch zu definieren und zu lösen.

Dabei zeigen Umfragen auf beiden Seiten, daß die Völker und Menschen nach wie vor ganz überwiegend Sympathie füreinander empfinden. Aber es scheint, daß die Kinder und Enkel derer, die sich nach dem Kriege zu einer Schicksalsgemeinschaft bekannten, heute nicht mehr das gleiche lebhafte Interesse füreinander aufbringen, ja sogar die Notwendigkeit des Zusammenstehens nicht mehr in gleicher Weise erkennen. Obwohl die USA in Deutschland immer noch einen großen Freundschaftsbonus genießen, sind sie für viele nicht mehr das positive Modell, das sie in den 50er Jahren waren. Obwohl die Mehrzahl der Amerikaner Deutschland immer noch als einen seiner wichtigsten Verbündeten betrachtet, ist der Informationsstand der meisten über die Bundesrepublik Deutschland äußerst niedrig. Immer häufiger wird geklagt, daß die Institutionen der Amerikakunde diesseits und der Deutschland- und Europakunde jenseits des Atlantik nicht mehr genügend erfahrene Landeskenner hervorbringen, die den Dialog der Nachkriegsgeneration anregen und befördern können.

Eine Studie des »German Marshall Fund« hat dies illustriert. Nehmen wir nur das Beispiel der deutschen Sprache: Seit 1968 ist ihr Studium an den amerikanischen Universitäten um fast die Hälfte, an den High Schools um ein gutes Drittel zurückgegangen. Das bedeutet, daß in den High Schools heute nur noch ein Schüler von 50 Deutsch lernt, während einer von 20 Französisch und einer von 10 Spanisch studiert. Unter den Colleges und Universitäten bieten nur noch je drei von fünf Deutschunterricht an. Hier optieren bei den fünf führenden Fremdsprachen nur noch 15 Prozent der Studenten für Deutsch, während es 1960 noch 24 Prozent waren. Die Tendenz ist deutlich und für uns alle schmerzlich: Immer weniger Studenten interessieren sich für Deutschland, immer weniger Schüler lernen Deutsch.

Die modisch gewordene Kritik an Europa wird auch durch den derzeitigen Bucherfolg des Chicagoer Philosophieprofessors Allan Bloom nachdrücklich illustriert. Blooms Bestseller, »The Closing of the American Mind«, dessen Auflage eine halbe Million Exemplare längst überschritten hat, schreibt deutschen Denkern wie Nietzsche, Weber und Freud sowie den meisten der in die USA emigrierten deutschen Philosophen viel Schuld an dem angeblichen intellektuellen Niedergang der amerikanischen Universitäten zu. Mit dieser These hat er anscheinend einen Nerv getroffen. Die Zustimmung seiner Leser reflektiert eine von uns bisher wohl zu wenig gesehene Empfindlichkeit mancher Kreise gegenüber den europäischen Idealen intellektueller Offenheit und kulturellen Pluralismus, die nach Auffassung des Autors zu Wertrelativismus und Nihilismus führen müssen. Man mag zu Blooms Thesen und ihrem offenkundigen fundamentalistischen Hintergrund stehen wie man will – der deutsche Leser kann sich jetzt in deutscher Übersetzung ein eigenes Bild machen –, ihre offene Diskussion ist nötig. Eine Abkehr Amerikas von europäischen Werten, eine Rückkehr zu isolationistischen Strömungen wäre verhängnisvoll für die Atlantische Allianz und ihre Zukunft.

Auf jeden Fall müssen uns Tatsachen und realistische Prognosen zu denken geben. Da sind die demographischen Trends: Waren bis in die 60er Jahre noch vier Fünftel aller Amerikaner europäischen Ursprungs, werden es Ende dieses Jahrzehnts nur noch drei Viertel sein, und zu Beginn des nächsten Jahrhunderts nur noch zwei Drittel. Diese Entwicklung hat weitreichende Konsequenzen:

- Die künftig tonangebenden Mehrheiten geben Europa und seinen Traditionen – und damit auch den deutsch-amerikanischen Interessen – nicht mehr selbstverständlich die Priorität ihrer Aufmerksamkeit. Sie müssen dafür erst motiviert und überzeugt werden. Das ist eine gemeinsame europäische Aufgabe.
- Die wachsenden Minderheiten, insbesondere »Hispanics« und Asiaten, werden Amerikas Blick stärker nach Süden auf die eigene Hemisphäre und über den Pazifik nach Asien richten. Neben den transatlantischen wird mehr und mehr der transpazifische Dialog treten. Die Rekrutierung der amerikanischen Machteliten verlagert sich zunehmend von den Universitäten der Ostküste in Richtung Westen. Die Beschäftigung mit deutscher Sprache und Kultur droht damit noch mehr an Attraktivität und Nutzen zu verlieren, dies um so mehr, als die bisher tonangebende Schicht der Emigranten der Hitlerzeit und Deutschlandkenner der Nachkriegszeit von der Bühne abtritt.

Auch näherliegende, schon jetzt kräftig wirksame Faktoren werden zunehmend für den transatlantischen Austausch hinderlich, sie sind alle Frucht protektionistischer Tendenzen oder bürokratischer Verirrungen. Zum Beispiel: Neue Steuergesetze verschlechtern die Rahmenbedingungen für Stipendiaten und Förderorganisationen beider Länder. Strengere Einwanderungsgesetze bringen Nachteile für Studenten und Wissenschaftler. Neuregelungen für die gegenseitige Anerkennung von Zwischen- und Abschlußzeugnissen belasten unsere Wissenschaftsbeziehungen. Schließlich leiden Zusammenarbeit und Wissenstransfer zunehmend auch unter Behinderungen aus Sicherheits- oder Wettbewerbsgründen. Das Auswärtige Amt hat jetzt die Initiative ergriffen, um dieses ganze Paket von Beschwernissen mit der amerikanischen Regierung zu verhandeln.
Ziel muß es sein, die kulturelle und wissenschaftliche Kooperation vor Bürokratisierung zu bewahren, sie kontinuierlicher, systematischer und flächendeckender zu gestalten und ihre Mittel und Instrumente fortlaufend zu verbessern. Dazu gehört ebenso der weitere Ausbau des Netzes der den Austausch tragenden Institutionen. Auf unserer Seite sind ein Goethe-Institut in Washington, das zu den vorhandenen elf Instituten in Ann Arbor, Atlanta, Boston, Chicago, Cincinnati, Houston, Los Angeles, New York, San Francisco, Seattle und St. Louis hinzukommt, der weitere Ausbau dieser Institute und

mehr deutsche Gastlehrstühle an amerikanischen Universitäten vordringliche Wünsche.
Mehr Austausch, mehr institutionelle Fixpunkte – das kostet mehr Geld. Die Regierungen können das allein nicht schaffen. Schon jetzt leisten Stiftungen und Vereine hervorragende Beiträge. Auf deutscher Seite denke ich an die Bosch-Stiftung, die Stiftung Volkswagenwerk, die Atlantikbrücke und ähnliche Institutionen. Auf amerikanischer Seite erwähne ich den aus deutschen Mitteln finanzierten Marshall-Fund, die »Ford Foundation« und die »German Studies Association«. Viele der großen deutsch-amerikanischen Kulturereignisse, vor allem Gastspiele und Ausstellungen, sind ohne die kräftige Hilfe der Wirtschaft beider Länder gar nicht realisierbar. Namens der Bundesregierung sage ich dafür gern und ausdrücklich Dank.
Aber auch die staatlich finanzierte auswärtige Kulturpolitik muß neue Wege gehen. Noch stärker als bisher müssen wir uns bemühen, über die europäisch geprägte weiße Mittelschicht hinaus das gesamte ethnische, soziale und kulturelle Spektrum Amerikas anzusprechen. Wir müssen der Tatsache Rechnung tragen, daß die Kultur Amerikas der unseren sowohl verwandt als auch fern ist, daß wir also mit ihr nicht immer unmittelbar kommunizieren können, sondern uns ebenso bemühen müssen, ihr näherzukommen. Unser kulturelles Angebot für die heutige und morgige Generation von Amerikanern muß daher differenzierter und flexibler werden als bisher.
Überfällig sind positive Konsequenzen aus der fortschreitenden europäischen Integration. Aus Überzeugung und innerer Verbundenheit haben die Vereinigten Staaten den Prozeß europäischer Einigung nicht nur von Anfang an unterstützt, sie haben ihm auch wichtige Anstöße gegeben. Die bitteren Erfahrungen zweier Weltkriege und des dazwischen liegenden Isolationismus haben das amerikanische Volk überzeugt, daß seine eigene Wohlfahrt und sein eigener Friede auf eine gerechte und stabile Ordnung in Europa angewiesen sind. Amerikas Engagement in und für Europa war von Anfang an mit der Erwartung verbunden, daß dieses Europa mit wachsender wirtschaftlicher Kraft und politischer Stabilität in die Rolle eines verantwortungsbewußten Partners hineinwachse. Wir dürfen uns daher nicht wundern, daß die führenden Persönlichkeiten der USA uns Deutsche mehr und mehr als Teil, vielleicht sogar als Motor einer europäischen Union sehen.

Diesen Umstand sollten wir aktiv nutzen. Als Gegenbewegung gegen die pazifische Blickrichtung gilt es, Amerikas vitalem Interesse an dem europäischen Pfeiler der Allianz, an Sicherheit und Zusammenarbeit in und mit Europa, verstärkt eine kulturelle Dimension zu geben. In unserem Bemühen, in den USA ein umfassendes Bild des modernen Deutschland und Europas zu vermitteln, sollten wir nicht mehr nur national denken, sondern unseren Platz in Europa und unsere Rolle im europäischen Integrationsprozeß stärker verdeutlichen. Kenntnisse der deutschen Sprache vermitteln eben nicht nur einen Zugang zur deutschen Kultur, sondern auch zur Einigung Europas und zum Dialog zwischen West und Ost. Wenn wir also die deutsche Sprache und Deutschlandkunde in den Vereinigten Staaten fördern, so nicht allein als nationales Anliegen, sondern auch im Rahmen der europäischen Sprachen und der »European studies«. Indem wir so die europäische Wurzel Amerikas stärken, dienen wir zugleich der atlantischen Partnerschaft und unseren kulturellen Interessen. Unsere Sprache, die West- und Osteuropa überbrückt, und die Vielfalt unserer Kultur, die im Austausch mit unseren Nachbarn im Westen wie im Osten gewachsen ist, können nur profitieren, wenn wir sie in das existentielle Interesse Amerikas für Europa einbetten. Hier haben wir gleiche Interessen mit unseren westeuropäischen Freunden, selbst dort, wo wir uns bisher nur als Konkurrenten verstehen. So sind wir etwa dabei, im Gespräch mit unseren französischen Nachbarn zu entdekken, daß wir gemeinsam eine Strategie für den Ausbau des Fremdsprachenunterrichts in den USA entwickeln sollten, weil dies beiden helfen würde.

Der transatlantische Dialog ist ein ständiges Gespräch zwischen Partnern und Freunden. Über ethnische Herkünfte hinaus fußt er auf gemeinsamen Werten und gemeinsamen Interessen. Amerika entstand aus der Ideenwelt der europäischen Aufklärung. Uns verbinden Menschenrechte, Freiheit, Gleichheit und Demokratie. Diese Ideen und Ziele verlangen danach, nicht nur gepflegt, sondern gemeinsam fortentwickelt und angewandt zu werden. An jeder Generation liegt es, diese Aufgabe erneut zu übernehmen. Ich möchte an uns alle appellieren, uns dieser Aufgabe, jeder an seinem Platz, zu stellen. Denn wir müssen bedenken: Über unsere Zukunft, über die Zukunft des Westens überhaupt wird letztlich entscheiden, ob wir die existenzbegründende kulturelle Verbindung zwischen

Europa und den USA bewahren und bei der nachwachsenden Generation lebendig halten. In einer Zeit, in der die uns transatlantisch einende Bedrohung durch den weltrevolutionären Kommunismus zunehmend schwindet, geht es darum, die gemeinsame Freiheit als eigentlichen Wurzelgrund von Dialog, Zusammenarbeit und Freundschaft der Europäer und Amerikaner zu begreifen. Verstehen wir unsere Allianz als Lerngemeinschaft, führen wir den transatlantischen Dialog als einen ständigen Prozeß auf die gemeinsame Freiheit hin, bleiben wir offen für eine bessere Welt!

In diesem Sinne wünsche ich der Partnerschaft zwischen der Universität zu Köln und der Pennsylvania State University alles Gute zu ihrem Jubiläum und Glück und Erfolg für die weitere Arbeit.

Über die Systemgrenzen hinweg – Auswärtige Kulturpolitik mit den Staaten des Warschauer Pakts. Ein Vortrag vor Amerikanern – 1986 –

Als guter Deutscher beginne ich mit einer Definition. Ich muß nämlich das Wortungetüm »auswärtige Kulturpolitik« erläutern. Vor achtzig Jahren gab es diesen Begriff noch gar nicht, und in vielen amerikanischen Ohren klingt die Verbindung von »Kultur« und »Politik« heute noch schlecht. Meine US-Kollegen sprechen daher lieber von »public diplomacy«. Das erinnert an Wilsons Ablehnung der Geheimdiplomatie. Ob sie realistisch war, lasse ich gern offen. In der Tat gibt es aber in der Kulturabteilung des Auswärtigen Amts wenig Geheimakten. Was wir tun, ist öffentlich – mehr noch: es zielt auf die Öffentlichkeit, das große Publikum der anderen Länder, kurzum, auf Dialog und Zusammenarbeit der Menschen und Völker über die Grenzen hinweg.

Aber müssen sich Regierungen überhaupt um solchen Dialog, solche Zusammenarbeit kümmern? Und warum sollten sie das tun? Die Optimisten halten unsere Arbeit für unnötig, weil, wie sie sagen, die ganze Welt sowieso von einem immer dichter werdenden Kommunikations-Netzwerk überspannt wird, das die Menschen sozusagen automatisch einander näherbringt, sei es mit Hilfe des Fernsehens, sei es durch Weltreisen im Jet, sei es durch Telefon, Datenaustausch und andere Mittel der modernen Technologie. Mein Freund Rolf Breitenstein glaubt sogar, daß die Menschen sich dank der Entwicklung der Telekommunikation bald überhaupt nicht mehr aus ihrem Fernsehsessel erheben werden, und er sieht deshalb eine große Krise der Automobilindustrie voraus. Er und die anderen Kommunikations-Optimisten übersehen aber, daß die Welt nicht nur aus hochentwickelten Industriestaaten besteht und daß ein freier grenzüberschreitender Austausch von Informationen, Personen und Werken nur zustande kommt, wenn die Regierungen ihn zulassen, und das tun in dieser Welt nicht viele Regierungen.

Die Pessimisten wiederum meinen, internationaler Kulturaustausch könne gar nichts dazu beitragen, daß die Völker einander näherkommen, einander besser verstehen und also miteinander Frieden halten. Sie sehen die Welt als ein Feld ewigen Kampfs aller gegen alle, der am Ende nur durch Macht und Gewalt entschieden werde. In der geteilten Welt von heute, so fügen sie hinzu, sei alles dem gnadenlosen Kampf der Ideologien dienstbar – nicht nur Militär und Diplomatie, Industrie und Handel, sondern ebenso und sogar in besonderem Maße die Kultur, also Kunst und Literatur, Bildungswesen und Wissenschaft, Medien und freiwillige Vereinigungen vielerlei Art. Daran ist einiges gewiß richtig, doch möchte ich aus meiner Erfahrung daran festhalten, daß Friedenspolitik mehr ist als Machtpolitik und daß selbst eine scheinbar so machtvolle und monolithische Ideologie wie der Marxismus-Leninismus das natürliche Bedürfnis der Menschen nach Information über nahe und ferne Nachbarn, nach Dialog und Zusammenarbeit mit ihnen nicht dauerhaft unterdrücken kann.

Beiden, den Optimisten und den Pessimisten, entgegne ich also, daß die Regierungen den Bürgern sehr oft helfen müssen, Information, Dialog und Zusammenarbeit über die Grenzen hinweg zustande zu bringen und wo immer möglich zu erweitern – und daß es sehr sinnvoll ist, dies zu tun, solange die Menschen auf dieser Erde noch nicht sämtlich so frei und so wohlhabend sind, daß sie die Regierungen dafür wirklich nicht mehr brauchen. Darum wird die auswärtige Kulturpolitik bei uns oft die dritte Säule der Außenpolitik genannt, die gleichberechtigt neben Politik und Wirtschaft steht. Ich meine, sie ist sogar die modernste Form demokratischer Außenpolitik, weil sie Verständigung und Zusammenarbeit zwischen den Völkern fördert.

Keine Illusionen bitte – Kulturaustausch kann für sich genommen weder den Frieden sichern noch den Wettbewerb zwischen Kommunismus und freier Demokratie entscheiden. Aber er trägt zu beidem kräftig bei. In diesem Punkt berühren sich die Auffassungen von West und Ost, und dies ist der Ansatz für unsere Bemühungen um Kulturaustausch mit dem Osten.

Ein grundlegender Dissens besteht jedoch bei der Antwort auf die Frage, wie weit die Regierung die Kultur für politische Zwecke in Anspruch nehmen darf. Der frühere Kulturminister und jetzige stellvertretende Staatspräsident der Sowjetunion Demitschew verlangt von der sowjetischen Kulturpolitik ganz offen, sie habe »in maximaler Weise zum Verständnis der friedliebenden Politik der sozialistischen Bruderstaaten beizutragen und den militaristischen Kurs der reaktionären Kreise in den USA aufzudecken«. Immer

größere gesellschaftliche Kreise müßten für Frieden, Demokratie und sozialen Fortschritt mobilisiert werden (Zitat aus »Kommunist«, Juli 1984). Hier wird der fundamentale Unterschied zwischen unserer freien Demokratie und dem »entwickelten Sozialismus« deutlich: Bei uns sind Kultur, Wissenschaft, Medien und gesellschaftliche Organisationen frei, dort sind sie der Aufsicht und Leitung durch die Regierung oder die herrschende Partei unterworfen.
Die auswärtige Kulturpolitik der Bundesrepublik Deutschland wie aller freien Demokratien unterscheidet sich deshalb grundlegend von der auswärtigen Kulturpolitik der Warschauer-Pakt-Staaten, zum Beispiel der DDR. Sie präsentiert dem Ausland nicht eine der Regierung genehme Auswahl von Kunstwerken, Wissenschaftlern, Fernsehproduktionen oder Jugenddelegationen, sondern sie läßt möglichst alle Stimmen zu Wort kommen.
Ihre Programme werden deshalb in der Regel nicht unmittelbar vom Auswärtigen Amt oder den Botschaften durchgeführt, sondern von einer großen Zahl nichtstaatlicher Organisationen (non-governmental organisations). Diese Vielfalt wirkt oft verwirrend und ist unter bürokratischen Gesichtspunkten nicht sehr praktisch. Aber sie spiegelt die pluralistische Vielfalt und Offenheit unserer demokratischen Gesellschaft und ist deshalb wichtig, auch und gerade im Austausch mit Ländern, in denen alles, auch die Kultur, zentral durch Partei und Regierung gesteuert wird.
Ich möchte allerdings hinzufügen, daß sie ihren Preis hat. Die Regierungen der Staaten des Warschauer Pakts, die solche Vielfalt und Autonomie im eigenen Land keineswegs einzuführen gedenken, verstehen sich sehr gut darauf, sie in demokratischen Ländern für ihre Zwecke zu nutzen. Ihre Botschafter in Bonn haben es sehr leicht, ihre kulturelle Exportware bei vielen Partnern an den Mann zu bringen, ohne auch nur das Auswärtige Amt zu fragen. Unsere kulturelle Botschaft an ihre Völker muß dagegen fast stets das enge Nadelöhr der zentralen Regierungsbehörden passieren, hat es also viel schwerer, ihre Empfänger zu erreichen. Doch gibt es da eine ausgleichende Gerechtigkeit: das Interesse der »sozialistischen« Bürger an den kulturellen Botschaften aus dem kapitalistischen Ausland ist durchweg so groß, daß wir schließlich doch zufrieden sein können.

Als Teil, als »dritte Säule« der Außenpolitik der Bundesrepublik Deutschland ist ihre auswärtige Kulturpolitik auf deren langfristige Ziele hin orientiert. Sie trägt zur europäischen Integration und zur atlantischen Partnerschaft bei. Sie fördert mit ihren Programmen die Zusammenarbeit mit Asien, Afrika und Lateinamerika. Und nicht zuletzt ist sie Teil der realistischen Entspannungspolitik, die wir gemeinsam mit unseren Verbündeten gegenüber den Staaten des Warschauer Pakts betreiben. Diese Politik ist nunmehr zwanzig Jahre alt, hat etliche Erfolge erreicht und ist durch mancherlei Krisen erschüttert worden. Ihr Ziel ist nicht, wie manche meinen, die Auflösung des Gegensatzes zwischen West und Ost in einen »dritten Weg«. Sie will vielmehr auf der Grundlage eines annähernden militärischen Gleichgewichts den Frieden durch wachsende Zusammenarbeit in Politik, Wirtschaft und Kultur sichern und durch diese Zusammenarbeit die Menschen und Völker einander näherbringen. Das bedeutet auch: Das spannungsreiche Verhältnis zwischen West und Ost, Demokratie und Kommunismus ist nicht auf Sicherheitsfragen beschränkt, so wichtig sie sind und so sehr wir einen Erfolg der Verhandlungen über Abrüstung und Rüstungskontrolle wünschen. Ebensowenig kann und darf es auf die Beziehungen zwischen den beiden Weltmächten reduziert werden, so fundamental auch ihre Bedeutung für den Weltfrieden ist. Vielmehr geht es um das ganze Feld internationaler Beziehungen und um alle Staaten, die am Ost-West-Konflikt teilhaben.

Ausdruck dieser Erkenntnis ist die Schlußakte von Helsinki. Eine Steigerung des Austauschs auf den Gebieten von Kultur, Bildung und Information trägt, so haben es die 35 Teilnehmerstaaten der Konferenz über Sicherheit und Zusammenarbeit 1975 in der Schlußakte vereinbart, »zur Stärkung des Friedens und der Verständigung zwischen den Völkern und zur geistigen Bereicherung der menschlichen Persönlichkeit« bei. Die Bundesregierung will in diesem Sinne durch die kulturelle Zusammenarbeit mit den Staaten des Warschauer Pakts:

1. Dialog, Zusammenarbeit und menschliche Kontakte über politische und ideologische Grenzen hinweg fördern;
2. grenz- und systemüberschreitenden freien Austausch von Menschen aller Altersstufen, von kulturellen Gütern und von Ideen erleichtern und diesem Austausch entgegenstehende Hindernisse abbauen;

3. die künstlerischen und wissenschaftlichen Beziehungen zwischen West und Ost intensivieren;
4. größere Freizügigkeit für die Menschen und stärkere Durchlässigkeit der Grenzen im Interesse von Verständigung und Vertrauensbildung erreichen,
5. und dabei der besonderen kulturellen Rolle Deutschlands und der Deutschen in der Mitte Europas gerecht werden, und zwar auf der Grundlage der ungeteilten deutschen Nationalkultur.

Worin besteht diese besondere Rolle Deutschlands und der Deutschen? Schon auf den ersten Blick zeigt sich, daß die Deutschen als einziges Volk Europas auf beiden Seiten der Systemgrenze leben, die seit dem Ende des Zweiten Weltkriegs Europa und Deutschland teilt. Das ist eine schwere Last, aber auch eine große Chance, wenn es um kulturelle Zusammenarbeit über diese Grenze hinweg geht. Auf den zweiten Blick wird die Tatsache sichtbar, daß wir Deutschen unter allen im Atlantischen Bündnis vereinten Völkern und Staaten die intensivsten, historisch tiefsten kulturellen Beziehungen zu den Völkern haben, die in den Staaten des Warschauer Pakts einschließlich der Sowjetunion leben. Den Historikern unter uns fallen dazu sofort die Stichworte ein: die Hanse, jener mittelalterliche Städtebund, der lange den Handel mit Rußland und Polen beherrschte, dann die deutsche Siedlungsbewegung, die vom 13. bis in das 19. Jahrhundert dauerte mit der Folge, daß deutsche Minderheiten heute noch in Ungarn, Rumänien, Polen und der Sowjetunion leben, ferner die heute zwar reduzierte, aber immer noch wichtige Rolle der deutschen Sprache als Handels- und Bildungssprache in ganz Mittel-, Südost- und Osteuropa. Enge künstlerische, literarische und wissenschaftliche Verbindungen bestehen seit Jahrhunderten hin und her. Sie haben nicht nur die Nationenkonflikte des 19. und 20. Jahrhunderts überdauert, sondern sogar die Terrorherrschaft Hitlers und seiner Paladine, deren Vernichtungspolitik sich vor allem gegen die jüdische, polnische und russische Intelligenz richtete.

In der Mitte Europas lebend, waren die Deutschen in den beiden deutschen Staaten und ebenso, sogar noch stärker, die Österreicher seit jeher Vermittler zwischen den europäischen Nationalkulturen, zwischen Nord und Süd, West und Ost. Daraus erwächst ihre besondere Aufgabe auch für die Gegenwart und Zukunft. Das hat nichts mit Neutralismus zu tun. Die Bundesrepublik Deutschland ist im westlichen Bündnis und in der Europäischen Gemeinschaft fest

verankert. Sie ist ein stabiler Pfeiler im Westen; ihre Politik, auch ihre Ostpolitik, ist und bleibt berechenbar. Doch ebenso ist ihr Platz in der Mitte Europas unverrückbar. Das bleibt, wie seit Jahrhunderten, Deutschlands Chance und Schicksal.
Daraus ergibt sich unser dauerhaftes Interesse an einer Politik des Dialogs, des Austauschs und der Zusammenarbeit mit der Sowjetunion und unseren östlichen Nachbarn. Die loyale Mitarbeit in der Atlantischen Allianz ermöglicht es uns, unsere Stimme bei der Formulierung einer gesamtwestlichen Politik des Dialogs und der Entspannung mit dem Osten nachdrücklich zur Geltung zu bringen.

Nach dem Zweiten Weltkrieg, der harten deutschen Besatzungsherrschaft und der Einverleibung der östlichen Hälfte Europas bis zur Elbe in den sowjetischen Machtbereich schien die Tradition enger deutscher Beziehungen zu den Völkern Mittel-, Südost- und Osteuropas allerdings zunächst unterbrochen. Auch die DDR hatte ihre Schwierigkeiten mit ihren Alliierten. Immerhin gründete sie schon bald Kulturinstitute in Warschau, Prag, Budapest und Sofia, über die eine freilich einseitige Auswahl deutscher Kultur und die deutsche Sprache erneut angeboten und von ihren Partnern gern aufgenommen wurden. Aus der Bundesrepublik Deutschland wurden etwa ab Mitte der fünfziger Jahre vorsichtig erste Fäden gesponnen, vor allem unter den Wissenschaftlern.
Doch blieb die Bundesrepublik lange Zeit in erster Linie Gegner, der einer steten propagandistischen Verteufelung als »imperialistischer und revanchistischer Hort des Kapialismus« ausgesetzt war. Auch wirkte die fast totale Abschottung der »sozialistischen Staaten« in der Stalin-Ära gegen den »dekadenten Westen« noch lange nach, sichtbar bis heute zum Beispiel in der Weigerung fast aller Partei- und Kulturbürokratien im Warschauer Pakt, nicht-realistische Kunst aus dem Westen in ihre Länder einzulassen. Immerhin gab es schon in den sechziger Jahren einen langsam wachsenden Wissenschaftler-Austausch, Bücherspenden, Reisen von Schriftstellern, erste Ausstellungen und Gastspiele. Auf welch schwankendem Boden dieser Austausch stand, zeigte sich 1968, als die kulturelle und damit politische Öffnung der Tschechoslowakei nach Westen, also der »Prager Frühling«, durch den Einmarsch der Truppen des Warschau-

er Pakts im August jenes Jahres jäh und brutal fast vollkommen unterbrochen wurde.

Das änderte sich mit dem Abschluß des Moskauer Vertrags von 1970 und der übrigen Verträge mit unseren osteuropäischen Nachbarn. Mit ihnen wurde ein grundlegender Schritt zur Verbesserung der deutsch-sowjetischen Beziehungen und unserer Beziehungen mit den osteuropäischen Staaten getan. In der Frage der territorialen Ordnung, die während des Kalten Krieges die Diskussion beherrschte, wurden durch diesen Vertrag und die anderen Ostverträge Regelungen gefunden, die es erlaubten, ein wesentliches Hindernis für den Ausbau der deutsch-sowjetischen Beziehungen und das West-Ost-Verhältnis zu beseitigen. Diese Verträge bilden nach wie vor die Grundlage für die Politik der Bundesregierung. Sie enthalten auch Bestimmungen über die Förderung der kulturellen Zusammenarbeit und des kulturellen Austausches. Im Anschluß an die Grundsatzverträge mit den osteuropäischen Staaten konnten daher in der Zeit von 1973 bis 1979 mit allen Staaten des Warschauer Paktes außer der DDR Kulturabkommen abgeschlossen werden. Damit eröffnete sich die Hoffnung, nach einer Phase stiller Vorbereitung in die Tiefe und in die Breite, in die Öffentlichkeit wirken zu können. Der Moskauer Vertrag vom 12. August 1970 und das Vier-Mächte-Abkommen über Berlin vom 3. September 1971 machten zunächst den Weg frei für ein Kulturabkommen zwischen der Bundesrepublik Deutschland und der Sowjetunion. Es wurde am 19. Mai 1973 in Bonn anläßlich des Breschnew-Besuchs unterzeichnet.

Es enthält eine Berlin-Klausel, die besagt, daß entsprechend dem Vier-Mächte-Abkommen vom 3. September 1971 dieses Kulturabkommen in Übereinstimmung mit den festgelegten Verfahren auf Berlin (West) ausgedehnt wird, die sogenannte Frank-Falin-Klausel. Doch nach einer hoffnungsvollen Zwischenphase wurden schon Ende der 70er Jahre die grundlegenden Probleme deutlich: Nach wie vor zentrale Steuerung und Kontrolle auf der anderen Seite durch Staat und Partei, grundsätzliche Zustimmung zur Zusammenarbeit, jedoch deutliche Zurückhaltung bei der Ausarbeitung der in den Kulturabkommen vorgesehenen Zwei-Jahres-Programme. Außerdem entstanden trotz der Frank-Falin-Klausel Schwierigkeiten bei der tatsächlichen Einbeziehung von Berlin, d. h. des Berliner kulturellen Potentials sowie der kulturellen Bundesinstitutionen mit Sitz in Berlin. Es wurde deutlich: Es kommt auf die praktische Realisie-

rung des Kulturaustausches, nicht allein auf juristische Anspruchsgrundlagen und Texte an. Und sie bleibt schwierig.
Das gilt für alle Staaten des Warschauer Pakts, mit denen wir nach dem Abkommen mit der Sowjetunion ebenfalls Kulturabkommen schlossen, zuletzt 1979 mit der Tschechoslowakei und erst 1986 – ich komme darauf zurück – mit der DDR. Zwei Faktoren spielen dabei eine besondere Rolle. Zum einen folgte der Hochblüte der Entspannungspolitik ab Mitte der siebziger Jahre eine erneute Abkühlung des allgemeinen Ost-West-Verhältnisses: Zum anderen erkannten die kontrollierenden Bürokratien der »sozialistischen« Staaten, daß der Ausbau des Kultur-, Informations- und Wissenschaftsaustauschs zwischen West und Ost, wie ihn die KSZE-Schlußakte vorschreibt, im ganzen gesehen mehr dem Westen als dem Osten zugute kommt.
Manche Kritiker dieses Austausches im Westen sehen das anders. Sie glauben, daß vor allem der Wissenschaftsaustausch einseitig den technologisch rückständigen Volkswirtschaften des Warschauer Pakts zugute komme, und sie würden ihn deshalb lieber drosseln als ausdehnen. Unbestreitbar hat dieser Austausch ein gewisses Maß an Technologietransfer von West nach Ost zur Folge, und unbestreitbar ist auch, daß der Osten aus diesem Grund den Austausch im Bereich der Naturwissenschaften und der Technik bevorzugt, während er an den Geistes- und Sozialwissenschaften wenig interessiert ist.
Doch kommt es auf die Gesamtbilanz an. Sie zeigt – und ich weiß, daß meine sowjetischen Kollegen das auch so sehen –, daß im Kulturaustausch zwischen West und Ost mehr Ideologietransfer als Technologietransfer erfolgt und daß im Bereich der Ideologie der Osten sich deutlich in der Defensive befindet. Die gelegentlichen prunkvollen und erfolgreichen Ausstellungen, mit denen die »Revolutionäre« von ehedem das von ihnen übernommene Kulturerbe der feudalistischen und bürgerlichen Ära im Westen vorzeigen, ändern daran nicht viel. Wir riskieren wenig, wenn wir unsere Länder der kulturellen Botschaft aus dem Reich des »Sozialismus« freizügig öffnen. Die andere Seite glaubte bisher, daß sie mit einer vergleichbaren Öffnung zu viel riskiere, und wagte sie deshalb bis jetzt nicht.
Andererseits gibt es keine Rückkehr zur Stalin-Ära. Hoffnungsvoll stimmt, daß in der Ära Gorbatschow nach den Erstarrungen der späten Breschnew-Zeit eine neue Beweglichkeit auch und gerade im Kulturleben der Sowjetunion sichtbar geworden ist. Vor unseren

Augen schmilzt das einst so eherne Dogma des »sozialistischen Realismus« dahin. Kulturelle Öffnung zum Westen ist kein Tabu mehr. Polen und Ungarn bewegten sich längst auf diesen neuen Pfaden. So eröffnen sich dem Kulturaustausch neue Chancen, die wir nach besten Kräften nutzen, zum Beispiel indem wir wirklich moderne Malerei aus der Bundesrepublik Deutschland präsentieren. Hoffnungsvoll stimmt auch, was im Herbst 1985 auf dem KSZE-Kulturforum in Budapest geschah. Nach den Regeln der klassischen Diplomatie gilt dieses Forum vielen als Mißerfolg, weil sich die 35 Delegationen nicht auf ein Schlußdokument einigen konnten. Aus unserer Sicht hat Bundesaußenminister Hans-Dietrich Genscher nachdrücklich darauf aufmerksam gemacht, wie wichtig das Forum als solches war, seine Diskussionen, die Vielzahl der Vorschläge zum Ausbau des Austausches und die Fülle der persönlichen Begegnungen zwischen den dort versammelten Künstlern und Kunstvermittlern, die mit Sicherheit zu neuen Impulsen führen werden. Kultur wird nicht durch Resolutionen bewegt, sondern durch Menschen. Ihre Begegnung in Budapest wird noch lange nachwirken. Weitere Begegnungen dieser Art wären sinnvoll.
Auf dem nächsten KSZE-Folgetreffen in Wien, das jetzt beginnt, haben wir erneut Gelegenheit, mit den Staaten des Warschauer Pakts nicht nur über die Erfüllung der bisherigen Verpflichtungen zu debattieren, sondern auch über die Fortführung und Intensivierung der kulturellen West-Ost-Beziehungen zu sprechen. Wir sind dabei, zusammen mit unseren Partnern im Kreise der Europäer und des westlichen Bündnisses, also auch der USA, dazu konkrete Vorschläge auszuarbeiten. Zu ihnen gehört etwa ein von uns schon in Budapest gemeinsam mit westlichen und neutralen Partnern vorgelegter Beschlußentwurf, wonach alle 35 KSZE-Teilnehmerstaaten sich verpflichten, Kulturinstituten anderer Staaten in ihrem Land eine freie Tätigkeit zu erlauben.
Auch an dieser Stelle muß ich warnend hinzufügen: Keine Illusionen bitte. Der Weg zu einem wirklich freien Kulturaustausch zwischen West und Ost ist noch sehr lang. Der Alltag ist von mühsamer Normalität bestimmt.
Zwar existieren die Kulturabkommen als Rahmenabkommen, doch nur mit Rumänien, das uns bislang als einziges Land des Warschauer Pakts auch die Errichtung eines Kulturinstituts erlaubte, konnten wir die zu der Ausfüllung der Kulturabkommen erforderlichen

Tätigkeitsprogramme abschließen, die jeweils für zwei Jahre gelten. Der wichtigste Grund: Von östlicher Seite wurde bislang eine Politik betrieben, die darauf abzielte, die Berlin-Klausel des jeweiligen bilateralen Kulturabkommens zu unterlaufen und Berlin (West) aus dem offiziellen Kulturaustausch zwischen der Bundesrepublik Deutschland und den östlichen Staaten auszunehmen. Wir halten jedoch daran fest: Grundlage der offiziellen Kulturbeziehungen mit diesen Staaten müssen die bilateralen Regierungsabkommen über kulturelle Zusammenarbeit bleiben. Berlin muß als untrennbarer Bestandteil unseres Kulturlebens in den offiziellen bilateralen Kulturaustausch in Übereinstimmung mit der Berlin-Klausel in den Kulturabkommen sowie mit den einschlägigen Passagen des Vier-Mächte-Abkommens über Berlin tatsächlich einbezogen sein.

Bei dem Besuch von Bundesminister Genscher in Moskau im Juli 1986 wurde zunächst im Bereich der wissenschaftlich-technischen Zusammenarbeit, nach langen Jahren der Stagnation in diesen Fragen, eine für uns befriedigende Berlin-Regelung getroffen. Sie kann aber als Modell auch für den Kulturaustausch dienen. Noch in diesem Herbst wird darüber verhandelt werden, ob dieses Modell für den Kulturaustausch zwischen beiden Ländern übernommen wird und damit künftig Zwei-Jahres-Programme für diesen Austausch abgeschlossen werden können. Ein Erfolg wäre beispielhaft für unsere Kulturbeziehungen mit den übrigen Staaten des Warschauer Pakts. Noch ist aber eine Menge Arbeit zu leisten, bis die Voraussetzungen dafür geschaffen sind, daß nach einer Phase der Stagnation eine zweite Periode der Expansion des Kulturaustauschs beginnen kann.

Die Zwischenbilanz von fast zwei Jahrzehnten kultureller Ostpolitik der Bundesregierung bleibt also zwiespältig. Auf der einen Seite ist der Austausch sowohl in Kunst und Literatur als auch in Bildungswesen und Wissenschaft insgesamt gewachsen. Auch die Zusammenarbeit der bei uns von der Regierung bekanntlich unabhängigen Fernsehanstalten hat praktische Resultate. In fast allen Staaten des Warschauer Pakts veranstalten wir von Zeit zu Zeit Kulturwochen der Bundesrepublik Deutschland, um die nicht vorhandenen Kulturinstitute ein wenig zu ersetzen. In vielen Einzelfällen ist es auch gelungen, Berlin in den Austausch einzubeziehen.

Aber auf der anderen Seite bleibt das Niveau des Austauschs relativ niedrig, sowohl im Verhältnis zu seiner traditionellen Dichte als

auch im Vergleich zu den Kulturbeziehungen mit westlichen Ländern. Aufschlußreich sind einige Zahlen aus dem Kulturhaushalt des Auswärtigen Amts. Im Jahre 1984 erreichten die Ausgaben für den Austausch mit den USA 6,7 Prozent des Gesamtvolumens, mit der Sowjetunion nur 0,4 Prozent. Oder Frankreich und Polen: 4,0 Prozent für die einen, 1,2 für die anderen. Der Aufwand der Sowjetunion und ihrer Verbündeten für den Austausch mit uns liegt vermutlich wesentlich höher, vor allem weil ihre kulturellen Vorhaben im engeren Sinn des Wortes in der Bundesrepublik Deutschland, also Kultur- und Filmwochen, Ausstellungen, Vorträge und Gastspiele, sehr viel umfangreicher sind als unsere Vorhaben bei ihnen. Dieses Ungleichgewicht ist die Folge von Offenheit hier, bürokratischer Kontrolle dort. Wir hoffen es wenigstens zu verringern, wenn wir künftig Zwei-Jahres-Programme abschließen können.
Am besten entwickelt ist der gegenseitige Austausch im Bereich der Musik, der vielfach auch ohne Staatshilfe sehr gut läuft, am schlechtesten der Jugendaustausch, der in fast jedem Fall staatliche Subvention braucht – hier bildet Polen eine bemerkenswerte positive Ausnahme. Es gibt aber offenbar immer noch Funktionäre, die nach einer Skala zunehmender Gefährlichkeit genehmigen oder verweigern: Töne ungefährlich, Bilder zuweilen bedenklich, Worte schon ziemlich subversiv, Personen ganz unberechenbar und deshalb unwillkommen. Ich gebe indes die Hoffnung nicht auf, daß auch solche Funktionäre in den Hauptstädten des Warschauer Pakts zunehmend durch moderner denkende Nachfolger ersetzt werden.
Wir jedenfalls werden in unseren Anstrengungen nicht nachlassen. Allein im bevorstehenden Halbjahr werden wir kulturpolitische Verhandlungen oder Konsultationen nicht nur mit der Sowjetunion führen, sondern parallel dazu mit Polen, der CSSR, Rumänien, Bulgarien. Mit Ungarn verhandeln wir außerdem seit kurzem über die Gründung eines Kulturinstituts der Bundesrepublik Deutschland, also eines Goethe-Instituts, in Budapest, doch ist noch offen, wann diese Verhandlungen abgeschlossen werden können.
Diese regelmäßigen Kontakte haben uns viererlei gelehrt. Erstens: So wie die Dinge liegen, müssen wir den Weg über die zentralen Regierungen gehen, wenn wir den Austausch und die Zusammenarbeit erweitern wollen. Sie achten sehr genau darauf, daß wir nicht durch die Hintertür ihr Haus betreten. Zweitens: Die Bereitschaft, mit der Bundesrepublik Deutschland zusammenzuarbeiten, wächst,

selbst in der Tschechoslowakei, die noch immer unter dem Trauma von 1968 leidet. Wir antworten darauf so positiv, wie wir können. Drittens: Hinderlich sind oft nicht nur altmodische Funktionäre und ihre ideologische Starrheit, sondern auch die Ebbe in den öffentlichen Kassen von West und Ost und, was den Osten betrifft, der ernsthafte Devisenmangel. Und viertens: Es gibt deutliche Unterschiede der Aufgeschlossenheit zwischen den einzelnen Staaten des Warschauer Pakts – Ungarn und Polen vorne, Rumänien und die Sowjetunion ziemlich weit dahinter, die anderen irgendwo in der Mitte. Aber wir sollten der Versuchung widerstehen, die einen gegen die anderen auszuspielen, etwa gar die kleineren Staaten gegen die Sowjetunion. Die kulturelle Westpolitik der Staaten des Warschauer Pakts wird nach wie vor unter ihnen eng koordiniert. Schon deshalb gibt es Fortschritte auf die Dauer immer nur im Geleitzug. Natürlich gilt das auch umgekehrt: Auch wir konsultieren mit unseren wichtigsten Verbündeten regelmäßig über ihre und unsere kulturelle Ostpolitik, die von uns allen zwar mit unterschiedlicher Intensität und gelegentlich auch verschiedenen Taktiken, aber doch im Kern mit dem gleichen Ziel betrieben wird. Denn auch hier ist unser Prinzip, daß sich Alleingänge nicht empfehlen, und daß wir gemeinsam stärker sind.

Ein besonderer Blick soll zum Abschluß der DDR gelten. Der andere Staat in Deutschland ist für uns nicht Ausland, der Kulturaustausch mit ihm deshalb nicht Teil unserer auswärtigen Kulturpolitik, sondern ein bedeutsames Feld der innerdeutschen Beziehungen. Zugleich ist die DDR aber ein gewichtiges Mitglied des Warschauer Pakts. Darum hat das am 6. Mai 1986 abgeschlossene Kulturabkommen zwischen den beiden Staaten in Deutschland auch für die auswärtige Kulturpolitik unseres Landes gegenüber den Staaten des Warschauer Pakts insgesamt eine offenkundige Bedeutung.
Das Abkommen, über das dreizehn Jahre lang mit Unterbrechungen verhandelt worden ist, war vor seinem Abschluß in der Öffentlichkeit der Bundesrepublik Deutschland umstritten. Würde es den lebendigen kulturellen Austausch über die innerdeutsche Grenze hinweg nicht eher behindern als fördern, indem es diesen Austausch ganz unter Regierungskontrolle bringt? Wozu überhaupt ein Ab-

kommen über Kultur zwischen den Staaten innerhalb der einen, ungeteilten deutschen Kulturnation? Würde es nicht die These der DDR bestätigen und festigen, daß es zwei deutsche Kulturen gibt, eine sozialistisch-fortschrittlich, die andere kapitalistisch-dekadent?

Zweifellos waren solche kritischen Fragen verständlich. Sie sind aber mittlerweile fast verstummt. Das Abkommen selbst gibt keine Antwort auf die Frage, ob die deutsche Kultur geteilt oder ungeteilt ist. Das war nicht anders zu erwarten. So wie der Dissens im Vier-Mächte-Abkommen von 1971 zwischen der Sowjetunion und den drei westlichen Mächten über Berlin und seine Verbindungen zur Bundesrepublik nicht aufgehoben, sondern durch einen Formelkompromiß überbrückt wurde, so wird auch der Dissens zwischen Bonn und Ostberlin über Einheit oder Spaltung der deutschen Kulturnation weiter ausgetragen werden müssen. Die ersten im Rahmen des neuen Abkommens durchgeführten Vorhaben wie zum Beispiel der Theateraustausch zwischen Düsseldorf einerseits, Leipzig und Dresden andererseits sind aber in ihrer Wirkung eindeutig: Sie festigen das Bewußtsein gemeinsamer Geschichte und Kultur, gemeinsamer Sprache und Literatur, das für den Fortbestand der deutschen Nation so entscheidend ist.

Deutschland ist eben *eine* Kulturnation. Deutschland ist ungeteilt in seiner Kultur. Luther, Bach, Händel, Goethe, Herder, Marx – um nur einige Namen zu nennen – sind Deutsche, nicht Ost- oder Westdeutsche. Die in vielem übereinstimmende Würdigung Friedrichs des Großen und Preußens durch Ost und West im August 1986, zum 200. Todestag des Preußenkönigs, zeigt, wie sehr die gemeinsame Geschichte der beiden deutschen Staaten auch heute, noch vierzig Jahre nach der Trennung, die Nation zusammenhält und bestimmt. Weder wir noch die DDR haben ein Monopol auf die großen deutschen Traditionen, etwa Preußens, der Weimarer Klassik, der Freiheits- und der Arbeiterbewegung in Deutschland.

Nichts anderes gilt für die kulturelle Gegenwart, für Theater und Literatur, Malerei und Musik. Da gibt es nach wie vor auch harte Auseinandersetzungen, die immer wieder bis zur Emigration von Schriftstellern und Künstlern aus dem unfreien in das freie Deutschland führen, und offensichtliche Unterschiede, zum Beispiel der politischen Sprache. Es gibt aber auch einen weitgehend freien Informationsfluß durch den fast überall in der DDR möglichen

Empfang des West-Fernsehens, durch Brief, Telefon und Besuchsreisen, gestützt auf millionenfache Familienbande, und es gibt die sichtbar wachsende Bereitschaft der Verantwortlichen in der DDR, die Orthodoxie der Ulbricht-Ära aufzugeben und dem Wunsch ihrer Bürger nach mehr deutscher Gemeinsamkeit Rechnung zu tragen. Daß im letzten Jahr eine seriöse Bismarck-Biographie aus der Feder eines DDR-Historikers gleichzeitig in beiden Staaten erschien, ist dafür ein besonders bemerkenswertes Zeichen.
Wir betrachten deshalb auch den kulturellen Wettbewerb zwischen der Bundesrepublik und der DDR in dritten Ländern mit Gelassenheit und Zuversicht. Wir haben die bei weitem besseren Karten, geistig und materiell. Seit langem behindern wir die kulturellen Aktivitäten der DDR in anderen Ländern nicht, zumal dann, wenn sie auf die Lehre und Verbreitung der uns gemeinsamen Sprache gerichtet sind. Umgekehrt erwarten wir von ihr, daß sie uns keine Steine auf den Weg wirft. Anders als in den sechziger Jahren, ist das heute auch im größten Teil der Welt so, ausgenommen bei den Verbündeten der DDR, also vor allem den Staaten des Warschauer Pakts. Unter anderem am Widerspruch der DDR scheiterten bisher – außer in Rumänien – unsere Bemühungen, Kulturinstitute der Bundesrepublik Deutschland zu gründen. Auch das sollte sich, so ist zu hoffen, jetzt nach dem Abschluß des deutsch-deutschen Kulturabkommens ändern.

Nach diesem Rundblick über die komplizierte europäische und deutsche Landschaft eine Schlußbemerkung. Alles, was ich Ihnen vortragen durfte, zeigte deutlich, daß der Kulturaustausch zwischen West und Ost ein Teil der Auseinandersetzung des Wettbewerbs der Systeme ist. Dieser Wettbewerb soll friedlich sein und bleiben, aber er wird – so sagen unsere kommunistischen Austauschpartner – im Zeichen der friedlichen Koexistenz geradezu verschärft. Diese Herausforderung sollen und können wir annehmen. Die freie, die offene Gesellschaft ist stärker als ihre Feinde, um Sir Karl Popper zu zitieren. Aber wer entscheidet in diesem Wettbewerb über Gewinn und Verlust? Die Antwort lautet: nicht die Regierungen, nicht die Ideologen und Propagandisten, sondern die Bürger in Ost und West. Ich bin sicher, daß diese Entscheidung bei ihnen in guten Händen ist.

Dritter Teil
Zusammenarbeit mit der Dritten Welt – Ferne Kulturen einander näherbringen

Dialog der Kulturen: Haben wir ihn gelernt? – 1985 –

Die Erinnerung geht zwar nicht um fünfundzwanzig Jahre zurück, aber fast so weit: zur Arbeitstagung der Friedrich-Naumann-Stiftung über »Bildungshilfe für Entwicklungsländer«. Sie versammelte im November 1962 über hundert Fachleute und solche, die es werden wollten, im Kurhaus zu Baden-Baden. Gustav Adolf Sonnenhol, einer der Pioniere des neugegründeten Bundesministeriums für wirtschaftliche Zusammenarbeit, stellte zu Beginn in der Form eines Zitats spanischer Herkunft die entscheidende Frage: »Für welche Art Gesellschaft muß man erziehen? Und welche Art Mensch muß man als zukünftiges Glied einer derartigen Gesellschaft ausbilden?« Und er schloß: »Wir wollen ihnen – den Menschen in den Entwicklungsländern – nicht unser unvollkommenes Modell aufdrängen; sie haben andere Vorstellungen vom Sinn des Lebens und dem Wert des Individuums als wir. Aber die Konfrontation mit einem guten Bild unserer Welt, in der die Freiheit einen Platz hat, während sie in der des Ostens dogmatisch ausgeschlossen ist, kann eines Tages fruchtbar werden, da auch diese Völker im Innern auf Freiheit angelegt sind. Und vielleicht erhalten wir in ferner Zukunft einmal Dank in Gestalt einer Läuterung unserer seelenlosen Industriewelt durch Menschen, die ihr nicht innerlich verhaftet sind.«

Das könnte auch heute, fast eine Generation später, gesagt werden. Den Pionieren deutscher Entwicklungspolitik, die sich in Baden-Baden versammelt hatten, war die Spannung voll bewußt, die sich in den Gesellschaften der Entwicklungsländer aufstaut – hier der Anspruch darauf, am Reichtum der Welt voll teilzuhaben und sich dafür in Industriegesellschaften zu verwandeln, und dort die Beharrungskraft ihrer überlieferten Kulturen und traditionellen Verhaltensweisen.

Gerd Brand, gerade erst als Kurator der Deutschen Stiftung für Entwicklungsländer berufen, zog als letzter Redner der Tagung daraus die Konsequenz: »Wir müssen versuchen, weil die Welt faktisch eine Welt ist, die dissoziativen Beziehungen, die zum großen Teil das Leben der Völker untereinander bestimmen, langsam zu assoziativen umzugestalten.« Eine so orientierte Entwicklungspolitik müsse sich an einem Kriterium ausrichten, das bewußt oder unbewußt das Entwicklungsstreben der Menschen bestimme: »Ich bin der festen Überzeugung, daß dies nur die Selbstbestimmung sein kann, und hiermit meine ich nicht etwa die völkerrechtliche Selbstbestimmung, sondern das, worauf diese letzten Endes beruht, nämlich die individuelle, menschliche Selbstbestimmung.« Es gehe also darum, eine materielle und gesellschaftliche Ordnung zu schaffen, »die den Menschen wirklich zu sich selbst freiläßt«.[1]

Große Worte, die uns im Pioniergeist beflügelten trotz der auch damals schon hörbaren Warnungen vor der unausweichlichen großen Nord-Süd-Katastrophe. Tatsächlich wußten wir ja noch wenig von den Realitäten Asiens, Afrikas und Lateinamerikas. Die fast zwanzigjährige Absperrung Deutschlands von der Welt nach 1933 war kaum überwunden; anders als unsere französischen oder britischen Kollegen brachten wir keinerlei Kolonialerfahrung mit, die ja nicht nur Last, sondern auch Gewinn war. So hörten wir, die damals Jungen, den Älteren aufmerksam zu. Auch trieb uns der demokratische Idealismus vorwärts, der die positive Erfahrung der eigenen jungen Demokratie denen vermitteln wollte, die sich nun auf den gleichen Aufbauweg machten. Zwar ahnten wir, daß wir, wie Sonnenhol warnend sagte, ihnen nicht unser eigenes unvollkommenes Modell aufdrängen durften. Aber den Aufbruch zu neuen Ufern ließen wir uns nicht nehmen.

In dieser Aufbruchstimmung entstand binnen weniger Jahre das heute noch festgeknüpfte Netz der Institutionen, welche die Absichten des neuen, von Walter Scheel geleiteten Entwicklungsministeriums in die Praxis grenzüberschreitender Zusammenarbeit umsetzen sollten. Etliche – so auch die Deutsche Stiftung für Entwicklungsländer – wurden neugegründet, andere – so die politischen Stiftungen – als schon bestehende Institute mit der neuen, zusätzlichen Aufgabe betraut. In der »Arbeitsgemeinschaft für internationalen Kulturaustausch«, der sie alle angehörten – welch kennzeichnender Name! – entstand 1962 eine große Denkschrift zur Bildungshilfe, die mit Entschiedenheit den Aufbau nicht nur von Schulen und Hochschulen, sondern ebenso der kulturellen und gesellschaftli-

1 Zitiert nach: »Bildungshilfe für Entwicklungsländer«, Schriftenreihe der Friedrich-Naumann-Stiftung, Bd. 6, Stuttgart 1963, S. 36ff. (Sonnenhol), 104ff. (Brand).

chen Strukturen der Entwicklungsländer anvisierte. Sie ging in ein Arbeitsprogramm des Ministeriums ein, das noch im gleichen Jahr die Zustimmung des Bundeskabinetts fand.
Nostalgischer Rückblick? Nein, gewiß nicht, denn was Sonnenhol, Brand und andere damals sagten, was die Bundesregierung beschloß und die Mittlerorganisationen in Programme und Projekte umsetzten, gilt im Grunde bis heute. Doch stellt sich die Frage: Ist es denn seither gelungen, die Spannung zwischen Tradition und Fortschritt zu überwinden oder doch wenigstens fruchtbar zu machen? Haben Nord und Süd voneinander gelernt?
Auf den ersten Blick ist die Bilanz nicht so schlecht, wie die zahlreichen Kulturkritiker meinen. Sowohl die »technische Zusammenarbeit« der Regierungen und ihre kulturelle Außenpolitik als auch die Bildungs-, Sozial- und Kulturprogramme der nichtstaatlichen Organisationen zeitigten sichtbare Erfolge. Das quantitative Wachstum der Bildungssysteme in den Entwicklungsländern hielt mit dem Bevölkerungswachstum Schritt. Der Transfer von Fachwissen aus unserem Lande in die Dritte Welt ist beachtlich, auch was seine Qualität betrifft. Das Netz der Goethe-Institute in Übersee ist wesentlich dichter geworden, ebenso das kulturelle Angebot aus Asien, Afrika und Lateinamerika für die Bürger unseres Landes. Der Aufbau von Genossenschaften, Gewerkschaften, Medien, Parteien hat trotz mancher Mißerfolge deutlich zur Modernisierung und Demokratisierung vieler Länder beigetragen, am besten sichtbar in der Rückkehr der meisten Länder Mittel- und Südamerikas zur Demokratie. Und nicht zuletzt können wir dankbar feststellen, daß viele Tausende von zurückgekehrten Experten und Helfern heute als unentbehrlicher Sauerteig in unserer Gesellschaft wirken.
Doch der zweite Blick macht skeptisch. Vor allem während der siebziger Jahre wurde die Entwicklungspolitik fast völlig auf ihren – gewiß lebenswichtigen und seit der Ölkrise erst recht in den Vordergrund gerückten – wirtschaftlichen Bereich verengt. Man lese den Bericht der von Willy Brandt präsidierten Nord-Süd-Kommission: viele Worte über ökonomische Quantitäten, keines über Kultur! Den Protest gegen solche Engführung brachte bei uns Hildegard Hamm-Brücher zuerst in die Öffentlichkeit durch das von ihr angeregte internationale Symposium »Brücken über Grenzen« von 1980.[2]

2 Internationale Kulturbeziehungen, Brücken über Grenzen – Symposium 80, Herausgegeben von Dieter Danckwortt, Baden-Baden 1980.

Zwei Jahre später publizierte dann das Auswärtige Amt als Frucht dieser Veranstaltung zehn Thesen zur kulturellen Begegnung und Zusammenarbeit mit den Ländern der Dritten Welt.[3] Sie setzen der ökonomischen Verengung endlich die Weite des kulturellen Blicks entgegen, vor allem mit den Forderungen nach

- Respekt vor der Vielfalt und Gleichwertigkeit der Kulturen als dem geistigen Reichtum der Welt,
- Austausch und partnerschaftlicher Zusammenarbeit statt einseitiger Selbstdarstellung,
- Stützung der Selbsthilfe durch Bildungsprogramme von der Grundbildung bis zur wissenschaftlichen Zusammenarbeit,
- Förderung der kulturellen Identität der Entwicklungsländer,
- bewußter Gestaltung des soziokulturellen Umfelds wirtschaftlicher und technischer Projekte,
- Förderung der Darstellung und Erforschung fremder Kulturen bei uns, damit Abbau von Vorurteilen,
- Ausbau der Träger und Instrumente des kulturellen Dialogs, nicht zuletzt der Massenmedien.

Daß die Bundesrepublik Deutschland mit diesen Zielsetzungen auf dem richtigen Wege ist, bestätigte die von der UNESCO im Jahre 1982 nach Mexiko einberufene Weltkonferenz über Kulturpolitik. Ihre im Konsens verabschiedete »Erklärung von Mexiko« ist ein bemerkenswertes Dokument. Denn sie erteilt all jenen eine Absage, die der gegenseitigen kulturellen Abschottung zwischen Nord und Süd das Wort reden. Die kulturelle Identität eines Volkes, so heißt es da, »wird durch den Kontakt mit den Traditionen und Wertvorstellungen von anderen erneuert und bereichert. Die Kultur ist der Dialog, der Austausch von Ideen und Erfahrungen und die Achtung anderer Werte und Traditionen. Die Isolation läßt sie verfallen und absterben.«[4]

So ist also nach einem Jahrzehnt der ökonomischen Verfremdung die Rückbesinnung auf die zentrale Rolle von Kultur im weitesten Sinne im Entwicklungsprozeß und zugleich auf den grenzüberschreitenden Dialog als ihr essentielles Wesensmerkmal gelungen. Bundesaußenminister Hans-Dietrich Genscher hat in seiner Rede vor der 39. Generalversammlung der Vereinten Nationen am 26. September 1984

3 Auswärtiges Amt: Zehn Thesen..., Bonn 1982.

4 Weltkonferenz über Kulturpolitik. UNESCO-Konferenzberichte 5, München 1983, S. 122.

in New York die Folgerung gezogen:
»Der Kulturaustausch zwischen Nord und Süd darf nicht am Rande, er muß im Zentrum des Nord-Süd-Gesprächs stehen. Unsere Welt ist voll von kulturellen Vorurteilen, die oft auf Unwissenheit beruhen. Wir alle haben noch voneinander zu lernen. Der Norden ist zwar reicher als der Süden, aber er ist deshalb nicht klüger, menschlicher, kultivierter. Die Kulturen des Nordens und des Südens müssen sich wechselseitig in ihrer kulturellen Eigenwürde als gleichwertig anerkennen.«[5]

Das ist nun in die Praxis umzusetzen. Dabei brauchen wir nicht am Nullpunkt zu beginnen. Schon seit einigen Jahren existiert zum Beispiel das Programm Kulturhilfe, in dessen Rahmen inzwischen Hunderte von Einzelprojekten zur Wiedergewinnung kultureller Traditionen in Afrika, Südamerika und Asien gefördert worden sind. Der Zuspruch zu diesem Programm ist derart gewachsen, daß die jährlichen Planungslisten mittlerweile ca. 80 Projekte enthalten. Sie reichen von Sachspenden im Werte von wenigen tausend Mark etwa für eine Malschule in Haiti, der Aufzeichnung mündlicher Überlieferung vor allem in Afrika bis zu – für die immer noch bescheidenen Mittel der Kulturhilfe – großen Projekten wie der Restaurierung des Wat Suthat-Tempels in Bangkok, der Altstadtsanierung in Kairo, der Restaurierung von ägyptischen Papyri und frühislamischer Handschriften im Jemen und in Tunesien. Die stetig steigende Zahl der Anträge zeigt das wachsende Bewußtsein für die eigene kulturelle Identität in den Ländern der Dritten Welt.

Der Erfolg dieses Programms macht klar:

Wesentliche Leitlinie für unsere auf Partnerschaft angelegte auswärtige Kulturpolitik muß die Bereitschaft sein, kulturelle Zusammenarbeit ohne Bedingungen anzubieten, soweit dies gewünscht wird und im Bereich unserer Möglichkeiten liegt. Uns geht es um Dialog und Austausch in beide Richtungen, also nicht allein durch die Darstellung unserer kulturellen Leistungen, die Vermittlung eines wirklichkeitsnahen Deutschlandbildes und die Förderung der deutschen Sprache, sondern ebenso durch Projekte, die der kulturellen Identität unserer Partner zugute kommen und ihrer Darstellung bei uns dienen. Ich denke hierbei auch an die Teilnahme von Entwicklungsländern an der Frankfurter Buchmesse, die Berliner Veranstal-

5 Bulletin Nr. 109 vom 28. 9. 1984.

tungsreihe »Horizonte« und die Förderung von Ausstellungen und Kulturwochen der Entwicklungsländer bei uns. Mit diesen Förderimpulsen wollen wir der immer noch deutlichen Unausgewogenheit des Kulturaustauschs, nämlich »Breitspur« von uns nach der Dritten Welt, dagegen »Schmalspur« von dort zu uns, entgegenwirken.

Bei der Gestaltung unserer Kulturbeziehungen mit den Ländern der Dritten Welt stellt sich deutlicher als vor 25 Jahren die Frage, ob die für die wirtschaftliche und soziale Entwicklung notwendige Adaptation westlicher Technologie und Lebensform zwangsläufig ein Zurückdrängen oder gar eine Preisgabe eigener kultureller Werte zur Folge haben muß. Unsere Dritte-Welt-Politik, unsere Kultur- und Entwicklungspolitik zielen darauf ab, die Entwicklungsländer dabei zu unterstützen, sich nach ihren eigenen Fortschrittsleitbildern zu entwickeln. Aber können sie das wirklich?

Die wichtigste inzwischen überall gewonnene Erkenntnis lautet, daß der notwendige und angestrebte sozio-kulturelle Wandel und die Bewahrung der kulturellen Eigenständigkeit Hand in Hand gehen müssen. »Die nationale, die religiöse und die kulturelle Identität der Völker« – so der Bundesaußenminister vor der 35. UN-Generalversammlung 1980 – »darf nicht angetastet werden. Die Menschheit braucht die Vielfalt der Kulturen, wenn ihre schöpferischen Kräfte nicht versiegen sollen.«[6] Unter Berücksichtigung regionaler Verschiedenheiten verstehen wir deshalb unsere auswärtige Kulturpolitik gegenüber der Dritten Welt in besonderem Maße als Angebot einer Hilfe zur Selbstfindung.

Weil die Regionen der Dritten Welt kulturell ganz unterschiedlich geprägt sind – man denke an die Spannweite vom jahrtausendealten fernöstlichen Kulturkreis bis hin zu den jungen Nationen Afrikas! – und somit nicht als kulturell homogenes Gebiet Ziel für eine einheitliche auswärtige Kulturpolitik sein können, kommt es auf eine differenzierte Ausrichtung unserer Kulturpolitik an, welche auf die besonderen Bedürfnisse des jeweiligen Landes eingeht. Nur so kann ein wirksamer interkultureller Lernprozeß zwischen dem jeweiligen Partnerland und uns in Gang kommen und Früchte tragen. Die kulturelle, religiöse und sprachliche Vielfalt der Dritten Welt bleibt also eine ständige Herausforderung an unseren Einfallsreichtum bei der Gestaltung unserer auswärtigen Kulturpolitik. Rücksicht auf den

6 Bulletin Nr. 104 vom 26. 9. 1980.

jeweiligen Partner – dazu mahnt auch die in etlichen Ländern wachsende Tendenz zur Abschließung, die zu verstärkter Abwehrhaltung gegenüber fremden Kultureinflüssen geführt hat.
Die Erkenntnis kultureller Vielfalt ist auch ein wichtiger Teil des Lernprozesses bei uns selbst. Allzu lange ist immer nur von »den« Entwicklungsländern, »der« Dritten Welt gesprochen worden. Auch in der wirtschaftlichen Entwicklung wird ja die Differenzierung zwischen Schwellenländern hier, ärmsten Ländern dort immer deutlicher. Freilich laufen kulturelle und ökonomische Prozesse keineswegs parallel; wirtschaftlich-soziale Unterentwicklung und bis heute wirksame überlieferte Hochkultur können gleichzeitig präsent sein. Eins läßt sich jedoch mit Sicherheit sagen: Es geht nicht um Zerstörung des Alten zugunsten des Neuen, sondern um beider Synthese.
Das japanische Beispiel läßt hoffen, daß solche Synthese gelingen kann. Sie ist von bloß konservierender Bewahrung der Überlieferung ebenso weit entfernt wie von bilderstürmerischer Revolution. Ist das nicht unsere eigene Erfahrung in zwei Jahrhunderten industrieller Entwicklung? Sie wäre, meine ich, noch besser als bisher für den Nord-Süd-Dialog fruchtbar zu machen – nicht als historische Erinnerung, sondern durchaus als gegenwärtige Gestalt, etwa als Resultat der ländlichen Entwicklung bei uns selbst während der letzten dreißig Jahre.
Auf die Baden-Badener Frage allerdings, für welche Art Gesellschaft welche Menschen auszubilden seien, dürfen wir auch künftig keine einfache Antwort erwarten. Wahr ist, daß der Wunsch nach Freiheit tief in den Menschen in aller Welt angelegt ist und daher nie verstummt. Doch ist es nicht unsere Sache zu bestimmen, welche Gesellschaftsordnung die Völker der sogenannten Dritten Welt sich wählen. Zu befürchten ist, daß vielen auch künftig gar keine Wahl bleibt, sondern daß herrschende Minderheiten für sie die Wahl treffen. Um so mehr gilt dann, den Dialog als Instrument des beiderseitigen Lernprozesses sowohl mit den herrschenden Minderheiten zu führen als auch, wo immer möglich, mit der beherrschten Mehrheit.

Kulturpolitische Zusammenarbeit mit der Dritten Welt
Vortrag vor den Regionalbeauftragten des Goethe-Instituts
– 1982 –

Ich bin gern Ihrer Einladung gefolgt und freue mich, heute mit Ihnen einen Gedankenaustausch über Grundsätze und Ziele unserer auswärtigen Kulturpolitik und über die Aufgaben der Goethe-Institute in den Entwicklungsländern zu führen. Hieran liegt mir gerade zum jetzigen Zeitpunkt, einmal wegen der wachsenden Bedeutung der kulturellen Zusammenarbeit in unseren Beziehungen mit den Ländern der Dritten Welt, und damit auch der Tätigkeit der Goethe-Institute, zum anderen im Zusammenhang mit den Diskussionspapieren, die für Ihre Arbeitsgruppe erstellt worden sind, und den Erörterungen der von der Mitgliederversammlung berufenen Kommission zum gleichen Thema.
Sie werden von mir einen Überblick über die konzeptionellen Grundlagen unserer Kulturpolitik, also die Vorgabe für Ihre Programmplanung und Tätigkeit vor Ort und eine Darstellung der Aufgaben des Goethe-Instituts im Rahmen unseres Kulturaustausches mit der Dritten Welt erwarten. Mich interessiert, von Ihnen über Ihre Erfahrungen und Probleme bei der Programmgestaltung und in der praktischen Arbeit zu hören. Mit der Betonung des dialogischen Charakters möchte ich im übrigen einen tragenden Grundsatz unserer auswärtigen Kulturpolitik zu einem Leitmotiv für den heutigen Vormittag machen.
Die *Bestandsaufnahme und Überprüfung unserer kulturpolitischen Zusammenarbeit mit der Dritten Welt* zielt in zwei Richtungen. Wir müssen uns fragen: sind unsere Konzeption und unser Instrumentarium, das wir einsetzen, ausreichend an der Wirklichkeit orientiert, sind wir gefeit vor der Gefahr, hier und da einem »wishful thinking« zu unterliegen? Wir müssen uns ferner fragen, steht unsere Praxis der kulturellen Zusammenarbeit in Einklang mit unseren Grundsätzen und Zielvorstellungen? Ist sie ausreichend flexibel und offen gegenüber den Veränderungen und Anforderungen der in schnellem Wandel und gefährlichen politischen, sozialen und wirtschaftlichen Verwerfungen befindlichen Dritten Welt, um nicht der Versuchung

zu erliegen, in der Routine des Bewährten zu verharren?
Die Grundsätze und Ziele unserer auswärtigen Kulturpolitik wurden 1980 in dem *Symposium »Internationale Kulturbeziehungen – Brücke über Grenzen«* auf den Prüfstand einer interkulturellen Diskussion mit maßgeblicher Beteiligung vieler Vertreter aus der Dritten Welt gestellt. Wir konnten hierbei mit Befriedigung feststellen, daß unsere Kulturpolitik in der Orientierung an den Prinzipien der Partnerschaft, des Austauschs und des Dialogs vor allem auch in der Dritten Welt an Vertrauen und Glaubwürdigkeit und damit auch an Resonanz und Wirksamkeit gewonnen hat. Nicht die Grundsätze, wohl aber die geeignetsten Formen und Instrumente bei der konkreten Gestaltung der Kulturbeziehungen waren Gegenstand kontroverser Erörterungen, wie z. B. die Frage der Zielgruppen für die kulturelle Zusammenarbeit in den Entwicklungsländern. *Eliten- oder Breitenarbeit?* Das ist die Frage. Zwar wurde anerkannt, daß wir uns mit unserem Angebot durchaus bemühen, weitere Kreise mit multiplikatorischer Wirkung anzusprechen. Eine gewisse »Kopflastigkeit« unserer Kulturarbeit ergibt sich allerdings bereits aus der weitgehenden Konzentration auch der Kulturinstitute auf Haupt- und Großstädte der Dritten Welt. Grenzen sind uns auch durch die begrenzten Mittel gesetzt. Das Ziel bleibt, die Breitenwirkung unseres Angebots durch geeignete Programme und die Erweiterung des Kreises der Ansprechpartner zu vergrößern.

Mit der Absicht, eine bessere Grundlage für Planung und Koordinierung unserer Kulturpolitik gegenüber der Dritten Welt zu schaffen, hat die Kulturabteilung des Auswärtigen Amts im letzten Jahr eine *Bestandsaufnahme unserer Kulturbeziehungen* mit Regionalkonzepten und Ländertableaux erarbeitet. In diesen Tableaux werden die kulturrelevanten Ausgaben des Auswärtigen Amts und anderer Ressorts, vor allem des Bundesministeriums für wirtschaftliche Zusammenarbeit (BMZ), nach Ländern und hier wiederum nach Sachbereichen aufgeschlüsselt, fortgeschrieben. Als Makrorahmen dieses Gesamtkonzepts dient die Aufteilung in die kulturellen Großregionen Afrika, Asien, Lateinamerika, Maghreb/Naher und Mittlerer Osten. Dem liegt die Erkenntnis zugrunde, daß wir trotz der großen Unterschiede innerhalb der Regionen regionsspezifische Gemeinsamkeiten für unsere Kulturpolitik und historisch gewachsene Formen der kulturpolitischen Zusammenarbeit vorfinden. So hat

Lateinamerika, auf das 1980 48,4 Prozent der Drittweltausgaben des Auswärtigen Amts entfielen, als unser ältester Partner eine qualitativ und quantitativ führende Rolle, vor allem im Bereich der Auslandsschulen. An zweiter Stelle mit 20,5 Prozent steht der *islamisch-arabische Kulturraum,* der nicht nur politisch und wirtschaftlich, sondern auch als kulturpolitischer Partner zunehmend Bedeutung für uns gewonnen hat. Dies zeigt u. a. die Anzahl der Kulturabkommen, die wir mit Ländern dieser Region geschlossen haben. *Asien* (17,1 Prozent) mit seiner Vielfalt und dem Reichtum an Großkulturen bietet besonders günstige Voraussetzungen für einen gleichgewichtigen Kulturaustausch und zeigt wachsendes Interesse hieran. Ich erinnere an die Faszination, die Asien seit jeher auf das Abendland ausgestrahlt hat und die wechselseitige geistige und kulturelle Befruchtung. Die Länder *Afrikas* südlich der Sahara, in denen die Bildungsstrukturen im Vergleich zu anderen Regionen am wenigsten entwickelt sind, liegen dagegen mit einem Anteil von 14 Prozent an den Drittweltausgaben des Auswärtigen Amtes zurück. Dafür bilden sie mit 36,8 Prozent der kulturrelevanten Drittweltausgaben des BMZ den wichtigsten Schwerpunkt für die entwicklungspolitische Zusammenarbeit im Bildungs- und Ausbildungsbereich. Insgesamt läßt sich sagen, daß unsere auswärtige Kulturpolitik keineswegs europazentrisch ist, sondern weltweit operiert. Unsere gesamten Haushaltsmittel für die Kulturpolitik in Asien, Afrika sowie Mittel- und Südamerika machen nach dem Istergebnis 1980 mit 265 Mio DM immerhin 42,7 Prozent des gesamten Kultur- und Schulfonds des Auswärtigen Amts aus. Es ist uns bisher trotz der angespannten Haushaltslage gelungen, eine kontinuierliche Steigerung dieser Mittel zu erreichen (Haushaltsansatz 1982: nahezu 300 Mio). Das Auswärtige Amt wird sich hierum weiter bemühen, der enge Spielraum unserer Finanzlage wird angesichts der Haushaltslage allerdings bestehen bleiben. Das gilt leider auch für die kulturrelevanten Ausgaben des BMZ, die im Haushaltsplan 1982 mit 544 Mio DM angesetzt sind.

Die zunehmende Bedeutung unserer kulturpolitischen Zusammenarbeit mit der Dritten Welt ist kürzlich durch die Veröffentlichung von *»zehn Thesen zur kulturellen Begegnung und Zusammenarbeit mit Ländern der Dritten Welt«* durch das Auswärtige Amt auf Initiative von Frau Staatsminister Dr. Hamm-Brücher erneut ver-

deutlicht worden. Diese Thesen gehen aus von der Vielfalt und Gleichwertigkeit der Kulturen und den besonderen entwicklungs- und kulturpolitischen Bedürfnissen der Entwicklungsländer. Sie konkretisieren die Grundsätze der partnerschaftlichen Zusammenarbeit, des Austauschs und des Dialogs in den verschiedenen Bereichen der kulturpolitischen Zusammenarbeit. Sie unterstreichen die Notwendigkeit der Entwicklung eigenständiger Bildungsstrukturen und der Verbindung von wirtschaftlicher und soziokultureller Entwicklung. Eingehen möchte ich kurz auf die These 5, nach der die *Förderung der kulturellen Identität unserer Partner* durch Beiträge zur Pflege und Erhaltung von Kulturgütern und zur Förderung zeitgenössischer kultureller Entwicklungen einen wichtigen Platz in unserer partnerschaftlichen Zusammenarbeit einnimmt.
Hierfür haben wir mit der *Kulturhilfe,* für die in diesem Jahr 2,2 Mio DM zur Verfügung stehen, ein neues Instrument in der Hand, mit dem wir eine breite Palette von Projekten, wie die Erhaltung frühislamischer Handschriften im Jemen, die Restaurierung eines Palastes in der Altstadt von Kairo oder der Wandmalereien eines Tempels in Bangkok, die Aufnahme traditioneller Musik in Malaysia, unterstützen. Hier haben wir einen neuen Bereich der gleichberechtigten Zusammenarbeit erschlossen, der die bisher vernachlässigte kulturelle Komponente der Entwicklungspolitik endlich einmal konkretisiert. Die große Nachfrage nach dieser Zusammenarbeit macht auch den Gewinn an »good will« deutlich, den wir hierbei mit relativ geringen Mitteln erzielen.

Lassen Sie mich in Stichworten noch auf einige wichtige Bereiche des Kulturaustauschs mit der Dritten Welt eingehen. *Bildung* ist nicht nur ein individuelles Grundrecht, sondern eine notwendige Vorbedingung für eine beschleunigte soziale und wirtschaftliche Entwicklung der postkolonialen Gesellschaften. Die Förderung des Primarschulwesens und der beruflichen Bildung steht im Vordergrund der vor allem vom BMZ finanzierten bildungspolitischen Zusammenarbeit, die darauf abzielt, die erschreckende und andauernde Rückständigkeit im Bildungswesen in der Dritten Welt abzubauen. Im Rahmen des Kulturfonds des Auswärtigen Amts steht der tertiäre Bereich des Bildungswesens, also *Hochschulen und Wissenschaft,* an erster Stelle der Ausgaben. Unser Ziel ist es vor allem, zum Aufbau leistungsfähiger einheimischer Einrichtungen der Forschung und Lehre beizutragen. Hierzu dienen sowohl die beachtlichen Stipendienprogramme zur Förderung des Studiums in Deutschland, die teils von den Regierungen der Partnerländer, teils aus unseren Mitteln finanziert werden, und ebenso der gegenseitige Austausch und die Förderung der Kooperation zwischen Lehr- und Forschungsinstitutionen der Entwicklungsländer mit deutschen Einrichtungen über den DAAD und andere Mittlerorganisationen. Bewährt haben sich auch die vom BMZ finanzierten sur-place-Stipendienprogramme in der Dritten Welt, bei denen die bekannten Reintegrationsprobleme der Stipendiaten nach Rückkehr vermieden werden. Die Nachbetreuung der Stipendiaten in den Heimatländern bleibt eine wichtige Aufgabe.

Die von uns geförderten *Auslandsschulen,* die aus historischen Gründen sehr ungleichmäßig in der Dritten Welt verteilt sind, mit Schwerpunkt Lateinamerika und Mittelmeerraum, dienen neben der schulischen Versorgung von deutschen Kindern der Begegnung und dem Austausch mit dem Gastland. Sie spielen, soweit sie Begegnungsschulen sind, eine wichtige Rolle für die Ausbildung künftiger Führungskräfte ihres Sitzlandes und zugleich für die Verbreitung der deutschen Sprache, an der das Interesse weltweit zugenommen hat. Hierin spiegelt sich die wachsende Bedeutung der Bundesrepublik Deutschland als politischer und wirtschaftlicher Partner wider. Entsprechend wird es immer wichtiger, das Angebot an Deutschunterricht an den Schulen und Hochschulen der Partnerländer zu verbreitern und zu verbessern.

Ein wichtiges Instrument ist die *Sportförderung,* die breite Bevölkerungsschichten anspricht und zur Stärkung des Selbstgefühls auch durch Chancenverbesserung bei internationalen Sportveranstaltungen beiträgt. Im Bereich der Musik und der Künste erweist sich die Zusammenarbeit für beide Seiten vor allem bei der Unterstützung von Aus- und Fortbildungseinrichtungen und -programmen als besonders sinnvoll.

Abschließend sei die Bedeutung unterstrichen, die wir der Förderung der kultur- und *gesellschaftspolitischen Zusammenarbeit* der Stiftungen, Kirchen und anderer Einrichtungen mit den Ländern der Dritten Welt beimessen. Den weiten Bereich der multilateralen kulturpolitischen Zusammenarbeit mit der Dritten Welt vor allem über die UNESCO will ich hier wenigstens erwähnen: er ist schwierig, vermittelt aber immer wieder besondere Impulse für beide Seiten, für Nord und Süd.

Ich komme nun zu den *Aufgaben des Goethe-Instituts* bei der kulturpolitischen Zusammenarbeit mit der Dritten Welt.

In der *Programmarbeit des Goethe-Instituts* – und ebenso für die Bibliotheken und Mediotheken – geht es darum, den dialogischen Charakter je nach den spezifischen Voraussetzungen der Gastländer verstärkt zur Geltung zu bringen. Das verlangt bei der Präsentation unserer kulturellen und künstlerischen Leistungen eine an der Aufnahme- und Dialogfähigkeit des Gastlandes orientierte Programmgestaltung.
Bei jedem Projekt, ob Vortrag oder Theatervorstellung, ob Ausstellung oder Seminar, ist daher rechtzeitig die Frage nach der *Akzeptanz* zu stellen. Bei der Projektfindung sollten unsere Partner, und das sind vor allem nichtstaatliche Institutionen, aktiv beteiligt werden. Ihr Interesse, z. B. am Ausbau des Bildungswesens ihres Landes von der Alphabetisierung bis zur beruflichen Ausbildung, gilt es zu nutzen. Zu einer dem jeweiligen Entwicklungsland angepaßten Programmgestaltung gehört auch, daß die entsandten Programme nicht am grünen Tisch der Zentrale entstehen, sondern schon bei ihrer Planung Anregungen der Institute aufgenommen werden, um eine möglichst breite und tiefe Akzeptanz sicherzustellen.
Oft muß sich dabei der Meister in der *Beschränkung* zeigen. Ich möchte davor warnen, vor allem im gesellschaftspolitischen und akademischen Bereich über das hinauszugehen, was die Kulturinstitute vor Ort wirklich leisten können und sollen. Natürlich sollten sie an Orten, wo es weder eine Botschaft noch ein Generalkonsulat, noch eine Außenstelle des DAAD gibt, im Rahmen ihrer Möglichkeiten auch Hilfestellung für die Mittlerorganisationen im akademischen Bereich geben. Dies ist jedoch keine generelle Aufgabe der Institute. Es würde ihre Kräfte überfordern und der Tatsache nicht Rechnung tragen, daß die Beratung und Vermittlung im akademischen und gesellschaftspolitischen Bereich vorrangig von den Botschaften und Generalkonsulaten wahrgenommen wird. Der trotz aller Selbständigkeit offiziöse Charakter der Institute dürfte es im übrigen verbieten, sie mit den politisch orientierten Programmen der politischen Stiftungen in Verbindung zu bringen. Betonte und

gezielte Förderung oppositioneller Bewegungen im jeweiligen Land, wie sie häufig von den politischen Stiftungen betrieben wird, ist nicht Aufgabe der Kulturinstitute. Vereinbarte Ausnahmen kann es geben, doch bestätigen sie diese Regel.

Im Zusammenhang mit dem *sozio-kulturellen Wandel*, der untrennbar mit der wirtschaftlichen und sozialen Entwicklung verbunden ist, haben die Institute thematisch ein weites Feld für die Programmgestaltung. Hierbei sind die Voraussetzungen in Entwicklungsländern mit traditionell ausgeprägtem Identitätsbewußtsein (z. B. Indien, Thailand, Ägypten, Brasilien) anders als in solchen, wo der Prozeß der Identitätsfindung erst begonnen hat (wie in Schwarzafrika).

Im ersteren Fall geht es primär um die Förderung der geistigen und kulturellen Bereitschaft zur notwendigen Aufnahme der ökonomisch-technologischen Gegebenheiten des 20. Jahrhunderts. Diese kann nur gelingen, wenn die Partner ein vertieftes Verständnis für die Notwendigkeit, die Voraussetzungen und die Wirkungsweise der technischen Zivilisation gewinnen und ihre Erkenntnisse in die überlieferten Werthaltungen einordnen können.

In Ländern mit ausgeprägten Akkulturationsproblemen spielt sich dagegen die Arbeit der Zweigstellen in einem ausgesprochenen *Spannungsfeld* zwischen dem Streben nach eigenständiger Identität und der Übernahme westlicher Lebensformen ab. Hier gibt es keine einfachen Antworten; die betroffenen Länder selbst müssen ihren Weg zwischen bloßer Anpassung an den Westen und reaktionären Widerstand zu einer *neuen Synthese* finden. Behutsame Hilfestellung, wo sie gewünscht wird, scheint mir gleichwohl sinnvoll. Sie bleibt häufig ein Drahtseilakt in den Ländern, etwa Schwarzafrikas, in denen es zunächst gilt, durch Verständnis und geduldigen Dialog bei der Entwicklung einer eigenen Kultur mitzuwirken, ohne den Verdacht einer Fremdbestimmung zu erwecken.

Vor allem können und sollten die Goethe-Institute Programme und Veranstaltungen durchführen, die die *kulturellen Voraussetzungen für die wirtschaftliche und soziale Entwicklung* der jeweiligen Länder verbessern. Dabei sind auch Programme mit kritischem Einschlag am Platz, z. B. um unsere eigenen auch negativen Erfahrungen mit der Industrialisierung und mit den zivilisatorischen Problemen der Gegenwart nutzbar zu machen. Auch bei uns gibt es ja einen sich sogar verschärfenden Kulturkonflikt zwischen den angeblichen oder wirklichen Sachzwängen der technischen Welt und überlieferten Werten.

Indem die Institute derartige Einsichten vermitteln, machen sie zugleich deutlich, daß auswärtige Kulturpolitik keine Einbahnstraße ist. Die Institute erfüllen hier eine wichtige Funktion für die *interkulturelle Kommunikation.* Sie sind ja schon zunehmend den Künstlern, Literaten und Intellektuellen der Dritten Welt zur Selbstdarstellung geöffnet für Ausstellungen, Theateraufführungen, musikalische Darbietungen etc. Die Vermittlung einheimischer Kultur, ihrer Werke und Träger nach Deutschland ist zwar nicht Aufgabe der Institute; sie können hier jedoch im Rahmen ihrer Möglichkeiten gute Hilfestellung geben, etwa durch Vermittlung von Programmangeboten an die hierzulande zuständigen Stellen, also für Ausstellungen das Institut für Auslandsbeziehungen in Stuttgart, im Wissenschaftsbereich den Deutschen Akademischen Austauschdienst, und auf musikalischem Gebiet das Internationale Institut für Vergleichende Musik, Studien und Dokumentation in Berlin. Frühe Abstimmung mit den Botschaften erleichtert hier das Geschäft.

Hervorheben möchte ich ferner die wichtige Aufgabe der *Nachkontaktarbeit.* Die Institute sollten verstärkte Anstrengungen unternehmen, um die Nachbetreuung derjenigen, die mit Deutschland, unserer Kultur und Lebensweise Berührung gehabt haben, in den Gastländern zu verbessern. Mit relativ bescheidenen Mitteln können wir hier beachtliche multiplikatorische Wirkung erzielen, z. B. durch regelmäßige Einladungen, gelegentliche Sonderveranstaltungen, Zusendung von Informationsmaterial und dergleichen. Ich weiß, die Institute sind hier durchaus nicht untätig, aber mir scheint, daß dieses Feld noch intensiver beackert werden könnte.

Im Zusammenhang mit dem bereits erwähnten »Hauptstadtsyndrom« unserer Kulturarbeit möchte ich Sie ermutigen, Ihre Informations- und Programmarbeit außerhalb des Sitzes der Zweigstelle zu verstärken. Sicherlich sind hier aus organisatorischen und finanziellen Gründen (mangelnde Dienstreisemittel etc.) enge Grenzen gezogen. Dennoch: Wir sollten bei fortdauernder Knappheit der Mittel unsere ganze Phantasie anwenden, um eine stärkere *Ausstrahlung in die Provinz* hinein zu erreichen. Das geht oft nur über Partner, etwa eine Kulturgesellschaft. Auch sollten mehr als bisher deutsche Lehrer an Auslandsschulen als Stützpunkte der Informations- und Programmarbeit gewonnen werden. Neue organisatorische Formen sind denkbar. Hier sei erinnert an die in den USA geplante Gründung von Nebenstellen an Universitäten mit kooperationswilligen Deutsch-Abteilungen.

Der *Sprachunterricht* ist und bleibt ein Kernbereich der Tätigkeit der Goethe-Institute auch in der Dritten Welt. Ich kann mich kurz fassen:

- Erfolgreicher Sprachunterricht ist zugleich kulturelle Kommunikation, er setzt Verständnis für die spezifischen *Sprach- und Kulturbedingungen der Gastländer* voraus. Wichtig ist daher, daß Deutsch nicht wie in westlichen Ländern gelehrt wird, sondern, daß die Art und Weise des Deutsch-Unterrichts Bezug nimmt auf die jeweils regional andersartigen kulturellen Hintergründe. Wir begrüßen es daher sehr, daß verstärkt regional-spezifische und länder-spezifische Lehrwerke entwickelt werden. Ein Lehrbuch im Iran muß eben anders aussehen als in Buenos Aires.
- Der Lernende soll durch unsere Sprache nicht nur einseitig mit unseren Wertvorstellungen konfrontiert werden, er soll auch sich selbst und seine Kultur in diesem *Lernprozeß* besser verstehen lernen. Wer Fremdsprachen lernt, erkennt sich selbst.
- Die steigende *Nachfrage nach Deutschunterricht* in der Dritten Welt reflektiert meist die gewichtige Stellung der Bundesrepublik Deutschland als handels- und wirtschaftspolitischer Partner, weniger das Bedürfnis nach interkultureller Kommunikation, häufiger dagegen die Hoffnung auf verbesserte Berufschancen. Der Deutschunterricht wird sich also zunächst auf den Wert der deutschen Sprache als Wirtschafts- und Wissenschaftssprache stützen. Er soll dabei aber nicht stehen bleiben; es darf ruhig auch etwas Goethe dabei sein.

Das Auswärtige Amt kennt sehr gut aus eigener Erfahrung die besonderen Anforderungen, die an die *Mitarbeiter* der Goethe-Institute in der Dritten Welt gestellt werden, und die vielfältigen Belastungen und Probleme, mit denen sie sich tagtäglich auseinanderzusetzen haben. Das Goethe-Institut kann seine Aufgaben in der Dritten Welt nur erfüllen, wenn es sich auf qualifizierte, anpassungsfähige und motivierte Mitarbeiter vor Ort stützen kann. Sie sollten deshalb auch bessere Gelegenheit erhalten, sich vor jedem neuen Einsatz auf die besonderen Verhältnisse des neuen Dienstorts vorzubereiten. Wir tun unsererseits, was wir können, um eine *kontinuierliche Tätigkeit* der Institute und ihrer Mitarbeiter auch und gerade in Sparzeiten zu sichern. Wir haben dabei deshalb ein gutes Gewissen, weil die Arbeit der Goethe-Institute auch und gerade in der Dritten Welt an Qualität sichtbar gewonnen hat. Ich möchte Sie hierzu beglückwünschen. In diesem Sinne alles Gute für Ihre weitere Tätigkeit!

Nähe und Ferne – Kulturarbeit in Lateinamerika
Eine Rede vor Kulturreferenten
– 1986 –

Die *Ausgangspositionen unserer Kulturarbeit in Lateinamerika* sind auch über längere Zeiträume nur graduellen Veränderungen unterworfen. Wir haben ein sicheres Fundament, auf dem wir bauen können.

Kein Kontinent der sogenannten Dritten Welt steht Europa geschichtlich und geistig so nahe wie Lateinamerika. Uns verbindet seine Zugehörigkeit zum romanischen Sprachraum, was für unsere operative Arbeit von unschätzbarem Vorteil ist, da wir, von ganz wenigen Ketschua oder Aimara sprechenden Gebieten abgesehen, mit allen Bevölkerungsgruppen und sozialen Schichten in ihrer eigenen Sprache problemlos kommunizieren können. Dies gilt natürlich in demselben Maße für die französisch- und englischsprachigen Gebiete der Karibik.

Mit Lateinamerika *verbindet uns eine historisch solide fundierte beiderseitige Sympathie,* die auch durch die Eruptionen der beiden Weltkriege relativ wenig belastet wurde. Hier müssen wir aber auf unserer Seite das Risiko sehen, daß wir die weitgehend konfliktfreien und überwiegend ausgezeichneten Beziehungen zu den Staaten Lateinamerikas allzu leicht als selbstverständliches und garantiertes Plus auf der Habenseite unserer auswärtigen Beziehungen verbuchen. Sympathien und Freundschaften bedürfen indessen der ständigen und aufmerksamen Pflege. Dabei spielt der Kulturaustausch eine vorrangige Rolle. Auf der Habenseite dieser geistig-historischen Gemeinsamkeit zwischen Lateinamerika und Europa steht nicht zuletzt das gemeinsame *Bekenntnis zu Menschenrechten* und demokratischer Teilhabe, das auch durch autoritäre oder diktatorische Herrschaftsperioden auf beiden Seiten nicht erschüttert, vielmehr gestärkt worden ist.

Lateinamerika erscheint aus oberflächlicher europäischer Sicht als eine homogene Einheit: Die gemeinsame Sprache (von Brasilien abgesehen, aber auch Portugiesisch ist ja so weit nicht vom Spanischen entfernt), die gemeinsame Religion, die über lange Phasen gemeinsame oder parallellaufende Geschichte scheinen eine solche Perspektive zu rechtfertigen. Aber wir alle kennen die Vielfalt und

Verschiedenartigkeit des lateinamerikanischen Kontinents. Es beginnt mit den ungeheuren Größenunterschieden der Staaten Lateinamerikas, von Brasilien von fast kontinentaler Größe über eine größere Zahl von Staaten wie Argentinien, Chile, Peru, Kolumbien und Venezuela, gegen die sich unsere Bundesrepublik geographisch recht klein ausmacht, bis zu der Vielfalt der zentralamerikanischen Staaten von der Größenordnung deutscher Bundesländer. Hinzu kommt die sehr *unterschiedliche ethnologische Zusammensetzung des gesamten Raumes.* Argentinien und Chile wird man nur mit Mühe der Dritten Welt zuordnen können; diese Länder werden fast ausschließlich von den Nachfahren europäischer Einwanderer bewohnt, aber gleichwohl haben sie eine eigenständige und sehr lateinamerikanische Kultur entwickelt – für Chile stehen Neruda und Isabel Allende auf deutschen Bestseller-Listen, für Argentinien kann ich Borges und Sabato stellvertretend für viele andere nennen. In anderen Ländern wie in Peru, Ecuador, Kolumbien und Bolivien stellt der Bevölkerungsanteil der Indios einen großen oder überwiegenden Faktor dar, was sich wiederum deutlich im kulturellen Selbstverständnis niederschlägt. Von Brasilien bis in die Karibik schließlich ist das afrikanische Element aus dem kulturellen Erscheinungsbild dieser Länder nicht hinwegzudenken. Auch wirtschaftlich stellt sich der Subkontinent alles andere als homogen dar. Neben Schwellenländern wie Brasilien, Argentinien und Venezuela stehen Länder wie Bolivien und einige zentralamerikanische Staaten, die ums nackte Überleben ringen müssen.

Insgesamt ist die Voraussage begründet, daß die sprachlichen, historischen, politischen und religiösen *Gemeinsamkeiten von der Vielfalt und der unterschiedlich begründeten Verschiedenartigkeit mehr und mehr überlagert werden.* Viele Lateinamerikaner haben die indianischen und afrikanischen Wurzeln ihrer Kultur als Gegengewicht zum europäischen Erbe entdeckt. Die Einbeziehung dieses nichteuropäischen Erbteils in ihr Selbstverständnis hat ihrem Selbstbewußtsein Aufschwung verliehen, ihre Kunst, ihre Dichtung und Musik bereichert.

Darüber sollten wir jedoch nicht einen wichtigen *Festposten in unseren Kulturbeziehungen* zu Lateinamerika vergessen: *nämlich die große Zahl von Deutschen oder Deutschstämmigen* in dieser Region. Ganz Amerika ist immer der klassische Emigrationskontinent für Deutsche gewesen. Inzwischen spielt es – auch politisch –

immer weniger eine Rolle, ob wir es mit Nachfahren der ersten großen Einwanderungswellen Mitte des letzten Jahrhunderts aus den Armenhäusern Deutschlands oder von wohletablierten Geschäftsleuten aus der Zeit um die Jahrhundertwende oder von Flüchtlingen vor dem Nazi-Terror oder gar von Mittätern dieses Regimes zu tun haben. Hinzu kommt inzwischen eine steigende Zahl deutscher Geschäftsleute, die sich mit unterschiedlicher Intensität in die Gastländer integrieren. Diese Gruppen spielen in zahlreichen Gastländern eine wichtige Multiplikatorenrolle und haben gleichzeitig und auch deshalb einen Anspruch auf kulturelle und schulische Betreuung.

Aus diesen Rahmenbedingungen – zugegeben in einem groben Raster skizziert – ergeben sich praktische Schlußfolgerungen.
In unserer Programmarbeit muß es uns *auf* den Dialog zwischen den beiden Kulturkreisen, den *partnerschaftlichen Austausch ankommen.* Sicher geht es auch immer um die Übermittlung eines wirklichkeitsnahen, differenzierten Deutschlandbildes. Auch das Deutschlandbild in Lateinamerika ist in vieler Hinsicht von langlebigen Klischees geprägt, die sich nur mühsam korrigieren lassen. Aber man sieht unser Land in diesem Teil der Welt im Prinzip positiv. Die positive Selbstdarstellung muß daher nicht im Zentrum unserer Arbeit stehen. Wir können und müssen *unsere Mittel auf den kulturellen Austausch,* das gegenseitige Kennenlernen und die partnerschaftliche Zusammenarbeit konzentrieren.
Die schon oft erhobene *Forderung nach kulturellem Zweibahnverkehr* darf keine Leerformel bleiben. Wir müssen unseren Partnern in Mittel- und Südamerika ein Forum zur Selbstdarstellung auch bei uns bieten. Der von uns gesuchte Dialog, die geistige Auseinandersetzung mit Lateinamerika darf nicht nur hier, er muß auch bei uns unter Beteiligung einer breiteren Öffentlichkeit stattfinden. Dafür muß das geeignete Instrumentarium entwickelt werden. Das Berliner Kulturfestival »Horizonte« von 1982 war ein vorbildliches Beispiel, das breite Folgewirkungen erzeugt hat. Es darf aber nicht bei einer einmaligen Veranstaltung bleiben.
Die lateinamerikanischen Kulturen in ihren vielfältigen Ausprägungen in den verschiedenen Regionen dieses Subkontinents präsentieren sich heute mit zunehmendem und berechtigtem Selbstbewußt-

sein. Führend ist dabei die lateinamerikanische Literatur, die die Buchmärkte Europas erobert und uns Europäern Lateinamerika nähergebracht hat, aber auch die Distanz zwischen beiden Kulturkreisen akzentuiert.

Diese Nähe und gleichzeitige Ferne verleiht unseren kulturellen Beziehungen eine Spannung, die es partnerschaftlich nutzbar zu machen gilt. Im kulturellen Dialog mit den Ländern Lateinamerikas müssen wir die Partner in ihrer Eigenschaft als Partner stärken, ihnen helfen, ihre kulturelle Identität zu definieren und auch ihre Inhalte bei uns darzustellen.

Die politischen Grundströmungen in Lateinamerika sind einem Dialog und kulturellem Austausch tendenziell günstig. Demokratisierung bedeutet auch geistige Öffnung, intellektuelle Neuorientierung, zu der wir beitragen können. Die politische Grundausrichtung in Lateinamerika geht überwiegend in Richtung auf die westlichen Demokratien; die Phasen des Kokettierens mit staatssozialistischen Modellen und der Überbetonung der eigenen Blockfreiheit sind weitgehend abgeklungen. Es bleibt aber ein Faktum, daß in vielen Ländern des Subkontinents die Macht des großen Bruders im Norden als erdrückend empfunden wird. Dem daraus resultierenden Wunsch nach Diversifizierung der Außenbeziehungen sollten wir im Sinne einer Arbeitsteilung im westlichen Bündnis entgegenkommen. Die Kulturbeziehungen eignen sich dafür besonders gut.

Geisteserbe und Zukunftsorientierung
Kulturbeziehungen zu Südasien und Indien
– 1979 –

Wir Deutschen haben – vor allen Ländern Asiens – immer ein besonderes Verhältnis zu Indien und dem indischen Subkontinent gehabt. Leben und Geisteswelt dieser Region haben die Generationen vor uns und die heutige im gleichen Maße bewegt, ja fasziniert. Dieses Interesse ist vielschichtig und breit gefächert. Dabei stehen in letzter Zeit die wirtschaftlichen Motive sehr im Vordergrund. Im Hintergrund zeichnet sich jedoch besonders ein geistiges Interesse ab, das sich auf deutscher Seite nicht allein im wissenschaftlichen Bereich erschöpft. Vor allem dieses Interesse trägt dazu bei, unsere Beziehungen zu den Ländern und Menschen des Subkontinents weiter zu entwickeln und zu verdichten.

Die Geschichte unserer Beziehungen zum indischen Subkontinent verlief auf anderen Wegen, als es sonst bei der Entwicklung von Beziehungen zwischen Staaten und Völkern der Fall ist. Während meist politische oder wirtschaftliche Motive am Anfang bilateraler Beziehungen stehen oder den Ausschlag hierfür geben, begannen unsere Beziehungen zu Südasien – insbesondere aber zu Indien – mit geistigen Kontakten und kulturellem Austausch. Das geht – frei von politischem oder wirtschaftlichem Machtstreben – zurück bis ins 18. und 19. Jahrhundert, auf die Jahre, als die Sanskritforschung und damit die Indologie in Deutschland begründet wurde. Das gilt uneingeschränkt ebenso für die Folgezeit, in der uns hervorragende Köpfe das Gedankengut dieser Weltregion näherbrachten. Und daher rührt auch sicher die Verehrung, die deutsche Gelehrte in Asien genießen, seit sie dazu beitrugen, die Quellen östlicher Weisheit den Europäern zu erschließen und sie für die Ursprungsländer zu erhalten.

Unsere Beziehungen zu Südasien entwickelten sich somit auf einer Basis, die nicht geprägt war von politischem Ehrgeiz. Je nach Epoche und Zeitströmung wurden sie bestimmt durch sprachgeschichtliche, religionswissenschaftliche, kulturelle oder literarische Interessen. Schon im Zeitalter der Entdeckungen suchten einige Deutsche, wie der Geograph Martin Behaim, die Begegnung mit dem fernen Erdteil. Andere Deutsche, die in fremden Diensten standen, verfielen später der Exotik Südasiens. Hier ist Walter Balthasar Reinhard zu nennen, der zum Ende der Mogulzeit zum General und Herrscher eines Fürstentums avancierte. Gegen Ende des vergangenen Jahrhunderts widmete sich der Bonner Professor Dietrich Brandis als Generalinspektor für Wälder und Forsten im Dienst der britischen Krone in Indien der meteorologischen und forstbotanischen Erforschung des Subkontinents. Er schuf 1878 die erste indische Försterschule.

Ebenso bedeutend scheint mir die langjährige Tätigkeit deutscher Missionare zu sein, die sich etwa ab Ende des 17. Jahrhunderts hauptsächlich in Südindien und dem heutigen Sri Lanka aufhielten. Ich denke hier zum Beispiel an den Missionar, Sprach- und Religionsforscher Bartholomäus Ziegenbalg. Er legte den Grundstock zu einem Tamil-Wörterbuch, verfaßte eine Grammatik der »malabarischen« Sprache und hielt zahlreiche Übertragungen von Tamil-Texten für die Nachwelt fest. Gleichzeitig schenkte er dem Subkontinent mit seinen Übersetzungen ins Tamil die ersten christlichen Kirchenlieder und 1714 die erste Bibel. Ziegenbalg wird daher wohl mit Recht als einer der geistigen Väter der christlichen Literatur des Landes angesehen.

Deutsch-indische Begegnung in der Kunst

Als mein Vorfahr Carsten Niebuhr eine Generation später nach Indien kam, wandelte er bewußt auf Ziegenbalgs Spuren. Sprache und Literatur der Tamilen, überhaupt der dravidischen Völker, sind seither beliebtes Thema deutscher Sprachforscher, von denen Friedrich Rückert dank seiner Nachdichtungen der bekannteste blieb.

Gegen Ende des 18. Jahrhunderts begeisterte das indische Epos *Shakuntala* das literarisch interessierte Europa. Der Geograph und Naturwissenschaftler Georg Forster hatte das Drama des Dichters Kalidasa nach Deutschland gebracht, wo es im Jahre 1791 – aus dem Englischen übertragen – in deutscher Übersetzung erschien. Schiller begeisterte sich für die poetische Darstellung schöner Weiblichkeit; Goethe verfaßte Verse der Bewunderung; Herder begrüßte dieses Geschenk an die deutsche Geisteswelt überschwenglich und gab 1803 eine zweite Auflage dieser Übersetzung heraus. *Shakuntala* wurde zum Stichwort einer klassisch orientierten Dichtergeneration. Auch die Indologen, die im 19. Jahrhundert aus dem Sanskrit ins Deutsche übersetzten, nahmen sich der Initiative Forsters an. 1833 lag die erste unmittelbare Übertragung aus dem Sanskrit ins Deutsche vor.

Südasiatische Mythik und Religion übten seither starke Anziehungskraft auf die deutschen Romantiker aus. Heinrich Heine, der als Student in Bonn August Wilhelm Schlegel kennengelernt hatte, ließ sich vom Zauber Indiens erfassen und hinterließ uns einige stimmungsvolle Gedichte. Friedrich Hebbel verwendete indisches Gedankengut in Gedichten und einem Drama. Andere Epiker und Lyriker folgten; viele sind vergessen. Den Realisten und Naturalisten der zweiten Jahrhunderthälfte blieb Indien fern.

Erst zu Beginn dieses Jahrhunderts fand wieder eine größere Zahl von Motiven der indischen Vorstellungswelt Eingang in deutsches Schrifttum – von erlesener Prosa bis zur Populärliteratur. Hier sei an die Neuromantiker Max Dauthendey, Waldemar Bonsels und Fritz Mauthner erinnert. Vor allem aber sind in diesem Zusammenhang zwei Namen zu nennen, die zugleich Namen der Weltliteratur und deutscher Literaturgeschichte sind: Thomas Mann und Hermann Hesse.

Kultureller Austausch zwischen Indien und Deutschland war nie Einbahnstraße. Dichter und Denker des indischen Subkontinents ließen sich in ihrer Arbeit, auf ihrem Weg zu geistiger Unabhängigkeit von Deutschland und seinem Geistesleben inspirieren. Einer der größten Dichter des Subkontinents, Mohammad Iqbal, geistiger Vater des heutigen Pakistan, Doktor der Philosophie der Universität München, war vom philosophischen Werk Nietzsches ebenso beeindruckt wie er berührt war von der Schönheit der deutschen Landschaft. Einige seiner bezauberndsten Urdu-Verse widmete er der Stadt Heidelberg. Vor allem ergriff ihn die Gestalt Goethes. So schrieb er als indische Antwort auf den *Westöstlichen Diwan: Die Botschaft des Ostens.* Unter Indiens modernen Dichtern, die bei uns viele Freunde fanden, ist vor allem der Bengale Rabindranath Tagore zu nennen, dessen Werke ich in der Bibliothek meiner Eltern fand.

Später als in anderen Ländern des Westens bemächtigte sich die deutsche Kunstbetrachtung des südasiatischen Kunstthemas. Die eigentliche Blütezeit der Erforschung, vor allem indischer Kunst, begann Anfang der zwanziger Jahre dieses Jahrhunderts. Architektur, Malerei und Bildhauerkunst wurden untersucht und gedeutet.

Weitaus früher inspirierte Südasien deutsche Musiker, hinterließen südasiatische Dichtkunst und Weisheit in den Werken deutscher Komponisten deutliche Spuren. Beethoven beschäftigte sich mit der indischen Tonleiter und hinterließ *Indische Aufzeichnungen*. Richard Wagner bewegte sich im Bannkreis Buddhas; manche Handlungen, Personen und Worte Wagnerscher Werke lassen Beziehung zu den Kernpunkten indischer Philosophie erkennen. Schließlich bemächtigte sich sogar die leichte Muse des Themas Indien, als 1899 Paul Lincke *Im Reich des Indra* komponierte.

Deutsche Indologie

Eine Darstellung der deutsch-indischen Begegnungen, die so vielschichtig und auf so verschiedenen Gebieten stattfanden, verlangt vor allem auch eine Würdigung der deutschen Indologie. Das Zeitalter der Romantik sah den indischen Subkontinent als ein Land der Weisen und der Philosophie. In dieser Zeit mit ihrer gewiß übertriebenen Idealisierung wurden die Grundlagen der wissenschaftlichen Indologie geschaffen. Anstoß hierzu gab ein Werk Friedrich von Schlegels, das seinen Bruder August Wilhelm so tief beeindruckte, daß er sich dem Studium des Sanskrit widmete. Der erste Lehrstuhl für Indologie wurde 1818 an der damals gerade gegründeten Universität in Bonn eingerichtet. August von Schlegel war sein erster Inhaber. Wir alle wissen, daß durch ihn der Ruhm Bonns in der Sanskritforschung begründet wurde, das später den ehrenvollen Titel »Benares am Rhein« erhielt. Den zweiten indologischen Lehrstuhl besetzte in Berlin 1821 Franz Bopp, der Entdecker der indogermanischen Sprachfamilie.

Der Kreis der Indologen umfaßt die Namen vieler hervorragender Gelehrter, deren Werke heute die Bibliotheken füllen. Es würde zu weit führen, vor diesem Kreis der Freunde und Kenner der indischen Geisteswelt die einzelnen Glieder der schier endlosen Kette berühmter Indologen aufzuzählen. Neben Bonn entwickelten sich bald andere Zentren der Indologie wie in Berlin, Tübingen, Leipzig, Göttingen, München, Marburg. Die Kenntnis indischer Kultur- und Geisteswelt verbreitete sich so rasch, daß gegen Ende des 19. Jahrhunderts jede bedeutende Universität in Deutschland einen Lehrstuhl für Indologie hatte. Die Sanskrit-Forschung fand – außerhalb

Indiens – in Deutschland eine zweite Heimat.
Der Ruhm, Sanskrit zuerst für den Westen entdeckt zu haben, fällt jedoch auf die englische Insel, gebührt einem Deutschen, der in Oxford forschte und lehrte: Friedrich Maximilian Müller, der sich die Herausgabe und Übersetzung der *Veden*, der heiligen Bücher Indiens, zur Lebensaufgabe gemacht hatte. Müller fand schon zu Lebzeiten Anerkennung in Indien und erhielt den Ehrentitel »Moksha Mula« – »Wurzel des Heils«.
In den ersten Jahrzehnten unseres Jahrhunderts erlebte Deutschland einen zweiten Höhepunkt indologischer Forschung. Grammatiken, Wörterbücher wurden konzipiert, Mythologien veröffentlicht, literarische Werke übersetzt, Sprachen erforscht. Verstand sich die Indologie bis etwa 1955 vor allem als eine philologische und philosophische Disziplin, die sich der Erforschung des klassischen Indien widmete, so hat sie seitdem jedoch einen erheblichen Wandel erfahren. Leichteres Reisen und die Möglichkeit, sich im Rahmen verschiedenster Forschungsprojekte häufiger in Indien aufzuhalten, haben gerade jüngeren Indologen eine neue Problemsicht vermittelt. Sie sind nicht länger nur historische Philologen, sondern sie beziehen auch soziale Faktoren der Gegenwart in ihre Forschungen ein. Beschäftigte sich die Vorkriegsgeneration unserer Indologen vor allem mit dem religiösen Schrifttum, so interessiert sich der moderne Indologe z. B. auch für Fragen wie Tempelgeschichte, ethnische und sprachliche Zusammensetzung der Gläubigengemeinden oder wirtschaftliche Ausstrahlung von Tempelbezirken. Ein besonders interessanter Fragenkomplex der Indologen und Asienfachleute im weiteren Sinne betrifft den Einfluß der Religionen auf den Industrialisierungsprozeß und das politische Verhalten jener Länder. Zentrum der modernen Südasien-Forschung ist seit 1962 das Südasien-Institut der Universität Heidelberg, das als interdisziplinäres Lehr- und Forschungsinstitut weltweiten Ruf erworben hat.
Das ist der Hintergrund, vor dem ich nun anhand einiger Beispiele versuchen will, unsere heutige kulturelle Zusammenarbeit mit Indien zu verdeutlichen. Lassen Sie mich zuvor einige allgemeine Ausführungen machen, die unser Thema in die auswärtige Kulturpolitik der Bundesrepublik Deutschland einordnen sollen.

Kulturaustausch zwischen Indien und der Bundesrepublik

Die Bundesrepublik betrachtet auswärtige Kulturpolitik als wichtigen Teil ihrer Außenpolitik, die – wie sie immer wieder betont hat – dem Frieden dienen soll. Sie bekennt sich ausdrücklich zum Prinzip der Weltoffenheit und des partnerschaftlichen Austausches, der dazu beitragen soll, die Verbindungen nicht nur zwischen den Regierungen, sondern insbesondere zwischen den Menschen verschiedener Nationalität enger zu knüpfen. Sie will damit gleichzeitig einen Beitrag leisten zum wechselseitigen Verständnis der inneren Entwicklung der einzelnen Nationen. »Kultur«, in diesem Sinn verstanden, meint nicht nur die klassischen Kulturgüter einschließlich der Sprache, sondern ebenso Wissenschaft und Bildungswesen, Massenmedien und gesellschaftliche Gruppen.

Eine so verstandene Kulturpolitik wendet sich nicht nur an kleine, elitäre Gruppen; sie muß ein die unterschiedlichen Teile der Welt und ihre Bevölkerung berücksichtigendes, breit gefächertes Angebot bereit halten, will sie dieses hohe Ziel verwirklichen. Sie muß bereit und in der Lage sein, den Weg zu internationaler Zusammenarbeit in allen möglichen Bereichen der Kulturarbeit einzuschlagen. Nur dann können sich gute Beziehungen langfristig entwickeln und stabilisieren, wenn kulturelle Tradition und Eigenart der Partner anerkannt werden.

Das gilt vor allen Dingen für unsere kulturelle Zusammenarbeit mit den Ländern Südasiens, in denen – mit unterschiedlicher Intensität und Interessenlage – allgemein ein traditionelles Bedürfnis nach kulturellem Kontakt mit Deutschland besteht. Im Rahmen unserer politischen Beziehungen zu den Ländern des Subkontinents bemühen wir uns nicht nur, das wechselseitige Verständnis weiter zu fördern und gesellschaftliche Formen verständlich zu machen, sondern ebenso Informationen mit Hilfe moderner Medien auszutauschen und Fortschritte in Wissenschaft und Technik für unsere Partner nutzbar zu machen. Gerade in diesem Raum setzt Verständigung und Zusammenarbeit voraus, daß wir nicht einseitig über uns selbst informieren, sondern für die aus jahrtausendealter Tradition gegründete Kultur der Partner aufgeschlossen sind und versuchen, Leistungen und Möglichkeiten beider Seiten in eine lebendige Wechselwirkung auf möglichst breiter Ebene zu bringen.

Seit einigen Jahren ist es nun da und dort Mode, die kulturelle

Selbstdarstellung gegen den Kulturaustausch auszuspielen und der einen oder anderen Seite den Vorzug zu geben. Tatsächlich handelt es sich jedoch nicht um Gegensätze. Vielmehr sollten beide Prinzipien einander ergänzen. Es geht also darum, einen Weg zu finden, der unsere Anliegen und die Interessen unserer Partner gleichermaßen berücksichtigt.

Förderung der deutschen Sprache

Innerhalb des Aufgabenkatalogs der auswärtigen Kulturpolitik steht die Förderung der deutschen Sprache an wichtiger Stelle. Nun spielt die deutsche Sprache im Bildungsangebot der südasiatischen Länder leider eine sehr geringe Rolle. Lediglich in Afghanistan und Indien erhalten jeweils etwas mehr als 1 000 Sekundarschüler Deutschunterricht, eine Zahl, die für beide Länder nur als unbedeutend angesehen werden kann. Auch im universitären Bereich findet die deutsche Sprache kaum Zuspruch. So bezifferte die deutsche Botschaft in New Delhi 1977 die Anzahl der Germanistik-Studenten in Indien mit 141 bei ca. 2,5 Millionen Studierenden. Dies ist insofern bedauerlich, als es gerade auf diesem Gebiet bereits recht frühe Anfänge in Indien gegeben hat. Schon 1911 war Deutsch wahlfreies Sprachfach bei allen Universitätsprüfungen in Bombay, gleichrangig mit Französisch. Ab 1915 wurde in Poona Deutschunterricht erteilt. Seit 1947 verlor die deutsche Sprache aber nach und nach ihren Rang im indischen Bildungssystem. Sie erlitt durch Änderung der Wahlpflichtfächer und die Einführung von Hindi als Nationalsprache einen verhängnisvollen Rückschlag. Dagegen ist in fast allen Ländern der Subregion eine steigende Nachfrage nach Deutschunterricht im außerschulischen Bereich feststellbar, der die Zweigstellen des Goethe-Instituts mit mehr als dreihundert Sprachkursen jährlich begegnen. Beweis genug dafür, daß wir die Rückschläge für unsere Sprache nicht einfach hinnehmen, sondern einen erneuten Anlauf wagen sollten. In allen Ländern Südasiens halten wir uns darum bereit, die deutsche Sprache im Schulunterricht zu fördern, sofern die Gastländer unsere Mitwirkung anstreben.

Schwerpunkt Hochschule

Wesentlicher Schwerpunkt unserer Kulturarbeit in Südasien ist seit langem der Hochschulbereich. Hier ist die Zusammenarbeit längst weit über die klassischen Fachgebiete der Geisteswissenschaften hinausgewachsen, die sich mit der Asienforschung befassen, wie z. B. die Geschichtswissenschaft, Sprachwissenschaft oder die vergleichende Religionswissenschaft. Die Zusammenarbeit im Hochschulbereich umfaßt heute das gesamte Spektrum von Forschung und Lehre. Träger unserer Bemühungen sind dabei vor allem der Deutsche Akademische Austauschdienst und die Alexander-von-Humboldt-Stiftung, um deren Stipendien sich jährlich viele Studierende aus Südasien bewerben.

Im akademischen Nachwuchs sehen wir denn auch die wichtigste Zielgruppe für unsere Kulturarbeit in der Region.

Wissenschaftlicher Austausch ist und bleibt aus unserer Sicht ein starkes Element unserer Kulturbeziehungen. Die Bundesrepublik Deutschland erkennt als Industrienation ihre Verpflichtung an, die weltweite Zusammenarbeit auf wissenschaftlichem Gebiet besonders zu fördern. 55 Prozent unserer Aufwendungen im Bereich Wissenschaft und Hochschulen sind darum auch den Ländern der Dritten Welt gewidmet, davon 22 Prozent dem Regionalbereich Asien/Australien. Von unseren Aufwendungen erreicht der Anteil des Hochschulbereichs an den Kulturausgaben in:

Afghanistan	etwa ein Fünftel,
Bangladesh	etwa ein Viertel,
Indien, Pakistan und Sri Lanka jeweils	etwa ein Drittel und
Nepal	mehr als die Hälfte

der für die Kulturarbeit in diesen Ländern zur Verfügung stehenden Mittel.

Wir entsprechen dadurch aber nicht nur eigenen Zielvorstellungen, sondern auch den ausgeprägten Wünschen auf verstärkte Zusammenarbeit sowohl seitens der deutschen Wissenschaft als auch der Partnerländer. Dabei ist die Situation im Stipendienbereich allerdings unterschiedlich. Die meisten Länder Südasiens entsenden jährlich eine etwa gleichbleibende, kleinere Anzahl von Studierenden in die Bundesrepublik Deutschland.

Viele Studenten kommen überdies ohne Stipendium, weil sie die

Möglichkeit haben, in der Bundesrepublik Deutschland gebührenfrei zu studieren. Im Wintersemester 75/76 (letzte verfügbare Zahlen) waren insgesamt rund 1200 Studenten aus Südasien bei unseren Hochschulen eingeschrieben. Jeder Studienplatz kostet bekanntlich Geld, nämlich jährlich etwa

DM 5000 für Geisteswissenschaftler
DM 7000 für Ingenieurwissenschaftler
DM 11000 für Mediziner
DM 12000 für Naturwissenschaftler
(Stand 1975).

Darin steckt ein wichtiger Beitrag der Bundesländer zur auswärtigen Kulturpolitik.

Vermittler: Goethe-Institut

Zu einer ständigen Einrichtung in Südasien sind die vom Goethe-Institut vermittelten Vortragsreisen deutscher Wissenschaftler geworden. Diese Veranstaltungen erfüllen einen doppelten Zweck: einmal bieten sie die Möglichkeit, die deutsche Wissenschaft in Teilbereichen darzustellen, zum anderen beleben sie den Gedankenaustausch und die Aufnahme von direkten Kontakten; gerade daran sind beide Seiten zunehmend interessiert.

Unter dem Leitgedanken des erweiterten Kulturbegriffs behält auch die Information über deutsche Kultur neben dem Austausch und der Zusammenarbeit mit den Partnerländern ihren Stellenwert. Träger dieser Information sind im wesentlichen die Zweigstellen des Goethe-Instituts in Afghanistan, Indien, Sri Lanka und Pakistan. Aber auch Bangladesh und Nepal werden in die überall positiv aufgenommene Arbeit des Goethe-Instituts einbezogen.

Im Bereich der Musik und darstellenden Kunst legen wir weniger Wert auf repräsentative Großveranstaltungen. Wir geben vielmehr – wegen ihrer multiplikatorischen Wirkung – der Entsendung von Solisten, Dirigenten, Regisseuren oder kleineren Ensembles sowie der Zusammenarbeit mit einheimischen Kräften in der Werkstattarbeit den Vorzug.

Musikveranstaltungen haben in einigen Ländern der Region eine gute Resonanz gefunden. Vielversprechende Ansätze bieten sich besonders in Indien. Wir entsprechen damit keinesfalls nur den Erwartungen kleiner, europäisch orientierter Eliten, sondern auch gerade den Vorstellungen und Wünschen der aufgeschlossenen jüngeren Generation.

Allerdings darf die eigenständige Kulturwelt der Partnerländer nicht vernachlässigt werden, wenn wir einen fruchtbaren Austausch fördern wollen. Hierzu bietet z. B. das Sprechtheater eine Möglichkeit. In Bengalen erwiesen sich Aufführungen deutscher Theaterstücke, darunter Brechts *Der gute Mensch von Sezuan,* durch bengalische Laienspielgruppen als ein für alle Beteiligten bemerkenswertes, erfolgreiches Experiment.

Im Ausstellungswesen stoßen wir verständlicherweise auf Schwierigkeiten, wenn wir uns bemühen, die von vielen Ländern geäußerten Wünsche zu erfüllen, Originale aus Museen oder Privatbesitz auszuleihen. Die Museen sind schon aus konservatorischen Überlegungen kaum bereit, Originale aus ihrem Besitz zu geben. In der Praxis müssen wir daher auf Reproduktionen ausweichen oder die Einrichtung der Tourneeringe des Instituts für Auslandsbeziehungen in Stuttgart in Anspruch nehmen, die sich in Asien bewährt haben.

Film und Buch

Im Bereich von Film, Funk und Fernsehen bieten sich in Südasien gute Möglichkeiten für eine partnerschaftliche Zusammenarbeit an. Da sich einige Länder der Region bemühen, diese Medien auch bildungspolitisch zu nutzen, kommen wir ihren Wünschen gern entgegen.

Das Buchwesen spielt eine besondere Rolle im Rahmen unserer Zusammenarbeit mit Südasien. Die Bundesrepublik Deutschland beteiligte sich an der diesjährigen III. Internationalen Buchmesse in New Delhi, der bisher größten Buchveranstaltung in der Region. Die Produktion deutscher Verlage wurde anschließend in Kalkutta und – nach besonderer Ergänzung – auch in Colombo gezeigt und dort vom Fachpublikum gut aufgenommen.

Kontakte durch Sportveranstaltungen

Herausstellen möchte ich nicht zuletzt die Projekte in den weiten Bereichen nichtschulischer und außeruniversitärer Bildung, die in erster Linie von den politischen Stiftungen in der Bundesrepublik Deutschland, von den Kirchen sowie den Jugend- und Sportorganisationen getragen werden. Ihrer Tätigkeit kommt im Rahmen unserer Bemühungen um Verständigung und internationale Zusammenarbeit hohe Bedeutung zu.

Dazu nur ein Beispiel: Die Bundesrepublik Deutschland steht in dem Ruf, die Industrienation zu sein, die die Sportbeziehungen zu den Entwicklungsländern am nachdrücklichsten fördert. Dies gilt auch für die Länder Südasiens, zu denen wir mannigfache Sportbeziehungen unterhalten. Zum ersten Mal haben 1977 Sportverwaltungs- und Organisationsfachleute aus Asien an einem Seminar in Frankfurt am Main teilgenommen, um Struktur und Organisation des deutschen Sports kennenzulernen und vor allem, um Kontakte zu knüpfen und neue Möglichkeiten der Zusammenarbeit zu suchen.

Erhaltung einheimischer Kulturen

Ich möchte bei dieser Gelegenheit auch einen Bereich der kulturellen Zusammenarbeit erwähnen, der uns seit einigen Jahren mehr und mehr Gelegenheit gibt, die Kulturbeziehungen um eine neue Dimension zu erweitern. Unter dem Leitgedanken der Pflege und Erhaltung einheimischer Kulturen leisten wir Beiträge zu den Bemühungen unserer Partnerländer, die Zeugnisse ihrer Geschichte zu erschließen und der Gegenwart lebendig zu erhalten, vor allem durch Forschungsvorhaben und Restaurierungsmaßnahmen. So fördert das Auswärtige Amt z. B. die Bemühungen deutscher und nepalesischer Wissenschaftler um die Erforschung des kulturellen Erbes des Kathmandutales.

Wenn wir über die Möglichkeiten unserer kulturellen Zusammenarbeit mit Südasien sprechen, dürfen wir den wichtigen Bereich der multilateralen Beziehungen nicht außer acht lassen. Ich denke dabei an unsere Mitwirkung in der UNESCO. Die Bundesrepublik Deutschland ist im UNESCO-Arbeitsbereich an der 1974 initiierten Rettungskampagne für die von Zerstörung bedrohten Ruinen der

Stadt Moenjodaro in Pakistan, einer Ansiedlung aus der Zeit 2500 bis 1500 vor Christus, mit einem Aufwand von einer Million DM beteiligt. Sie ist damit einer der größten Spender für dieses Vorhaben.

Namhafte Beiträge leistete die Bundesrepublik Deutschland auch bei der im UNESCO-Rahmen geförderten Restaurierung des alten Königspalastes von Hanuman Dhoka, eines der schönsten und traditionsreichsten Bauwerke des Kathmandu-Tals. Gleichzeitig mit den Wiederherstellungsarbeiten wurden einheimische Fachkräfte ausgebildet, was inzwischen zur Gründung eines selbständigen Restaurierungszentrums geführt hat.

Verständnis für das Partnerland

Träger kultureller Aktivitäten im Partnerland sind oft Gesellschaften oder Vereinigungen, die sich der Pflege bilateraler Beziehungen widmen. Sie haben sich die Aufgabe gestellt, in der eigenen Bevölkerung das Verständnis für das Partnerland zu vertiefen, Kontakte zu vermitteln und bestehende Verbindungen zu pflegen. In der Bundesrepublik Deutschland sind in diesem Bereich die Deutsch-Indische Gesellschaft mit ihren zahlreichen Zweiggesellschaften, die Deutsch-Ceylonesische Gesellschaft, die Deutsch-Nepalische Gesellschaft und das Deutsch-Pakistanische Forum mit viel persönlichem Engagement ihrer Vorstände und Mitglieder tätig. Ich möchte diese Gelegenheit benutzen, besonders der Deutsch-Indischen Gesellschaft, ihrem Vorstand und ihren Mitgliedern herzlich zu danken für die Verdienste, die sich die Gesellschaft für die deutsch-indischen Beziehungen erworben hat. In den Ländern des Subkontinents wirken ähnliche Kulturgesellschaften und Partnerschaften mit gleichem Erfolg.

Wie sieht nun die Zukunft für die deutsch-indischen Kulturbeziehungen aus? Ich bin da optimistisch. Das zunehmende Interesse an der eigenen kulturellen Manifestation wird in Indien begleitet von einer sich ausweitenden Aufgeschlossenheit für ausländische Darbietungen, vor allem auf den Gebieten des Theaters, der Musik und des Ausstellungswesens. Diese Entwicklung kommt auch unseren kulturellen Bemühungen zugute, die gerade in diesem Land weniger auf Selbstdarstellung als auf einen echten Austausch hinzielen. In

Indien ist mit der Vorstellung Deutschlands der Name Max Müller eng verbunden, des zuvor erwähnten Nestors der Indologie. Zum Gedenken an ihn tragen die acht Zweigstellen des Goethe-Instituts in Indien seinen Namen: »Max Müller Bhavans«. Sie haben sich zu echten Begegnungsstätten im Sinne unseres erweiterten Kulturbegriffs entwickelt. Ihre Veranstaltungen verdeutlichen den Wert dieser Institutionen als Mittler zwischen indischer und deutscher Kultur: im Jahre 1977 wurden von ihnen 94 Ausstellungen und 622 Filmvorführungen veranstaltet sowie 456 andere kulturelle und wissenschaftliche Veranstaltungen durchgeführt.
Im Bereich der Wissenschaft entwickelte sich seit 1974 eine besonders fruchtbare Zusammenarbeit zwischen deutschen und indischen Universitäten. In der Vergangenheit hatten sich wegen der unterschiedlichen Interessenlage unserer Länder gewisse Schwierigkeiten gezeigt, da die indische Seite überwiegend die Durchführung von Projekten naturwissenschaftlich-technologischer Art verfolgte, während deutsche Hochschulen vorwiegend an geisteswissenschaftlichen Vorhaben interessiert waren. Beide Seiten sind nun dabei, neben der Pflege der bestehenden Beziehungen neue Formen des Austausches und der Zusammenarbeit zu entwickeln. Am Beispiel der im Rahmen unserer Entwicklungshilfe aufgebauten TH Madras, die jetzt im Rahmen der auswärtigen Kulturpolitik weiter gefördert wird, sind wir dabei, einen Musterfall erfolgreicher Kooperation zwischen Entwicklungspolitik und auswärtiger Kulturpolitik zum Erfolg zu führen. Grundlage all dieser Bemühungen ist das Kulturabkommen, das 1969 zwischen beiden Ländern abgeschlossen wurde und gut funktioniert.

Dies ist der Stand unseres Kulturaustausches mit Südasien. Dabei ist jedoch festzuhalten, daß Kulturbeziehungen nur dann wirklich und wirksam dem Frieden und der Völkerverständigung dienen, wenn sie von Weltoffenheit und dem Grundsatz gleichberechtigter Partnerschaft geleitet werden, aber auch von der Achtung vor den Leistungen anderer Kulturen.
Wir befinden uns damit im Einklang mit den Beschlüssen der *Intergovernmental Conference on Cultural Policies in Asia*, an der im Dezember 1973 in Yogyakarta unter anderem UNESCO-Mitglieder des südasiatischen Raumes teilnahmen. In dem Abschlußbericht über diese Konferenz heißt es:

»Die Wahrnehmung kulturellen Erbes muß neuen Gegebenheiten, Tendenzen und Erfordernissen Rechnung tragen. Im Streben nach einer nationalen Kultur muß Verständnis für die anderen Kulturen der Region und der Welt gezeigt werden, auf daß sich diese Kulturen und die eigene gegenseitig bereichern.«

Aber noch immer sind Brücken zu schlagen zwischen den Kulturen der Menschheit, noch immer ist eine Unmenge alter Vorurteile zu beseitigen. Hier sehe ich auch künftig eine große Aufgabe für die Deutsch-Indische Gesellschaft: ihre segensreiche Tätigkeit fortzusetzen mit dem Ziele, die Beziehungen zwischen uns und dem Subkontinent ständig zu verbessern und zu vertiefen.

Zusammenarbeit mit einem erwachenden Riesen
Der Kulturaustausch mit China
– 1987 –

Mit keinem anderen Land der Erde haben wir in den letzten Jahren eine ähnlich stürmische Entwicklung der Aufgeschlossenheit füreinander und der gegenseitigen Kenntnis voneinander erlebt wie mit China. Dafür gibt es gute Gründe. Der wissenschaftliche und kulturelle Austausch zwischen China und Deutschland hat eine lange Tradition. Schon vor dem ersten Weltkrieg wurden die chinesischen Universitäten Wuhan und Tongji/Schanghai von deutschen Wissenschaftlern gegründet. Deutsche Sinologen waren und sind führend an der Vermittlung der chinesischen kulturellen Tradition nach Europa beteiligt. Chinesische Studenten, unter ihnen der spätere Ministerpräsident Tschu En Lai, erwarben an deutschen Universitäten ihre Kenntnis moderner Wissenschaft und Technik. Sprache und Literatur des Partnerlandes wurden auf beiden Seiten in wachsendem Maß gelehrt und verbreitet. Zwei Weltkriege, in denen wir Gegner waren, konnten diese Entwicklung nicht unterbrechen. Nach der chinesischen Revolution von 1948/49 war es zunächst die DDR, welche die deutsch-chinesischen Beziehungen fortsetzte, während aus der Bundesrepublik Deutschland mangels diplomatischer Beziehungen private Kreise und Vereinigungen die Fäden wieder hin und her spannen, durchaus mit Erfolg.

Die Kulturrevolution unterbrach diese positive Entwicklung. Nach der neuen Öffnung Chinas zur Welt und der Aufnahme diplomatischer Beziehungen zwischen Peking und Bonn im Jahre 1972 mußten wir fast ganz von vorn anfangen. Die schnelle und intensive Entwicklung der deutsch-chinesischen kulturellen Beziehungen im vergangenen Jahrzehnt war für alle, die daran beteiligt gewesen sind, eine große Herausforderung; das Ergebnis spricht für sich.

Ein Markstein in dieser Entwicklung war der Abschluß eines Kulturabkommens am 24. Oktober 1979. Wie andere Kulturabkommen, welche die Bundesrepublik Deutschland abgeschlossen hat, sieht auch das Abkommen mit der Volksrepublik China vor, daß zur Durchführung des Abkommens regelmäßig Programme für bestimmte Zeiträume ausgearbeitet werden.

Bisher sind fünf solche Kulturaustauschprogramme in Kraft getreten, das letzte davon im März 1987; es gilt bis zum Ende dieses Jahres. Über das Programm 1988/89 wird im Oktober 1987 in Peking verhandelt werden. An der Abfolge dieser Programme wird der sprunghafte Ausbau des Austauschs deutlich. Denn im Rahmen dieser offiziellen Programme verläuft der Hauptstrom des deutsch-chinesischen Kulturaustauschs. Er fließt in drei besonders wichtigen Teilströmungen, nämlich Sprachförderung, Hochschulwesen und Wissenschaft sowie Kultur im engeren Sinne.

Die deutsche Sprache steht heute in China, was den Umfang des Lehrangebots angeht, nach Englisch und Japanisch zusammen mit der französischen Sprache an dritter Stelle. 77 deutsche Lektoren und Sprachlehrer halten sich im Lande auf. Wir sind uns mit der chinesischen Seite darüber einig, daß dieses Lehrangebot den Bedarf bei weitem noch nicht deckt. Derzeit lernen an den chinesischen Hochschulen erst ca. 1300 Studenten Deutsch als erste Fremdsprache, ca. 3000 als zweite Fremdsprache. Ein 1984 begonnener Fernkurs hat schätzungsweise 20000 Teilnehmer im ganzen Land. Auf der Tongji-Universität in Shanghai fördern wir seit Jahren mit Dozenten des Goethe-Instituts und des DAAD die deutsche Sprachausbildung von jährlich etwa 100 Studenten, die anschließend als Regierungsstipendiaten der VR China zwei weitere Jahre in der Bundesrepublik Deutschland studieren, einige auch bis zur Promotion. In Shanghai wird außerdem ein Rundfunksprachkurs ausgestrahlt, den etwa 14000 Hörer mit Hilfe des gedruckten Begleitmaterials zum systematischen Erlernen des Deutschen nutzen. Das sind kleine Zahlen in einem riesigen Land. Doch wird sich das demnächst ändern.

Das anläßlich des Besuchs des Bundeskanzlers Helmut Kohl in der VR China im Oktober 1984 von beiden Seiten vereinbarte Vorhaben, einen deutschen Sprachkurs im chinesischen Fernsehen auszustrahlen, wird im Laufe des Jahres 1988 verwirklicht werden. Es handelt sich hierbei um eines der wichtigsten und umfassendsten Projekte der Bundesrepublik Deutschland im Medien- und Sprachbereich. Die chinesische Seite wird unter Verwendung einer von Inter Nationes neu produzierten deutschen Grundfassung des Fernsehsprachkurses die chinesische Fassung selbst erstellen, wozu das Goethe-Institut didaktische Unterstützung leistet und Inter Nationes ergänzendes deutschlandkundliches Material liefert. Zur Vorbereitung der Adaption des Sprachkurses für das chinesische Fernsehen wird sich eine Gruppe von vier chinesischen Didaktikern und Linguisten vom Herbst 1987 an für mehrere Monate zur didaktischen Einführung beim Goethe-Institut in München und zur technischen Unterweisung beim Studio Hamburg in der Bundesrepublik Deutschland aufhalten.

Ein zweiter Schwerpunkt des deutsch-chinesischen Kulturaustauschs liegt im Wissenschafts- und Hochschulbereich. Die deutschen Universitäten genießen in China nach wie vor hohes Ansehen. Die Bundesrepublik Deutschland gilt auf dem Gebiet von Wissenschaft und Forschung als eines der weltweit führenden Länder. Das chinesische Interesse richtet sich dabei insbesondere auf Naturwissenschaften und Hochtechnologie als für den raschen wirtschaftlichen Aufbau der Volksrepublik besonders wichtige Bereiche. Doch auch in den Geistes- und Sozialwissenschaften entwickelt sich der Austausch gut. Zusätzlich zu dem traditionellen Interesse an der Literaturwissenschaft sowie an der Philosophie, wobei die Hegelforschung einen Schwerpunkt bildet, gilt das chinesische Hauptaugenmerk in den letzten Jahren mehr und mehr auch anderen Disziplinen wie den Wirtschaftswissenschaften, der Rechtswissenschaft, der Geschichtswissenschaft und der Soziologie. Es gibt derzeit 60 deutsch-chinesische Hochschulpartnerschaften, auf die sich der akademische Austausch stützen kann, dazu mehrere Vereinbarungen von Bundesländern mit chinesischen Provinzen, unter anderem zum Aufbau von Fachhochschulen.

Etwa 2000 Chinesen studieren gegenwärtig in der Bundesrepublik Deutschland. Es handelt sich überwiegend um fortgeschrittene Studenten, die bereits ein chinesisches Studium abgeschlossen haben. Sie werden zumeist vom Deutschen Akademischen Austauschdienst betreut.

Die Zahl der deutschen Studenten in China beläuft sich auf etwa 250. Es handelt sich überwiegend um Sinologen; für andere Fächer ist das chinesische Studienangebot noch nicht interessant genug.

Auch der Austausch von Wissenschaftlern zwischen der Bundesrepublik Deutschland und China wird durch den DAAD gefördert; er vermittelt 1987 etwa 80 deutschen Hochschullehrern Gastvorlesungen an chinesischen Universitäten und bis zu 10 chinesischen Wissenschaftlern Studienaufenthalte von jeweils 1 bis 3 Monaten an deutschen Forschungseinrichtungen. Als Stipendiaten der Alexander-von-Humboldt-Stiftung halten sich gegenwärtig etwa 50 hoch

qualifizierte chinesische Wissenschaftler in der Bundesrepublik Deutschland auf.
Als dritten Hauptbereich regeln die Programme zur Durchführung des deutsch-chinesischen Kulturabkommens auch den Austausch in den Bereichen Berufliche Bildung, Kunst, Musik, Theater, Literatur, Film, Rundfunk, Fernsehen, Jugend und Sport.
Aus den Bereichen Musik, Theater und Kunst verdienen einige Veranstaltungen der vergangenen Jahre besonders erwähnt zu werden. Unter den deutschen Veranstaltungen in China sind das die Gastspiele des Mannheimer Nationaltheaters (1982), der Bayerischen Staatsoper (1984), der Bamberger Symphoniker (1986) und des Stuttgarter Balletts (1987); große Beachtung fand auch eine Ausstellung deutscher Romantiker der Nationalgalerie Berlin in Peking (1985). Eindrucksvolle chinesische Kulturveranstaltungen in der Bundesrepublik Deutschland waren unter anderem das Anhui-Akrobatentheater (1985), das Shenyang-Akrobatentheater (1986) und die Peking-Oper (1987).
Die deutschen politischen Stiftungen haben sich in den letzten Jahren mit Ausbildungs- und Forschungsprojekten in vielen gesellschaftspolitischen Bereichen der VR China zunehmend engagiert und verfügen mittlerweile über ausgezeichnete Kontakte zu chinesischen Institutionen.
Welche konkreten Aussichten gibt es für eine weitere Vertiefung unserer kulturellen Zusammenarbeit mit der Volksrepublik China? Hier zeichnen sich vor allem zwei Schwerpunkte ab.
Zum einen wird in Kürze eine Zweigstelle des Goethe-Instituts in Peking eingerichtet werden können. Beim Besuch Bundesaußenministers Genscher in der VR China im Oktober 1985 hatte sich die chinesische Seite grundsätzlich damit einverstanden erklärt. Eine erste Verhandlungsrunde hat im Mai 1986 in Peking stattgefunden. Wir erwarten, die dabei offen gebliebenen Fragen in einer weiteren Verhandlungsrunde in Bonn so klären zu können, daß das Abkommen über die Gründung des Goethe-Instituts Peking noch in diesem Jahr abgeschlossen werden kann. Die künftige Zweigstelle des Goethe-Instituts in Peking soll sich zunächst der Förderung der deutschen Sprache widmen, doch hoffen wir, über sie später auch Kulturprogramme dem chinesischen Publikum anbieten zu können.
Ein weiterer Schwerpunkt beim Ausbau der kulturellen Zusammenarbeit wird wie bisher schon im Bereich des Studenten- und Prakti-

kantenaustausches liegen. Bei seinem Besuch in China im Juli 1987 hat Bundeskanzler Kohl unsere Bereitschaft zum Ausdruck gebracht, die Zahl der Chinesen, die sich zur Ausbildung in der Bundesrepublik Deutschland befinden, auf 3 000 zu erhöhen. Diese Absichtserklärung wird in den nächsten Jahren durch eine Gemeinschaftsaktion von Bund und Ländern, den Mittlerorganisationen und der Wirtschaft in die Tat umgesetzt werden.

Schon jetzt ist die Bundesrepublik Deutschland, so wie in Politik und Wirtschaft, auch im Kulturaustausch der wichtigste Partner der Volksrepublik China in Westeuropa. Als Gastland für im Ausland studierende Chinesen hält sie nach den USA den zweiten Platz inne. Diesen erfreulichen Stand gilt es nicht nur zu halten, sondern weiter zu verbessern. Dafür sind die Aussichten gut, obgleich die Lage der öffentlichen Haushalte auf beiden Seiten Grenzen setzt. Beide Seiten respektieren die unterschiedlichen gesellschaftspolitischen Grundauffassungen des Partners. Aber beide Seiten haben miteinander keine Probleme, im Gegenteil ein immer noch wachsendes Interesse füreinander. Das chinesische und das deutsche Volk können einander auch in Zukunft viel geben und damit ihren Beitrag dazu leisten, daß die Welt künftig nicht von Krieg und Abgrenzung bestimmt wird, sondern von Frieden und wachsender Zusammenarbeit der Menschen über die Grenzen hinweg.

Hilfe zur Selbsthilfe
Ansprache vor einer Tagung der Kulturreferenten in Afrika
– 1985 –

Die letzte Kulturreferententagung, an der Vertreter der heute hier beteiligten Regionen teilnahmen, fand Mitte der 70er Jahre in Nairobi statt. Es ist daher an der Zeit, erneut in einem intensiven, praxisorientierten Meinungsaustausch eine Bestandsaufnahme unserer Kulturbeziehungen mit den Ländern des östlichen und südlichen Afrika vorzunehmen, wesentliche Probleme herauszuarbeiten und Möglichkeiten und Perspektiven für die zukünftige Gestaltung des Kulturaustausches zu erörtern.

Wir folgen damit der etablierten Praxis der Kulturabteilung, in regelmäßigen Abständen regionale Kulturreferententagungen abzuhalten. Sie sind ein wichtiges Instrument für die Fortschreibung und Neuakzentuierung der regionalen Kulturarbeit und zugleich ein Indiz für den Stellenwert, der den Kulturbeziehungen im Rahmen unserer Gesamtbeziehungen mit den Staaten der verschiedenen Weltregionen beizumessen ist.

Wir wissen in der Kulturabteilung, mit welchen Schwierigkeiten Sie sich bei der Gestaltung der Kulturarbeit vor Ort häufig herumplagen müssen. Wir schätzen Ihr Engagement hoch ein, auf das wir besonders in Ländern der Dritten Welt angewiesen sind. Die Tagung soll Gelegenheit geben, Ihre Erfahrungen und Probleme bei der praktischen Arbeit zu erörtern, um durch die Verwertung neu gewonnener Eindrücke und Erkenntnisse das Instrumentarium unserer auswärtigen Kulturpolitik möglichst wirkungsvoll auf die verschiedenen regional- und länderspezifischen Bedürfnisse der Staaten des östlichen und südlichen Afrika ausrichten zu können. Wir alle müssen unsere Arbeit an dem Anspruch messen, unsere Kulturbeziehungen – gerade auch in Zeiten knapper Haushaltsmittel – im Rahmen unserer Gesamtbeziehungen so wirksam wie möglich zu gestalten. Gerade weil die hier vertretenen Regionen politisch und kulturell nicht in sich geschlossen sind und somit nicht als kulturell homogenes Gebiet Ziel für eine einheitliche auswärtige Kulturpolitik sein können, kommt es auf eine ausreichend regional- bzw. länderbezogen orientierte Differenzierung unserer Kulturarbeit, die den kultur- und bildungspolitischen Bedürfnissen des jeweiligen Landes ausreichend Rechnung trägt, an. Wir sind auf die Erfahrungen, Vorschläge und Anregungen der Vertretungen und aller vor Ort tätigen Kulturmittler für die Gestaltung unseres Kulturprogrammes angewiesen, dessen Umfang und Differenziertheit freilich seine Grenze an den verfügbaren Mitteln – sowohl sächlich als auch personell – findet.

Die Bedeutung, die der auswärtigen Kulturpolitik seitens der Bundesregierung beigemessen wird, hat Bundeskanzler Kohl in einer Rede vor der Universität Cordoba in Argentinien anläßlich der Verleihung der Ehrendoktorwürde im Frühjahr 1984 wie folgt unterstrichen: »Die kulturpolitische Zusammenarbeit zwischen den Völkern ist für mich viel mehr als ein bloßes Rankenwerk für die politischen und wirtschaftlichen Beziehungen. Sie ist vielmehr das Instrument zur Vertiefung des Verständnisses zwischen den Völkern. Sie schafft ein Fundament gegenseitigen Vertrauens, das auch Krisenzeiten übersteht. Förderung und Ausbau der Kulturbeziehungen sind daher ein wichtiger Bestandteil unserer Außenpolitik.«

Unsere auswärtige Kulturpolitik als dritte »Dimension« unserer weltweiten, auf Friedenssicherung angelegten Außenpolitik soll die Bundesrepublik Deutschland als einen weltoffenen Kulturstaat präsentieren, der wichtige Beiträge zur Kultur der Welt leistet und für die Beiträge der anderen offen ist. Die auswärtige Kulturpolitik trägt damit wesentlich dazu bei, ein zutreffendes Deutschlandbild zu vermitteln und bleibendes Vertrauen für unser Land zu schaffen und zu erhalten. Auswärtige Kulturpolitik so verstanden erschließt zur *Höhe und Breite der politischen und Wirtschaftsbeziehungen auch noch die stabilisierende Tiefe kultureller Verbindungen.* Gerade für unsere Beziehungen zu Staaten, die nicht unsere demokratische Wertordnung teilen, kann, wie sich mehrfach erwiesen hat, die kulturelle Dimension von besonderer Bedeutung sein.

Auswärtige Kulturpolitik kann sich nur dann zu einer – neben Wirtschafts- und allgemeiner Politik – gleichwertigen Kraft entfalten, wenn sie sich an den von der Politik und Wirtschaft vorgegebenen Parametern orientiert, gleichzeitig jedoch versucht, durch *eigenständige* Beiträge die politisch oftmals labilen Beziehungen zu stabilisieren.

Daß wir innerhalb einer kurzen Zeitspanne Kultur- und Pressserefe-

rententagungen in West- (in Lomé im Herbst 1983) und im östlichen und südlichen Afrika durchführen, beweist, welche Bedeutung – politisch und wirtschaftlich, entwicklungs- und kulturpolitisch – wir dem afrikanischen Kontinent beimessen. Der afrikanische Kontinent hat auf Europa und auf uns Deutsche seit jeher eine starke Anziehungskraft ausgeübt. Der Ethnologe Frobenius war wohl einer der ersten, der uns die Originalität, die eigenständige Kraft und die Kontinuität afrikanischer Kultur bewußt gemacht hat, wie wir sie heute nicht nur auf dem afrikanischen Kontinent selbst, sondern auch an anderen Stellen der Welt in großer Lebendigkeit feststellen können. Die im letzten und in diesem Jahr veranstalteten Symposien und Konferenzen zum hundertsten Jahrestag des Beginns deutscher Kolonialpolitik und zur Berliner Konferenz von 1985 gaben erneut Gelegenheit, die deutsche – und europäische – Kolonialgeschichte einer kritischen Bewertung zu unterziehen. Gleichzeitig gelang es jedoch, über die historische Analyse hinaus eine gegenwarts- und zukunftsorientierte Darstellung des deutsch- bzw. europäisch-afrikanischen Beziehungsgeflechts herbeizuführen.
Wir begreifen Afrika heute in seiner aus der historischen Tiefe gewachsenen kulturellen Vielfalt. Hierzu hat ganz wesentlich die *deutsche Afrikanistik* beigetragen. Sie hat sich zu einer wichtigen Wissenschaftsdisziplin entwickelt – mit den Mitteln der Geschichts- und Wirtschaftswissenschaften, der Soziologie, der Sprachwissenschaft und der Politologie. Sie strebt ein umfassendes Verständnis des afrikanischen Kontinents und seiner Probleme an.
Vor dem Hintergrund jahrhundertealter, vielfältiger, nicht immer von Spannungen und Konflikten freien Beziehungen sehen wir *in Afrika heute den Partner, der über sein politisches Schicksal selbst bestimmt* und es – trotz aller wirtschaftlichen und sozialen Notlagen – so gut wie möglich selbst gestaltet. Mit Interesse und Anteilnahme begleiten wir daher die vielfältigen Bestrebungen der Völker Afrikas, nach der langen Zeit der machtpolitischen und wirtschaftlichen Beherrschung und gleichzeitig auch der kulturellen Beeinflussung von außen zu der eigenen kulturellen Identität zurückzufinden.
Bei der Gestaltung der Kulturbeziehungen mit den Ländern der Dritten Welt – und somit auch gegenüber den meisten afrikanischen Ländern – stellt sich die Frage, ob die für den wirtschaftlichen und sozialen Fortschritt notwendige Adaption westlicher Technologie und Lebensform zwangsläufig ein Zurückdrängen oder gar eine

Preisgabe eigener kultureller Werte zur Folge haben muß. Unsere Dritte-Welt-Politik, unsere Kultur- und Entwicklungspolitik zielen darauf ab, die Entwicklungsländer dabei zu unterstützen, sich nach ihren *eigenen Fortschrittsleitbildern* zu entwickeln. Wir sind folglich bemüht, dazu beizutragen, daß der notwendige und angestrebte sozio-kulturelle Wandel und die Bewahrung der kulturellen Eigenständigkeit Hand in Hand gehen.

Ein zentraler außenpolitischer Grundsatz der Bundesregierung ist, daß alle Nationen über ihre kulturellen, wirtschaftlichen und politischen Lebensformen in Unabhängigkeit selbst bestimmen. Wir lehnen daher die kritiklose Übertragung von Entwicklungsmodellen auf Dritt-Welt-Länder ab. »Entwicklung muß auf der eigenen Kultur aufbauen und – mit dem Willen zur Achtung der unveräußerlichen Menschenrechte und der Entschlossenheit zur Nutzung der modernen Wissenschaft und Technik – diese Kultur weiterentwickeln. Wer gegen solche eigenständige Entwicklung ist und der Dritten Welt fremde, vorgefertigte Konzepte aufzuzwingen versucht, handelt gegen die Interessen der Entwicklungsländer und der Welt insgesamt. *Die nationale, die religiöse und die kulturelle Identität der Völker darf nicht angetastet werden.* Die Menschheit braucht die Vielfalt der Kulturen, wenn ihre schöpferischen Kräfte nicht versiegen sollen« (so Bundesminister Genscher vor der 35. VN-Generalversammlung am 24. 9. 1980).

Unter Berücksichtigung regionaler Verschiedenheiten des afrikanischen Kontinents verstehen wir unsere auswärtige Kulturpolitik in Afrika folglich in besonderem Maße als *Angebot einer Hilfe zur Selbsthilfe.* Unsere Zusammenarbeit mit Ländern der Dritten Welt soll die *Selbsthilfe* fördern, d. h. die Eigeninitiativen anregen sowie humane und materielle Reserven einer Gruppe von Menschen im Wege der Mobilisierung freisetzen, die Lebensverhältnisse der an einer Selbsthilfemaßnahme Beteiligten individuell und kollektiv verbessern, ihnen durch Organisation stärkeres politisches Gewicht verschaffen *und damit verbesserte Partizipationsmöglichkeiten am politischen Entscheidungsprozeß gewähren.* Dabei gilt natürlich: Es geht hier um Zusammenarbeit auf Wunsch der Partner, nicht um Intervention von außen.

Die kirchliche Entwicklungshilfe, der karitative oder diakonische Einsatz unserer Kirchen und die sehr engagierte Arbeit der politischen Stiftungen als ein wichtiger Bestandteil der politischen Kultur der Bundesrepublik Deutschland haben sich durch ihre Zusammenarbeit mit unzähligen Partnerorganisationen verschiedenster Couleur und Provenienz gesellschaftspolitisch erfolgreich betätigt – zumeist jenseits der offiziellen Regierungsschiene. Mit zahlreichen Projekten in den Bereichen ländliche Entwicklung und Alphabetisierung, politische Bildungsarbeit, Erziehung und Ausbildung, im Medienbereich (»rural communication«) haben sich die politischen Stiftungen und der Deutsche Volkshochschulverband in vielen Ländern hohes Ansehen erworben – vor allem dadurch, daß sie dem zuvor genannten Prinzip der Selbsthilfe in ihrer gesellschaftspolitischen Zusammenarbeit Rechnung trugen.

Wie auch in anderen Weltregionen bedeutet deutsche Außenpolitik in Afrika vor allem Friedenspolitik. Sie verfolgt das Ziel, zum gewaltfreien Ausgleich von Interessengegensätzen beizutragen, Spannungen abzubauen, Konflikte einzudämmen und die in Afrika bestehenden politischen und wirtschaftlichen Strukturen zu stabilisieren. Zur Erreichung dieser Ziele bedient sich die Bundesregierung des vertrauensvollen Dialogs ebenso wie der wirtschaftlichen und kulturellen Zusammenarbeit. *Wirtschaftliche Entwicklung und soziale Befriedung sind ohne politische Stabilität nicht denkbar; politische Stabilität ohne wirtschaftliche und soziale Konsolidierung nicht erreichbar.* Dabei kommt der Wahrung der elementaren Menschenrechte eine wichtige Bedeutung bei der Verwirklichung des gesellschaftlichen Friedens zu.
Aufgrund des politischen Gewichts der afrikanischen Staaten in der VN-Familie müssen wir in immer stärkerem Maße die berechtigten Interessen Afrikas in unser eigenes politisches Konzept einbeziehen. Dank unserer oftmals traditionell guten Beziehungen zu fast allen afrikanischen Staaten genießen wir ein politisches Ansehen, das wir bei politisch kontroversen Debatten in internationalen Foren – wie in den VN-Gremien und derzeit besonders in der UNESCO – noch mehr als bisher einsetzen sollten.
Bei der Diskussion um die Reform der UNESCO haben wir in diesem Sinn durch Demarchen und Sondierungen bei den Ländern der Dritten Welt um Unterstützung für unsere Forderungen geworben, also:

– Abbau der Überpolitisierung, Beachtung des Aufgabenbereichs der UNESCO im VN-System;
– Beendigung der ideologischen Debatte über die sogenannte »Neue Weltinformationsordnung«;
– Verabschiedung von konsensfähigen Arbeitsprogrammen und eine
– entsprechende Effizienzsteigerung der UNESCO-Bürokratie.

Die überaus unterschiedlichen Reaktionen in Afrika – von deutlicher Zustimmung bis zu kaum verhüllter Ablehnung – zeigen allerdings auch, daß der Kontinent weniger denn je eine Einheit ist, sondern sich in einer fast verwirrenden Vielfalt entwickelt.

Dieser Vielfalt ist Rechnung zu tragen, auch bei der Gestaltung unserer kulturellen Zusammenarbeit. Die vielfältigen ungelösten politischen Probleme in verschiedenen afrikanischen Regionen setzen dabei oft schwierige Rahmenbedingungen. Dazu nur die wichtigsten Punkte:

1. In der Republik Südafrika und in Namibia gilt es, zu einer friedlichen Überwindung der Apartheid zu gelangen und eine konstruktive Zusammenarbeit mit allen Staaten der Region auf der Grundlage der Gleichberechtigung und des gegenseitigen Nutzens zu verwirklichen.

Unsere auswärtige Kulturpolitik ordnet sich ein in unsere Gesamtpolitik gegenüber der Republik Südafrika, deren Ziel es ist, durch »kritischen Dialog« auf die Überwindung der Apartheid hinzuwirken. Mit dem seit 1980 laufenden »Sonderprogramm Südliches Afrika« möchte die Bundesregierung gezielt die Bildungschancen der nichtweißen Bevölkerung verbessern und somit einen wirksamen Beitrag zum Abbau der Rassendiskriminierung leisten. Das Sonderprogramm ist getragen von dem Bewußtsein, daß über die Verbesserung der Bildungschancen und des Bildungsniveaus der nichtweißen Bevölkerungsschichten ein wesentlicher Grundstein für die Überwindung des Apartheid-Systems gelegt werden kann.

Das gilt unverändert, auch und gerade angesichts der neuen Welle der Gewalt in Südafrika. Dazu die EG-Außenminister: »Nur die Abschaffung der diskriminierenden Praktiken und des Systems der Apartheid zusammen mit der Anerkennung der bürgerlichen und politischen Rechte der schwarzen Bevölkerung können die friedliche Entwicklung der südafrikanischen Gesellschaft gewährleisten.« Mit einer verstärkten Fortsetzung des Sonderprogramms Südliches Afrika – vor allem im Stipendiaten-Bereich – und einer möglichen Ausdehnung des Programms auf den informellen Sektor versuchen wir, die nichtweiße Bevölkerung weiterhin gezielt zu fördern und verstärkt Zugang zur auf friedlichen Wandel verpflichteten schwarzen Opposition zu bekommen.

2. Am Horn von Afrika werden regionale Interessengegensätze durch globale Spannungen überlagert und bedrohen über die Region hinaus den Frieden. Unsere kulturelle Präsenz, besonders in Äthiopien, soll dazu beitragen, durch offene Zusammenarbeit solche Gegensätze und Spannungen abzubauen. Die sich verschärfende Hungersnot in dieser Region und in weiteren Ländern Afrikas, die weltweit, und auch in der deutschen Bevölkerung, eine umfangreiche Hilfsaktion ausgelöst hat, darf nicht den Blick dafür verstellen, daß Afrika ein potentiell reicher Erdteil ist. Seine Rohstoffvorkommen, seine Wasserkraft, seine landwirtschaftlichen Entwicklungsmöglichkeiten sind erheblich. Die vor uns liegende Aufgabe ist, diese Ressourcen zu mobilisieren und damit einen wirkungsvollen entwicklungspolitischen Beitrag zu leisten. Dazu soll unter anderem auch unser Beitrag zu einer fachlich guten Ausbildung der Verantwortlichen beitragen, vor allem die Stipendienprogramme.

Ausgehend von den zuvor aufgezeigten politischen und wirtschaftlichen Rahmenbedingungen geht es nunmehr darum, die von Bundeskanzler Kohl für die Gestaltung der auswärtigen Kulturpolitik in seiner Regierungserklärung vom 4. Mai 1983 aufgezeigten Leitlinien

- Völkerverständigung und Friedenssicherung;
- Vermittlung eines lebendigen Bildes unseres Landes, seiner Bevölkerung und seiner Geschichte;
- bessere Verbreitung der deutschen Sprache;
- stärkere Förderung der deutschen Auslandsschulen

auf ihre Anwendbarkeit bzw. Durchsetzbarkeit bei der kulturellen Zusammenarbeit mit den Ländern des östlichen und südlichen Afrika zu überprüfen.

Folgende *Schwerpunkte* haben wir in diesem Rahmen für unsere Kulturpolitik in Afrika gebildet:

a) Förderung der deutschen Sprache

Neben der *Weiterentwicklung unseres Auslandsschulwesens* hat die verstärkte Förderung von Deutsch als Fremdsprache Priorität, und zwar im Schulwesen anderer Länder ebenso wie für Erwachsene. Wir möchten *das vorhandene Interesse am Erlernen der deutschen Sprache fördern, ein aktuelles Deutschlandbild vermitteln und durch beides Bindungen an unser Land und unsere Kultur schaffen.* Es hat sich erwiesen, daß das Medium *Sprache* noch immer *der beste Zugang zur Kultur eines Volkes ist und zum vertieften Verstehen seines Wesens beiträgt.*

Die Förderung der deutschen Sprache hat immer schon – wenn auch mit unterschiedlichem Gewicht – eine wichtige Rolle in der auswärtigen Kulturpolitik gespielt. Während in den 70er Jahren und auch zuvor die deutsche Sprache Träger und nicht Ziel unseres Wirkens im Ausland war und unsere Sprachpolitik folglich *bedarfsdeckend, nicht aber bedarfsweckend* ausgerichtet war, ist die Bundesrepublik nunmehr entschlossen, die Verbreitung unserer Sprache zu einem der wichtigsten Ziele unserer auswärtigen Kulturpolitik zu machen. Diese Absicht wurde bereits in der Regierungserklärung vom 4. Mai 1983 angekündigt: »Wir werden neue Anstrengungen unternehmen, um die deutsche Sprache im Ausland wieder mehr zu verbreiten.«

Inzwischen liegt dazu der Sprachbericht 1985 vor. Angesichts der existentiellen Not, in der sich der größte Teil der Bevölkerung der meisten Staaten des östlichen und südlichen Afrika befindet, ist freilich zu fragen, ob durch eine offensive Sprachpolitik das Interesse an Deutschland und seiner Sprache verstärkt geweckt werden kann. Hier muß für jedes Land geprüft und entschieden werden, was zu tun ist.

b) *Erziehungs- und Bildungsbereich*

Die Verbesserung der Bildungsstrukturen ist von vorrangiger Bedeutung für unsere Partnerländer. Hierbei steht für unsere auswärtige Kulturpolitik die Unterstützung des tertiären Bildungssektors, also des Fachhochschul- und Hochschulbereiches, im Vordergrund. Unser Ziel ist es, durch personelle Förderung zum Aufbau leistungsfähiger einheimischer Einrichtungen der Forschung und Lehre beizutragen.

Im vergangenen Jahr studierten rund 4000 Studenten aus Afrika an deutschen Hochschulen, ein großer Teil davon mit einem deutschen Stipendium. Der Deutsche Akademische Austauschdienst (DAAD) verlieh für das Studienhalbjahr 1984/85 75 Neu-Stipendien und verlängerte 197. Die Otto Benecke Stiftung förderte zum gleichen Zeitraum das Studium von 350 Afrikanern an deutschen Hoch- und Fachhochschulen. Auch die politischen Stiftungen in der Bundesrepublik Deutschland verleihen zahlreiche Stipendien.

Aufgrund langjähriger Erfahrungen bietet der DAAD grundsätzlich nur noch Stipendien für »postgraduates« zum Studium an deutschen Hochschulen an. Für Doktoranden wurde vor einigen Jahren das sogenannte »Sandwich-Stipendium« entwickelt. Dem ausländischen Stipendiaten wird dabei in Form von Kurzstudienaufenthalten und unter der Aufsicht sowohl eines deutschen als auch ausländischen Hochschullehrers ermöglicht, seine im Heimatland begonnenen wissenschaftlichen Arbeiten in Deutschland fortzusetzen und im Heimatland abzuschließen.

Darüber hinaus werden junge Afrikaner durch »sur-place«- und Drittlandstipendienprogramme gefördert. Diese Stipendienprogramme haben den Vorzug, daß die Studenten in der ihnen gewohnten Kulturatmosphäre ihr Studium ohne Sprachprobleme und kulturell bedingte Umstellungsschwierigkeiten betreiben können. Für die Heimatländer der Studenten haben die »sur place«-Stipendienprogramme auch die entwicklungspolitisch wünschenswerte Folge, die Abwanderung des Akademikernachwuchses nach Europa nach erfolgreich abgeschlossenem Studium, dic in der Vergangenheit sehr häufig war, einzudämmen.

Im Rahmen der Zusammenarbeit auf dem Hochschul- und Wissenschaftssektor kommt der Entsendung deutscher Wissenschaftler an afrikanische Hochschulen, der Finanzierung von Forschungs- und Promotionsaufenthalten afrikanischer Wissenschaftler in Deutschland und deutscher Wissenschaftler in Afrika große Bedeutung zu. Der DAAD hat augenblicklich 50 Wissenschaftler an afrikanische Hochschulen vermittelt, davon 20 als Lektoren der deutschen Sprache.

Enge Beziehungen bestehen auch zwischen deutschen und afrikanischen Hochschulen bzw. Hochschulinstituten: ca. 25 Hochschulpartnerschaften wurden bisher etabliert. Hervorzuheben ist in diesem Zusammenhang die Universität Bayreuth, die im Rahmen ihres fächerübergreifenden Schwerpunktes »Afrikanistik« Kooperationsabsprachen mit den Universitäten in Abidjan, Cotonou, Dakar und Lomé getroffen hat.
Ferner konzentriert sich die bildungspolitische Zusammenarbeit auf die Förderung der beruflichen Aus- und Fortbildung.

Der Stellenwert, der unserer Kulturpolitik gegenüber der Dritten Welt und somit im Rahmen des Nord-Süd-Dialogs zukommt, wurde vom Bundesaußenminister in seiner Rede vor der 39. Generalversammlung am 26. 9. 1984 in New York und unlängst vor der Parlamentarischen Versammlung des Europa-Rates wie folgt unterstrichen: »Der Kulturaustausch zwischen Nord und Süd darf nicht am Rande, er muß im Zentrum des Nord-Süd-Gesprächs stehen.« In unserer auf Partnerschaft, Dialog und Austausch gegründeten kulturellen Zusammenarbeit mit der Dritten Welt bemühen wir uns über die *Kulturhilfe* und *Präsentationshilfe* verstärkt darum,

- Beiträge zur Pflege und Erhaltung einheimischer Kulturwerte und zur Förderung zeitgenössischer kultureller Entwicklungen zu leisten und
- durch die Förderung von Ausstellungen afrikanischer Künstler, der Übersetzung afrikanischer Literatur ins Deutsche, der Beteiligung afrikanischer Verlage an der Frankfurter Buchmesse, der Durchführung afrikanischer Filmwochen in der Bundesrepublik Deutschland und der Subventionierung der Berliner »Horizonte«-Festivals den bisherigen Einbahnverkehr des »Kulturaustausches« in etwas ausgewogenere Bahnen zu lenken und das deutsche Publikum für kulturelle Entwicklungen in Afrika zu sensibilisieren.

Bei der Gestaltung der kulturellen Zusammenarbeit mit vielen afrikanischen Ländern südlich der Sahara stellen wir in Rechnung, daß für viele dieser Länder die Hauptsorge das schlichte Überleben der Bevölkerung ist. Angesichts der sozio-ökonomischen Verwerfungen und Probleme, die mit den Bemühungen um wirtschaftliche und soziale Entwicklung verbunden sind, stellt unser kulturelles Angebot deshalb die entwicklungspolitischen Bedürfnisse in Rechnung, z. B. bei der Gestaltung der Zusammenarbeit im Hochschulbereich.

Die Zweigstellen des Goethe-Instituts als interkulturelle Begegnungsstätten, bisher in drei Ländern Ost- und Südafrikas – Äthiopien, Kenia, Tansania – bemühen sich in ihrer Programmgestaltung und in ihrer Spracharbeit, auf die kulturellen Besonderheiten bzw. sprachlichen Bedürfnisse des jeweiligen Gastlandes einzugehen. Neben deutschlandbezogenen Wort- und Filmprogrammen sowie Kunstdarbietungen nehmen Fragen der sozialen oder wirtschaftlichen Entwicklung, denen afrikanische Länder gegenüberstehen, in den Seminarveranstaltungen einen breiten Raum ein.

Im Rahmen der kulturellen Zusammenarbeit mit Afrika unterstützt die Bundesregierung über die UNESCO Treuhandprojekte im Medienbereich, deren Ziel es ist, durch den Aufbau regionaler Nachrichtenagenturen in Afrika – African News Agency (PANA) – die erforderliche technische Medien-Infrastruktur zu schaffen. Darüber hinaus ist die Bundesregierung bemüht, durch die Förderung des Aufbaus leistungsfähiger, entwicklungspolitisch orientierter Medieninfrastrukturen (z. B. »Expansion of Rural Press«, Kenia und »Development of Radio Services«, Guinea-Bissau) zur Verbesserung der ländlichen Bildungsinfrastruktur beizutragen. Von den Möglichkeiten der Zusammenarbeit in den Bereichen Film, Fernsehen, Fernsehsprachkurse, Hörfunk-Sprachkurse, Übersetzungsprogramme von Inter Nationes und Buchspenden sollten Sie reichhaltig Gebrauch machen.

Da die Mitgliedsländer der Europäischen Gemeinschaft über die wirtschaftliche und politische Zusammenarbeit hinaus auch ein stärkeres Zusammenwirken auf dem kulturellen Sektor anstreben, bemühen wir uns im Hinblick auf die »Feierliche Erklärung zur Europäischen Union« des Europäischen Rats in Stuttgart vom 19. 7. 1983 darum, die in der Erklärung vorgesehene »engere Koordinierung kultureller Tätigkeiten in Drittländern im Rahmen der politischen Zusammenarbeit« mit den afrikanischen Staaten mit Leben zu erfüllen. Verstärkte Anstrengungen auf dem kulturellen Sektor sind auch deswegen angebracht, weil viele afrikanische Länder mit der EG im Rahmen des Lomé-Abkommens assoziiert sind.

Einen Blick in den kulturellen Teil des *Lomé-III-Abkommens* zu werfen lohnt insofern, als – ohne daß die Gemeinschaft über ein spezifisches Verhandlungsmandat verfügte – auf Wunsch der AKP-Länder ein substantielles Kapitel zur *Zusammenarbeit im kulturellen und sozialen Bereich* dem multilateralen Vertrag »Lomé III« hinzugefügt werden konnte. Darin geht es in erster Linie um die generelle *Zielsetzung, entwicklungspolitische Tätigkeit systematisch in den sozio-kulturellen Kontext der Partnerländer einzubauen*. Das Kapitel regelt darüber hinaus alle diejenigen Kooperationsbereiche, die speziell auf die *Förderung der »human resources«* ausgerichtet sind, *insbesondere Erziehung, Gesundheit und Forschung*.

Neue Chancen für die UNESCO
– 1988 –

Die Wahl

Die wichtigste Entscheidung fiel schon vorher, im fünfzigköpfigen Exekutivrat: das Ende der Ära M'Bow, der Beginn der Ära Mayor. Mit 30 gegen 20 Stimmen entschied sich der Rat, das zweithöchste Organ der UNESCO, nach der alle zwei Jahre tagenden Generalkonferenz am 18. Oktober 1987 für diesen, gegen jenen.

Damit wurde ein mehr als einjähriger Auswahlprozeß beendet, an dessen Beginn im Frühsommer 1986 die Erklärung M'Bows gestanden hatte, er werde sich nicht um seine Wiederwahl bewerben. Wäre er dabei geblieben, so wäre ihm ein ehrenvoller Abgang gewiß gewesen, wie dies der deutsche Vertreter im Exekutivrat, Botschafter a. D. Dr. Walter Gehlhoff, unmittelbar nach M'Bows scheinbarem Verzicht erklärt hatte.

Doch der seit 1974 amtierende Generaldirektor zog aus der dann folgenden weltweiten Diskussion über mögliche Nachfolger einen falschen Schluß. Weil sich bis zum Sommer 1987 kein klarer Favorit abgezeichnet hatte – der uruguayische Außenminister Iglesias, der es hätte sein können, stellte sich nicht zur Kandidatur –, sah er eine Gewinnchance und erklärte, nach einem eher verhaltenen Votum der afrikanischen Staats- und Regierungschefs für ihn, seine Bereitschaft zu weiteren sechs Amtsjahren. Seine Rechnung stützte sich auch darauf, daß der kräftigste Gegenkandidat, der pakistanische Außenminister Yaqub Khan, weder alle Asiaten noch alle Europäer hinter sich scharen konnte und auch bei den Lateinamerikanern wenig Sympathie genoß.

Aber M'Bow und seine Berater hatten falsch gerechnet. Er mußte im ersten Anlauf gewinnen, verfehlte indes das Ziel um mehrere Stimmen, ja verlor einige wieder in den weiteren Wahlgängen des Exekutivrats. Zwar gab Yaqub Khan aus gleichem Grund nach dem zweiten Wahlgang auf, doch gewann damit der vor allem von den Lateinamerikanern präsentierte, vom Westen und schließlich auch von der Sowjetunion und China unterstützte Spanier Mayor solchen Zulauf, daß M'Bow vor dem entscheidenden fünften Wahlgang, chancenlos geworden, das Handtuch warf. Entscheidend trug dazu bei, daß Bundesaußenminister Hans-Dietrich Genscher in den Tagen zuvor sein persönliches Prestige in die Waagschale warf und in zahlreichen Telefongesprächen mit Amtskollegen wie auch durch Demarchen der Botschafter für Mayor warb.

Als einziger Kandidat verzeichnete Mayor im Exekutivrat noch zwanzig Gegenstimmen, um aber dann auf der Generalkonferenz selbst am 7. November 1987 dem Konsens nahe zu kommen mit 142 Ja-Stimmen bei nur 7 Nein-Stimmen und 3 Enthaltungen.

Daß Amadou Mahtar M'Bow danach von Exekutivrat und Generalkonferenz würdig verabschiedet wurde, verstand sich nicht von selbst und sollte als ein Beispiel guten Stils verstanden werden, ebenso die Tatsache, daß M'Bow sich zwar noch mit einem kurzen Referat zu Beginn der Generalkonferenz in der Sache zu Wort meldete, danach aber nur in sehr persönlichen Abschiedsansprachen vor beiden Gremien. So kam die krisenreiche Amtszeit des ersten Afrikaners am Steuer einer großen weltweiten Staatenorganisation doch noch zu einem versöhnlichen Ende.

Die Bilanz seiner Amtszeit bleibt gleichwohl negativ. Dabei hatte sie gut begonnen. Der ehemalige Erziehungsminister Senegals, als stellvertretender Generaldirektor der UNESCO schon ausgewiesen, brachte nach seiner Wahl (1974) einen schweren Konflikt über die Mitgliedschaft Israels bald zu einem akzeptablen Ende, setzte das aus afrikanischer Tradition entlehnte Konsensprinzip weitgehend durch und vermochte durch Anwendung dieses Prinzips die heftige Auseinandersetzung um die seit 1974 von der »Dritten Welt« verlangte »neue Weltinformationsordnung« in der Pariser Mediendeklaration von 1978 durch einen allseits akzeptierten Kompromiß weitgehend zu entschärfen. So wurde er 1980 einstimmig wiedergewählt.

Danach fiel er jedoch zunehmend der Verführung der Macht zum Opfer. Er verstand nicht, warum ihn die freie Presse in aller Welt zur Zielscheibe erkor. Dabei hätte er, französisch-westlich erzogen wie er ist, erkennen müssen, daß er die trotz der Mediendeklaration fortgesetzten Bemühungen einer aus Süd und Ost stammenden Mehrheit von Staaten hätte stoppen müssen, den freien Informationsfluß durch staatliche Einwirkung zu bremsen und zu kanalisieren. Ebenso wenig begriff er, daß und warum die wichtigsten Beitragszahler im ganzen VN-System, voran die USA, immer kritischer nach der Kosten-Nutzen-Relation in der Tätigkeit der internationalen Bürokratie fragten.

Er reagierte mit wütenden Gegenattacken, wobei sein Konsensprinzip über Bord ging, und mußte schließlich erleben, wie zuerst die Vereinigten Staaten (Ende 1984), dann Großbritannien (Ende 1985) die UNESCO verließen. Am Ende stürzte er nicht über seinen mit Recht von vielen kritisierten aufwendigen Lebens- und autoritären Arbeitsstil, sondern über seine Unfähigkeit, den politischen Konsens wiederherzustellen und die Organisation zu reformieren.

Noch nach der 23. Generalkonferenz in Sofia (1985) hätte er das Steuer herumwerfen können, indem er sich selbst an die Spitze des Reformzuges setzte.[1] Auch diese letzte Chance ergriff er nicht. Er verstrickte sich stattdessen nur noch tiefer in kleinliche Händel mit den Regierungen in Washington und London, mit kritischen Journalisten und nicht zuletzt mit einst engen Mitarbeitern. Dahinter verschwand fast völlig die Tatsache, daß manche sinnvollen organisatorischen Reformen, zum Beispiel Projektevaluierung, gelangen, daß die durch den gut dreißigprozentigen Einnahmenausfall erzwungene Reduzierung des hauptamtlichen Personals um rund 800 Stellen ohne größere Probleme bewältigt wurde und daß der größte Teil der bewährten Arbeitsprogramme von der Ozeanographie bis zur Rettung großer Kulturdenkmäler klaglos und mit vorzeigbaren Resultaten weiterlief.

Am Ende scheiterte M'Bow an sich selbst. Er verspielte zugleich den afrikanischen Anteil an der hauptamtlichen Leitung des VN-Systems – ein von manchen gewünschter Ausgleich durch die Wahl des Beniners Mensah zum FAO-Generaldirektor gelang nicht – und verursachte schließlich noch eine Niederlage der französischen Diplomatie, die ihn, den Frankophonen, allzu lange zu halten suchte.

Die 24. Generalkonferenz

Liegt also nun die UNESCO in Scherben, die der bisherige Chef hinterließ? Davon kann zum Glück keine Rede sein. Vielmehr hat die 24. Generalkonferenz, die vom 20. Oktober bis zum 20. November 1987 in Paris stattfand, den Weg zum Neuanfang auf der Basis der bewährten Programme schon zu beschreiten begonnen. Das ist

1 Vgl. Barthold C. Witte, UNESCO-Dauerkrise oder bessere Zukunft? In: »Außenpolitik« 1/86, S. 44–51.

mehr und besser, als zu erwarten war. Denn die langwährende Auseinandersetzung um M'Bow, der damit immer sichtbarere Autoritätsverfall der Leitung wie auch des Sekretariats und die angesichts der nun schon lange Jahre währenden Dauerkrise immer geringer werdende Motivation der immer noch fast zweitausend hauptamtlichen Mitarbeiter ließen befürchten, daß allenfalls Bestandsverwaltung zustande gekommen wäre. Auch war zu vermuten und während der Generalkonferenz tatsächlich zu bemerken, daß sich viele Mitgliedstaaten auf eine abwartende Haltung verlegten, statt aktiv ans Reformwerk zu gehen, sei es auch nur, um dem neuen Mann an der Spitze freien Raum für seine Tätigkeit nach der Generalkonferenz zu lassen.

Natürlich wirkten sich alle diese Faktoren aus. Schon zwei Jahre zuvor in Sofia hatte die ordnende Hand des Generaldirektors vor und hinter den Kulissen kaum noch etwas bewirkt; in Paris fehlte sie ganz – nach dem Ende der alten, vor Beginn der neuen Ära war das nicht anders zu erwarten. Die Beschlußvorlagen des Sekretariats zum Arbeitsprogramm 1988/89 ließen, schon weil das Geld so knapp ist, kaum einen neuen Gedanken erkennen. Der Haushaltsentwurf für den gleichen Zeitraum schrieb den erlittenen Einnahmenverlust einfach fort; daß er auf dem Papier von 289 für 1986/87 auf 350 Millionen Dollar für 1988/89 kletterte, liegt ausschließlich an veränderten Wechselkursen und Rückwirkungen von Kaufkraftverlusten, die für das abgelaufene Biennium schon zu einem Nachtragshaushalt von 39 Millionen Dollar führten. Schon in der Vorbereitungsphase für die Generalkonferenz hatten sich die westlichen Hauptbeitragsgeber, die »Genfer Gruppe«, mit ihrer Forderung nach weiterem realen Nullwachstum des Haushalts durchgesetzt.

Es bestand im übrigen Einmütigkeit darüber, daß die 24. Generalkonferenz noch keine Beschlüsse über die Grundlinien des nächsten Sechsjahresprogramms der Organisation für 1990–95 fassen, diese vielmehr der 25. Generalkonferenz (1989) überlassen sollte. So stand in der Tat die Absicht Pate, den nächsten Generaldirektor nicht zu präjudizieren – ohnehin war klar, daß es bei einer Wiederwahl von M'Bow zu weiteren Austritten kommen und eine längerfristige Arbeitsplanung dann sowieso nicht mehr sinnvoll sein würde.

Unter so ungünstigen Voraussetzungen leistete die Konferenz dann doch eine ansehnliche Arbeit. Da nichts Spektakuläres geschah, keine wilden Debatten entbrannten, niemand auszog und fast keine

streitigen Abstimmungen stattfanden, nahmen die aktuellen Medien in aller Welt von diesem Teil der Beratungen und Entscheidungen so gut wie keine Notiz. Sein Ort waren, wie üblich, die Kommissionen, in denen die Fachleute sitzen, nicht die Stars.
Es stellte sich bald heraus, daß die politische Vorgabe, die sie aus den Hauptstädten mitbrachten, mit wenigen Ausnahmen auf Versachlichung und Übereinstimmung zielte. Noch in Sofia hatte es, wenn auch schon viel weniger als früher, Streit um Resolutionen politisch kontroversen Inhalts gegeben: um Frieden, Nahostkonflikt, Südafrika et cetera. Diesmal war schon der rituelle Zank zwischen den Delegierten des Iran und Irak bemerkenswert. Die Sprecher der »sozialistischen« Staaten legten mehr denn je Wert auf Sachlichkeit und Kooperation; dieser Sachverhalt und die für sich genommen erstaunliche Tatsache, daß sie – auch auf deutsches Drängen – für den westlichen Kandidaten Mayor und gegen den Afrikaner M'Bow votiert hatten, lassen darauf schließen, daß man in Moskau den Versuch zumindest vorerst aufgegeben hat, die UNESCO, vielleicht überhaupt das VN-System zur Bühne einer antiwestlichen Koalition zwischen Ost und Süd zu machen.
In gleicher Weise war die »Dritte Welt« auf Zusammenarbeit gestimmt. Freilich fragt sich, ob man noch diesen Terminus benutzen darf. Weder innerhalb der lateinamerikanisch-karibischen, afrikanischen, arabischen und asiatischen Regionalgruppe noch zwischen diesen Gruppen war die Einigkeit groß. Das lag gewiß an den offenbaren Meinungsverschiedenheiten über die Frage, wer Generaldirektor werden solle, aber ebenso an unterschiedlichen Sachpositionen in den UNESCO-Feldern, also Erziehung, Natur- und Sozialwissenschaften, Kultur und Medien. Wie schon in Sofia, so zeigte sich erst recht in Paris, daß zum Beispiel die Rückkehr einer Reihe lateinamerikanischer Staaten zur freiheitlich-demokratischen Verfassungsordnung die Position des Westens zur Freiheit von Forschung, Kultur und Information deutlich stärkt.
Daß die »unpolitischen« Arbeitsprogramme, insbesondere im Bereich der Naturwissenschaften, einmütig gebilligt wurden, war zu erwarten, weil diese Programme selbst in den kritischsten Phasen der jüngsten UNESCO-Geschichte stets auf allgemeine Zustimmung rechnen konnten, ebenso die große Mehrzahl der Erziehungsprogramme – Stichwort Alphabetisierung – und der Kulturprojekte, die jetzt gemäß VN-Beschluß unter der Überschrift »Weltdekade für

kulturelle Entwicklung 1988–1997« laufen. Spannender war die Frage, ob die noch in Sofia hart umstrittenen Hauptprogramme I (Weltprobleme), III (Kommunikation) und XIII (Frieden, Menschenrechte) streitig behandelt werden würden. Auch das geschah nicht.

Das Hauptprogramm XIII zum Beispiel, traditionell eines der umstrittensten Programme, wurde nach wenig kontroverser Diskussion im Konsens verabschiedet. Zum einen gelang es, auf der Basis der Beschlüsse von Sofia festzuschreiben, daß das international bisher nicht akzeptierte Konzept von Rechten der Völker nicht gegen Konzept und Praxis der Menschenrechte gesetzt wird. Zum anderen wurde das Programm noch stärker als bisher von der früheren Beschäftigung mit Abrüstungskonzepten, für welche die UNESCO nicht zuständig ist, auf Modelle und Methoden der Erziehung zum Frieden durch Abbau von Feindbildern orientiert. Ein entsprechender Vorschlag der Bundesrepublik Deutschland wurde auch von der Sowjetunion positiv aufgenommen und zum größten Teil unterstützt.

Unentschieden bleibt allerdings die grundsätzliche Frage, ob die UNESCO mehr ein Ort des Nachdenkens, der Reflektion oder Instrument des Handelns, der Aktion ist. Angelsächsischem pragmatischem Denken entsprechend haben Amerikaner und Briten ihren Austritt nicht zuletzt damit begründet, im Arbeitsprogramm der Organisation gebe es zu viele theoretische Studien über Weltprobleme und zu wenig praktische Hilfe, vor allem für Entwicklungsländer. Dagegen legen unsere französischen Nachbarn traditionell besonderen Wert auf die der UNESCO von ihren Gründern übertragene Aufgabe, ein »Areopag des Geistes« zu sein. Aus deutscher Sicht ist nicht ein solches Entweder-Oder richtig, sondern ein Programm, das beides verbindet. Auch unter den Entwicklungsländern gibt es dazu verschiedene Meinungen und Tendenzen, ebenso wohl auch bei den »sozialistischen« Staaten.

Diese für die Zukunft der Organisation entscheidende Frage wird sich in ihrem ganzen Gewicht während der kommenden beiden Jahre erneut stellen, wenn der für 1990–95 vorgesehene dritte mittelfristige Plan beraten und von der 25. Generalkonferenz entschieden wird. Diese Sechs-Jahres-Pläne sind ebenfalls ein Erbe der Ära M'Bow, wenn auch ihre Vorbereitung noch in die Zeit seines französischen Vorgängers René Maheu zurückreicht. Sie sind ein Produkt der

planungsgläubigen siebziger Jahre, schon deshalb kritisch zu betrachten. Die Erfahrung mit dem noch bis 1989 gültigen zweiten mittelfristigen Plan hat gezeigt, daß sie bisher viel zu detailliert und viel zu starr sind. Jeder tiefergreifende Veränderungsvorschlag für die Arbeit der UNESCO wurde in den letzten Jahren stereotyp mit der Antwort bedacht, er sei mit dem zweiten mittelfristigen Plan, der 1983 beschlossen worden war, nicht vereinbar.
Inzwischen ist der blinde Planungsglaube weltweit der Erkenntnis gewichen, daß nur allgemeine Zielvorgaben nötig und richtig sind. Obwohl die 24. Generalkonferenz keine Beschlüsse zum dritten mittelfristigen Plan faßte, war in den Kommissionsdebatten zu diesem Punkt klar erkennbar, wie sehr diese Erkenntnis bereits Allgemeingut ist. Das wird sich in den Antworten der Mitgliedstaaten auf einen ersten Fragebogen des Generaldirektors zu diesem Plan niederschlagen, die bis Ende Januar in Paris eingehen sollten. Darauf wird aufzubauen sein.

Der neue Mann und seine Aufgabe

Am dritten mittelfristigen Plan, seinem Entwurf und seiner endgültigen Fassung, wird sich Federico Mayor vor allem zu bewähren haben. Er ist dafür durch seine bisherige berufliche und politische Laufbahn gut vorbereitet. 1934 in Barcelona geboren, wurde er nach einem Studium der Pharmazie schon mit 29 Jahren auf einen Lehrstuhl für Biochemie, mit 34 Jahren zum Rektor der Universität Granada berufen. Wissenschaftlich ist er als Molekularbiologe international ausgewiesen; darum schlugen ihn zuerst Wissenschaftler, darunter etliche Nobelpreisträger, zum Nachfolger von M'Bow vor. In der Wissenschaftsverwaltung ist er erfahren, nicht nur als Hochschulrektor, sondern als Staatssekretär in Madrid während der Übergangsphase von Franco zur Demokratie und als spanischer Erziehungsminister in den Jahren 1981/82. Politisch gehört er als Anhänger des früheren spanischen Premierministers Adolfo Suarez zur demokratischen Mitte, seit Anfang 1987 als Mitglied des Straßburger Europa-Parlaments. Zudem hatte er als stellvertretender Generaldirektor ab 1978 schon reiche UNESCO-Erfahrung gesammelt, bis er 1981 im Streit mit M'Bow ausschied.
Vorschußlorbeeren hat er dank dieser Biographie reichlich erhalten,

freilich untermischt mit kritischen Tönen, weil ihm nachgesagt wird, mit jedermann gut Freund sein zu wollen. Viele Hoffnungen und Erwartungen lasten auf ihm. Er soll die Krise beenden, die Organisation zu neuen Ufern führen und die Rückkehr der beiden angelsächsischen Großmächte erreichen. Er muß die organisatorischen Strukturen des Sekretariats neu ordnen, die vorhandenen Mitarbeiter frisch motivieren, neue tatkräftige Mitarbeiter gewinnen, das Arbeitsprogramm unter Erhaltung des Bewährten mit neuen Akzenten versehen – und so weiter. Sisyphus oder Herkules?
Mayor kann immerhin auf dem großen Vertrauensvorschuß aufbauen, den ihm die Generalkonferenz gegeben hat. Er hat sechs Jahre vor sich, während derer er das neue Gesicht der UNESCO prägen kann. Diese Zeit wird er brauchen, sowohl weil internationale Organisationen bekanntlich nur schwer und langsam umgesteuert werden können als auch im Blick auf die Rückkehr der USA und Großbritanniens, die kurzfristig nicht zu bewerkstelligen sein wird. In Washington war schon zu hören, ein Personenwechsel in Paris genüge nicht, vielmehr sei ein Wechsel der Politik nötig. Ob und wie es über die bisher erreichten Änderungen der Arbeitsziele und des Programms hinaus gelingt, wird der nächste mittelfristige Plan zeigen. Seine Verwirklichung beginnt 1990 – danach wird man sehen. Sicher ist, daß in Washington ein Regierungs- und Personenwechsel nicht genügt, denn über den Austritt herrschte und herrscht dort weitgehender politischer Konsens.
Wenn nicht alle Zeichen trügen, wird sich Mayor drei Hauptaufgaben vornehmen. Er wird zum ersten die begonnene Reorganisation des Sekretariats entschieden fortsetzen. Hierzu hat die Delegation der Bundesrepublik bereits auf der 24. Generalkonferenz in ihrer Grundsatzerklärung zum dritten mittelfristigen Plan gefordert, die Struktur von Arbeitsplan und Sekretariat wieder miteinander identisch zu machen und so die verloren gegangene Transparenz beider wiederherzustellen. Fünf Fachabteilungen für fünf (statt bisher vierzehn) Hauptprogramme, nämlich Erziehung, Naturwissenschaften, Sozialwissenschaften, Kultur und Kommunikation, dazu eine Stabsabteilung für Querschnittfragen wie Menschenrechte, Frauenfragen, Rassismus, schließlich zentrale Dienste und Verwaltung – das ist ein naheliegendes Modell. Dazu sollte die Dezentralisierung der Projektbetreuung durch mehr Kompetenzen für die Regionalbüros weitergehen.

Zum zweiten muß auch personell nicht nur am Haupt, sondern auch an den Gliedern reformiert werden. Die Mehrzahl der Mitarbeiter ist gewiß gut qualifiziert und wieder motivierbar. Doch hat der – leider in Grenzen unvermeidliche – Regional- und Nationalproporz auch recht welke Blüten getrieben, und das bis in die Höhenluft der Abteilungsleiter, »beigeordnete Generaldirektoren« genannt. Da ist Remedur nötig, die allerdings ihre Zeit brauchen wird angesichts ersessener Rechte und der drastisch reduzierten Stellenzahl. Es wäre darum nicht verwunderlich, sondern folgerichtig, wenn Mayor für den nächsten Zwei-Jahres-Haushalt (1990/91) eine Personalvermehrung anstrebte.

Für diesen Haushalt, den ersten Abschnitt des dritten Plans, wird er drittens mehr Geld für neue Programme und Projekte brauchen. Innovation ist dringend nötig, auch Korrektur aufgrund gesammelter Erfahrungen. Die geradezu explosive Entwicklung der Biowissenschaften einschließlich ihrer praktisch-ethischen Konsequenzen ist ein Feld, in dem die UNESCO ähnlich wirksame Impulse geben könnte, wie ihr dies in anderen, interdisziplinär angelegten Wissenschaftsprogrammen wie etwa dem erfolgreichen, deutscher Initiative entstammenden »Mensch und Umwelt«-Programm (Man and Biosphere) vorbildlich gelungen ist. Korrekturen sind zum Beispiel bei den seit langem laufenden Alphabetisierungsvorhaben dringend nötig, vor allem ihre bessere Verbindung zur beruflichen und Weiterbildung. Die weltbekannten Kampagnen der UNESCO zur Rettung von überlieferten Kulturdenkmälern sollten künftig darauf orientiert werden, ganze kulturelle Komplexe in ihrem sozialen Umfeld zu revitalisieren, wie dies in den Altstädten von Kairo und Sanaa schon begonnen wird.

Solche Beispiele für Innovation und Korrektur ließen sich vielfältig vermehren. Bei begrenzten Mitteln wird der neue Generaldirektor zusehen müssen, zunächst einmal Bewegungsspielraum dadurch zu gewinnen, daß er eine Reihe von bisherigen Langzeitvorhaben beendet und auch die Kurzzeitvorhaben, etwa Kolloquien und Seminare, entsprechend umorientiert. Dazu gibt es schon im verabschiedeten Arbeitsplan 1988/89 genügend Spielraum. Aber man weiß ja aus nationaler wie internationaler Praxis, daß Umschichtungen innerhalb der vorhandenen Ressourcen nur begrenzt möglich sind. Zusätzliche Mittel lassen sich allerdings vorläufig kaum aus dem ordentlichen Haushalt gewinnen, solange die USA und Großbritan-

nien nicht zurückgekehrt sind. So ist zu wünschen, daß der neue Generaldirektor das ihm übergebene Vertrauenskapital nutzt, um außerbudgetäre Finanzquellen zu erschließen, sei es im VN-Bereich, etwa bei UNDP, sei es durch Projektfinanzierung der Mitgliedstaaten im »Fund-in-trust«-Verfahren.
Viel Arbeit also für den neuen Mann – er braucht Fortüne, aber auch die kräftige Mithilfe der Mitgliedstaaten.

Die Rolle der Bundesrepublik Deutschland

Damit ist die Bundesrepublik Deutschland in besonderer Weise gefordert. Nach der Wahl Mayors ist die gelegentlich auch öffentlich geführte Diskussion um ihren etwaigen Austritt verstummt. Nun geht es nicht mehr darum, durch eine solche Diskussion Druck auszuüben, sondern Mayor zu unterstützen, damit er die Reform der UNESCO tatkräftig voranbringen, ihr angeschlagenes Prestige wiederherstellen und durch die Rückkehr der Ausgetretenen zur wünschenswerten Universalität der Organisation zurücksteuern kann. In Bundesregierung und Bundestag, auch in der öffentlichen Meinung, ist der gute Wille dazu vorhanden. Wie ihn in die Tat umsetzen?
In der Rede von Staatssekretär Ruhfus vor dem Plenum der 24. Generalkonferenz am 23. Oktober 1987 wie in meinen Darlegungen zum 3. mittelfristigen Plan am folgenden Tag in der ersten Kommission haben wir unsere Absichten klar dargelegt. Sie lassen sich in fünf Hauptzielen zusammenfassen.

1. In den Feldern ihrer Zuständigkeit, also der Kultur-, Bildungs-, Wissenschafts- und Medienpolitik, muß die UNESCO zu Ergebnissen kommen, die alle Beteiligten mittragen können. Solcher Konsens kann auch ein »agreement to disagree« bedeuten, nämlich dort, wo prinzipielle Meinungsverschiedenheiten unter den Mitgliedstaaten nicht überbrückbar sind. Das gilt für uns vor allem dort, wo es um die Freiheit von Kultur, Wissenschaft und Information geht.
2. Arbeitsprogramm und Haushalt 1988/89 müssen so durchgeführt werden, daß – wo immer möglich – schon in diesen beiden Jahren neue Akzente gesetzt werden und die Programmkonzentration Fortschritte macht. Das Hauptprogramm XI (Kultur) zum Bei-

spiel sollte besser auf die für die Weltdekade beschlossenen Ziele ausgerichtet werden.

3. Der dritte mittelfristige Plan (1990–95) muß deutlich zeigen, daß die UNESCO endgültig zu ihren statutengemäßen Aufgaben zurückgekehrt ist. Dazu muß er in seiner Struktur, in seinen Zielen und in seinen Einzelinhalten im Vergleich zum zweiten Plan grundlegend verändert werden. Er darf nicht mehr starres Korsett für sechs Jahre sein, sondern muß ein flexibles, alle zwei Jahre veränderbares Steuerungsinstrument werden. Vor allem muß er zeigen, daß sich die UNESCO nicht nur strukturell und personell, sondern auch und vor allem inhaltlich erneuert: weg von überholten Problemstellungen und Lösungsmethoden, hin zu den Fragen, welche die Menschen in aller Welt im Blick auf das dritte Jahrtausend beantwortet sehen wollen.
4. Gründliche organisatorische und personelle Veränderungen auf allen Ebenen im Pariser Sekretariat sollten und können zu mehr Transparenz, zu besserer Motivation der oft vorzüglichen Mitarbeiter und damit zu mehr Leistung führen. Zugleich ist die Arbeitsweise von Generalkonferenz und Exekutivrat kritisch zu überprüfen mit dem Ziel, das verlorene Machtgleichgewicht zwischen diesen beiden von den Mitgliedstaaten gebildeten Organen einerseits und dem Sekretariat andererseits wiederherzustellen.
5. Nach der nächsten Generalkonferenz, also in zwei Jahren, sollte der Reformprozeß so weit vorangeschritten sein, daß Großbritannien, die USA und auch das ebenfalls ausgetretene Singapur mit Aussicht auf Erfolg zur Rückkehr eingeladen werden können. Es geht dabei nicht nur um deren materielle Beiträge, sondern mehr noch um den nötigen Rückgewinn an geistiger Substanz.

Schon in Paris haben diese Forderungen viel Gehör gefunden. Dabei hat sich bestätigt, was schon in Sofia erkennbar war, daß nämlich die Bundesrepublik in eine Führungsposition innerhalb der westlichen Staatengruppe und damit auch in der gesamten UNESCO eingerückt ist. Alle, die in unserem Land an der Meinungsbildung über UNESCO-Fragen beteiligt sind, müssen sich der daraus gewachsenen hohen Verantwortung bewußt sein. Zuversichtlich stimmt, daß sich vor und während der Pariser Generalkonferenz die traditionell gute Zusammenarbeit zwischen Parlament und Regierung, Bund und Ländern, Staat und freien gesellschaftlichen Kräften erneut bewährt hat. Kaum ein anderes Land ging so gut vorbereitet in die Konferenz, dies vor allem dank der exzellenten fachlichen Arbeit der Deutschen UNESCO-Kommission, ihrer Ausschüsse und ihres Sekretariats. Wenige Delegationen waren in ihren Anträgen und Stellungnahmen, ob zum Arbeitsprogramm, zum Haushalt oder zum mittelfristigen Plan, so konkret wie die der Bundesrepublik Deutschland. Viele Beschlüsse wurden so maßgeblich mitgestaltet, wenn auch nicht alles erreicht wurde, was wünschenswert war. In einem Forum von 158 Staaten ist das keineswegs leicht; daß es gelang, zeigt auch, daß sich Offenheit, Klarheit und Maß auszahlen.

Ausblick

Die internationale Szene ist in den letzten Jahren nach einer Periode der Erstarrungen wieder in Bewegung geraten. Der Nord-Süd-Dialog entwickelt sich von unfruchtbaren Blockbildungen weg zu einem auf beiden Seiten differenzierten Bild, von prinzipienbestimmter Schwerhörigkeit zu pragmatischen Ausgleichsversuchen. Das Ost-West-Verhältnis hat eine zeitweilige Frostperiode überstanden und verändert sich wieder zu intensiverer Zusammenarbeit auf allen Politikfeldern, trotz der fortbestehenden ideologischen Differenzen. Im System der Vereinten Nationen wird nicht nur bei den VN selbst, sondern ebenso in der FAO, der UNESCO und anderswo der Versuch unternommen, bürokratische Wucherungen zurückzuschneiden, mehr Handlungsfähigkeit zu gewinnen und das Problem ungleicher Beitragslasten bei gleichem Stimmrecht wenigstens zu entschärfen. In einem solchen Kontext kann der noch andauernden Reform der UNESCO eine gute Chance vorausgesagt werden. Der Personenwechsel an der Spitze wird diese Aussicht noch verbessern. Auf intensive deutsche Mitwirkung kann die Weltorganisation für Erziehung, Wissenschaft und Kultur, dieses unentbehrliche Mitglied der VN-Familie, nun noch mehr als bisher rechnen.

Vierter Teil
Wider die internationale Sprachlosigkeit – Kommunikation und Kontakte in einer interdependenten Welt

Förderung der deutschen Sprache als Ziel auswärtiger Kulturpolitik
– 1984 –

Am Beginn der auswärtigen Kulturpolitik steht Sprachpolitik. Als das Deutsche Reich im Jahre 1878 in seinem Etat erstmals einen freilich sehr kleinen Schulfonds einrichtete, da wurden diese Gelder zur Förderung deutscher Auslandsschulen bestimmt, damit also zur Förderung der Kenntnis und Pflege der deutschen Sprache. Waren es damals überwiegend von Auswanderern gegründete Schulen, vor allem in Nord- und Südamerika, so traten dazu schon bald Schulen im Orient und in Asien, die durch deutsche Ausbildung von Landeskindern das politisch-wirtschaftliche Interesse des Reiches fördern sollten. Eine Reihe von Schulen beiderlei Typs besteht noch heute.

Nicht anders begannen unsere Nachbarn und Wettbewerber: die »Alliance française« und der »British Council« verdanken ihre Entstehung wesentlich der Absicht, die Sprache des eigenen Landes in der Welt zu verbreiten. Ganz gewiß waren dabei auch edle kulturelle Ziele im Spiel, doch diente solche Sprachförderung stets zugleich der politischen Stellung und den wirtschaftlichen Interessen des Ausgangslandes. Es war die Zeit des weltweiten Wettbewerbs um die imperiale Vormacht, um wirtschaftliche Dominanz und koloniale Herrschaft. Daß die Sprache der jeweiligen Herrscher vor allem in den Kolonien eingeführt wurde, verstand sich von selbst. Auch die deutsche auswärtige Kulturpolitik entstand als Frucht dieses Wettbewerbs, wie der berühmt gewordene Briefwechsel von 1913 zwischen dem Leipziger Historiker Karl Lamprecht und dem damaligen Reichskanzler Bethmann Hollweg zeigt.

Warum solche historische Erinnerung? Einmal zeigt sie, daß Sprachpolitik und überhaupt auswärtige Kulturpolitik von jeher eng mit der Außen- und Außenwirtschaftspolitik des sie betreibenden Staates verflochten sind. Zum anderen macht schon ein flüchtiger Blick auf die Sprachkarte der Welt deutlich, daß die europäisch dominierte Kolonial- und Auswanderungsära vom 16. bis in das 20. Jahrhundert nachwirkend tiefe Spuren hinterlassen hat. Auch heute noch, nach dem Abschluß des Weges Lateinamerikas, Asiens und Afrikas in die Unabhängigkeit, sind in der »Dritten Welt« die ehemaligen Kolonialsprachen im täglichen Gebrauch. Daß Deutsch – außer neuerdings als dritte Landessprache im noch nicht unabhängigen Namibia – außerhalb Europas nirgends Amts- und Verkehrssprache wurde, ist Folge des frühen Verlustes der Kolonien durch den Versailler Vertrag, freilich auch Ergebnis der großen Assimilationsbereitschaft von Millionen deutscher Auswanderer, vor allem in den englischsprachigen Ländern, und der Zerstörung der einst blühenden deutschsprachigen Auswandererkulturen in großen Teilen der Welt durch den ersten Weltkrieg, erst recht dann durch Hitler und seine Vernichtungspolitik.

So ist Deutsch keine Weltsprache geworden, anders als Englisch und Französisch, und auch als Muttersprache oder Staatssprache weit weniger verbreitet als etwa Arabisch oder Spanisch. Selbst in Europa hat seine Stellung im Vergleich mit dem Anfang dieses Jahrhunderts schwer gelitten. War es damals als Muttersprache auch außerhalb des geschlossenen deutschen Sprachraums in Mitteleuropa weit nach Osten und Südosten in zahlreichen größeren oder kleineren Sprachinseln fest verwurzelt, so ist davon nur wenig übriggeblieben: in der Sowjetunion eine verstreute Minderheit von immerhin etwa zwei Millionen Menschen sowie einige hunderttausend Bürger deutscher Sprache jeweils in Ungarn und Rumänien, dazu eine unbestimmte Zahl in Polen und kleinere Splittergruppen da oder dort. Als führende erste Fremdsprache oder gar als Verkehrssprache gilt das Deutsche anders als vor 1945 nirgends mehr, weder in den Niederlanden oder Skandinavien noch bei unseren östlichen Nachbarn einschließlich der Sowjetunion oder auf dem Balkan. Hier haben die Hitler'sche Katastrophenpolitik, die ihr folgende Vertreibung der Deutschen und der Sturz Deutschlands in vorübergehende Machtlosigkeit schwere, wohl nicht mehr revidierbare Folgen gehabt.

Dieser Rückblick in Trauer ist auch deshalb nötig, weil er lehrt, daß die Sprache der politisch-wirtschaftlichen Macht folgt, daß also kulturelle Dominanz über andere Völker, wie sie sich im Sprachgebrauch ausdrückt, nicht nur Folge der geistigen Kraft eines Volkes ist. So war das Französische im 18. und bis weit in das 19. Jahrhundert die führende Sprache in Europa, und so ist seither das Englische, ob in britischer oder amerikanischer Version, zunehmend zur Weltsprache schlechthin aufgerückt.

Es gibt unter diesen Umständen nicht wenige Leute, die uns empfehlen, auf eine Förderung des Deutschen außerhalb Mitteleuropas, also als Fremdsprache, überhaupt zu verzichten und dabei auch gleich die noch verbliebenen deutschsprachigen Minderheiten in Europa und der Welt ihrem Assimilationsschicksal zu überlassen. Solche Ratschläge gab es zumal in den ersten beiden Jahrzehnten nach dem tiefen Sturz Deutschlands, wobei sich Scham über den Mißbrauch der Deutschen und ihrer Sprache durch die imperialistische Diktatur Hitlers und Resignation angesichts des übriggebliebenen Trümmerfeldes als Motive vereinten.

Aber auch heute sind derartige Stimmen zu hören, keineswegs nur von der liebenswerten Sekte der Esperantisten, sondern von Leuten mit Einsicht und Einfluß. Sie argumentieren zumeist mit der übermächtigen Rolle des Englischen, gegen die zu fechten nicht einmal ein Don Quijote sich verstehen könne. Haben nicht sogar deutsche Wissenschaftler und ihre Verlage mehr und mehr die englische Sprache als das internationale Kommunikationsmittel schlechthin angenommen? Korrespondiert nicht die Exportwirtschaft mit ihren ausländischen Partnern am leichtesten auf Englisch? Tönt nicht aus Schallplatte, Radio und Fernsehen uns allen auch im eigenen Land die englischsprachige Unterhaltung unentwegt und lautstark ins Ohr? Wozu dagegenhalten?

Die Bundesregierung und mit ihr alle Fraktionen des Bundestages, ebenso die Länder und sowieso die Germanisten sind da ganz anderer Meinung. Drei Hauptargumente stützen sie.

Erstens: Vor allem in Europa, aber auch in vielen Teilen der Welt gibt es nach wie vor eine lebhafte Nachfrage nach Deutsch. Schätzungsweise 15–16 Millionen Menschen lernen im Ausland unsere Sprache. Diese Nachfrage wird von der Schweiz so gut wie gar nicht, von Österreich nur punktuell, von der DDR im wesentlichen nur regional, nämlich in Osteuropa und der im Deutschunterricht freilich quantitativ führenden Sowjetunion, befriedigt. Als bei weitem größter deutschsprachiger Staat hat die Bundesrepublik Deutschland die Pflicht, auf die weltweite Nachfrage nach Deutsch durch ein entsprechendes Angebot zu antworten. Eine Fremdsprache lehrt sich nicht von selbst, vielfältige Hilfestellung ist nötig. Auch und gerade von denjenigen Ländern, die an ihren Schulen und Hochschulen das Deutsche gut pflegen, wird Unterstützung aus Deutschland erbeten und gern angenommen.

Zweitens: Auch heute und morgen gelten die wirtschaftlichen und politischen Gründe für eine aktive Sprachpolitik fort. In der Bundesrepublik Deutschland beruht fast jeder dritte Arbeitsplatz auf dem Export deutscher Waren und Dienstleistungen. Wer Deutschland und seine Sprache kennt, ist dem deutschen Außenhandel ein besserer Partner als derjenige, der sprachlich anderweitig orientiert ist. Unsere auf Dialog, Verständigung und Zusammenarbeit gerichtete Außenpolitik hat es desgleichen leichter dort, wo die meinungsführenden und entscheidenden Schichten und Gruppen dem Deutschen nicht fremd gegenüberstehen, sondern mit uns in unserer Sprache reden können.

Drittens: Sprache ist nicht bloß Kommunikationsmittel, sondern transportiert vielerlei Inhalte. Deutsch lernen heißt, zugleich Deutschland und die Deutschen, ihre Geschichte und Gegenwart besser kennen und verstehen lernen. Unsere französischen Nachbarn wissen, daß Entsprechendes für sie gilt, und handeln seit jeher danach mit einer offensiven Sprachpolitik, die nicht nur auf vorhandenen Bedarf antwortet, sondern durch ihre Angebote neue Nachfrage schafft.

Das französische Beispiel, so erfolgreich es ist, läßt sich zwar nicht ohne weiteres übertragen. Die französische Sprachpolitik kann von einer viel breiteren Basis aus operieren, nämlich der gesamten Frankophonie in Europa, Afrika und Amerika. Sie stützt sich überdies auf ein ungebrochenes Nationalbewußtsein, dazu auf eine jahrhundertelange Kontinuität. Das alles fehlt uns. Aber ihr Beispiel lehrt doch, daß Resignation oder bloße Reaktion auf vorhandene, meist sinkende Nachfrage nicht das letzte Wort sein dürfen.

So hat es seine guten Gründe, wenn die auswärtige Kulturpolitik der Bundesrepublik Deutschland seit dem Wiederbeginn deutscher Außenpolitik, also nun schon über dreißig Jahre lang, stets zu einem guten Teil Sprachpolitik ist. In dem ersten Bericht zur Sprachpolitik, den das Auswärtige Amt 1967 dem Deutschen Bundestag vorlegte, heißt es dazu:

»... die Förderung der deutschen Sprache im Ausland und die Intensivierung des Deutschunterrichts (sind) Schwerpunkte unserer kulturpolitischen Aktivitäten ...

Das vorläufige Ergebnis (der Bestandsaufnahme) zeigt, daß die deutsche Sprache noch ein gewisses Gewicht hat. Es bedarf aller-

dings raschen und energischen Bemühens, um ihr die ihr zukommende Stellung in der Welt zu verschaffen.«
Auf der gleichen Linie bewegten sich die Empfehlungen, die 1975 von der Enquete-Kommission Auswärtige Kulturpolitik des Deutschen Bundestages in Übereinstimmung aller Parteien gegeben wurden:
»Ein wichtiges Element der auf Gegenseitigkeit und Öffentlichkeit angelegten auswärtigen Kulturpolitik ist die konsequente und umfassende Förderung der deutschen Sprache im Ausland...
Das Erlernen der deutschen Sprache ist überall da zu fördern, wo Bedarf und Aufnahmebereitschaft besteht.«
So hatte es die Bundesregierung leicht, in ihrer Stellungnahme zum Enquete-Bericht zwei Jahre später zu erklären:
»Die deutsche Sprache ist und bleibt ein zentraler Bestandteil unserer Kultur und ein wichtiger Mittler zur Verständigung zwischen den Völkern...
Deshalb kann es – nach Meinung der Bundesregierung – keine auswärtige Kulturpolitik ohne sinnvolle Sprachpolitik geben. Sie ist eine ihrer wichtigsten Aufgaben.«
In der Kontinuität dieser Linie sagte Bundeskanzler Helmut Kohl in seiner Regierungserklärung vom 4. Mai 1983:
»Wir müssen die deutschen Schulen im Ausland stärker als bisher fördern. Wir werden neue Anstrengungen unternehmen, um die deutsche Sprache im Ausland wieder mehr zu verbreiten.«
Diese Grundsätze sollen nicht im luftleeren Raum hängen bleiben. Die Bundesregierung wird deshalb einen von der Kulturabteilung des Auswärtigen Amts gemeinsam mit vielen Partnern erarbeiteten großen Bericht über die deutsche Sprache in der Welt dem Deutschen Bundestag vorlegen. Er beschränkt sich nicht auf eine kritische Bestandsaufnahme, sondern zieht daraus eine Reihe von Folgerungen für unsere künftige Sprachpolitik. Die wichtigste: Die Bundesregierung will aktive Sprachpolitik.
Wir können zwar den Zug der Zeit zugunsten der englischen Sprache, an dem wir in unserem eigenen Land selber maßgeblich beteiligt sind, nicht aufhalten und wollen dies auch nicht; wir können auch das Rad der deutschen Geschichte nicht zurückdrehen. Was wir jedoch können und auch tun, ist, den Rückgang des Deutschen aufhalten zu helfen, dort wo dies sinnvoll und aussichtsreich erscheint, und seine Position dort stärken, wo das möglich ist.

Unser Konzept ist realistisch: Überall wo Deutsch nachgefragt wird – ich denke da vor allem an die Länder der »Dritten Welt« – wollen wir diesen Bedarf auch weiterhin und wenn möglich besser decken als bisher. In uns besonders wichtigen Ländern und Regionen – ich denke vor allem an unsere europäischen Nachbarn und an unsere nordamerikanischen Verbündeten, aber auch an Japan und China – wollen wir darüber hinaus auch mehr Interesse am Erlernen unserer Sprache wecken.

In 21 Thesen faßt der Bericht zusammen, wie das geschehen soll. Ihr Hauptpunkt: es gilt, dem Deutschunterricht an den Schulen und Hochschulen wie auch im außerschulischen Bildungswesen der Partnerländer einen angemessenen Platz zu sichern und ihn dort, wo er verloren ging, wieder zu erreichen. »Angemessener Platz« – das ist zunächst eine quantitative Aussage. Wir wollen im Wettbewerb um möglichst hohe Schülerzahlen mit vergleichbaren Sprachen wie dem Französischen und dem Spanischen nicht resignieren, sondern mithalten. Das wird aber nur gelingen, wenn die Qualität unseres Angebots besser ist. Nur wenn wir besser sind, können wir Politiker, Lehrer, Eltern und Schüler davon überzeugen, daß Deutsch lernen tatsächlich Spaß macht und im späteren Leben hilfreich ist.

Die Bedeutung der Sprachpolitik ist schon bisher in dem Maße gewachsen, in dem über die Schatten einer schlimmen Vergangenheit hinweg unser Land wieder ein weltweit geachteter Staat, ein führendes Welthandelsland und ein unentbehrlicher Partner der internationalen kulturellen Zusammenarbeit geworden ist. Sie wird weiter zunehmen. Das heißt auch, daß die Instrumente der Sprachpolitik weiter ausgebaut werden, die ihr verfügbaren finanziellen Mittel weiter wachsen müssen. Zu hoffen ist, daß eine günstige wirtschaftliche Entwicklung und ein konsolidierter Bundeshaushalt dies in den kommenden Jahren möglich machen.

Dabei müssen wir uns bewußt bleiben, daß die Vermittlung der deutschen Sprache nicht nur politischen und wirtschaftlichen Zwekken dient, sondern als Teil des weltweiten interkulturellen Dialogs ihren eigenen Rang hat. Deutsch als Wirtschafts- und Wissenschaftssprache zu lehren, also fachbezogen und im Hinblick auf den praktischen Nutzen, macht durchaus Sinn. Doch darf darüber die geistig-kulturelle Zielsetzung nicht vergessen werden oder hintanstehen. Leopold Senghor, der große alte Mann der afrikanischen Unabhängigkeitsbewegung, liebte und empfahl das Deutsche, weil er von Goethe, der Philosophie des deutschen Idealismus und Leo Frobenius die entscheidenden Anstöße zur Formung seiner eigenen geistigen Persönlichkeit empfangen hatte. Nicht anders äußern sich viele asiatische Liebhaber unserer Sprache, und auch Charles de Gaulle hatte Deutsch nicht nur gelernt, um Clausewitz in der Ursprache lesen zu können.

Das wird auch weiterhin so sein. Der deutsche Beitrag zum Nachdenken der Menschheit über sich selbst in Literatur, Philosophie und Theologie, in Geschichtsschreibung, Völkerkunde und Sprachforschung ist über die Jahrhunderte hinweg der schönste Beitrag unseres Volkes zur europäischen und Weltkultur. Er wirkt auch heute vielfältig und durch neue Beiträge fort. Er ist untrennbar mit der Sprache verbunden, in der er sich seit Martin Luther ausdrückt. Sie den Menschen anderer Sprache zu vermitteln, ist darum eine kulturelle Aufgabe von hohem Rang.

Die Überwindung der gegenseitigen Sprachlosigkeit der Völker ist freilich auch im eigenen Land dringend nötig. Fremde Sprachen zu kennen und zu können ist ebenso uns Deutschen aufgegeben. Wäre dies schon in früheren Generationen erreicht worden, hätten wir uns vielleicht den nationalistischen Verirrungen der ersten vier Dekaden dieses Jahrhunderts gar nicht erst hingegeben und uns die schrecklichen Folgen erspart. Jedenfalls gilt die historische Lehre, daß wir Deutschen ein gutes Verhältnis zu unseren Nachbarn und ihren Sprachen ganz besonders brauchen.

Inzwischen ist in allen Bundesländern in diesem Sinne viel geschehen, um zumindest die Grundkenntnis einer Fremdsprache allen jungen Menschen zu vermitteln. Wo Schule und Hochschule nicht ausreichen, treten die Volkshochschulen und privaten Sprachschulen ein. Doch bleibt das Ergebnis deshalb unbefriedigend, weil die weltweite Dominanz der englischen Sprache auch bei uns voll durchschlägt und sie daher mit Ausnahme schmaler Grenzgebiete, wo Französisch zuerst gelehrt wird, an allen Schulen die erste Fremdsprache ist. Daran wird sich nichts Entscheidendes ändern lassen. Um so wichtiger wird die Forderung sowohl nach einer zweiten Fremdsprache als durchgehendes, nicht »abwählbares« Pflichtfach an den Gymnasien und Realschulen als auch danach, daß dabei möglichst viele Sprachen zum Zuge kommen, neben dem Französischen vor allem Spanisch, Italienisch und die slawischen Sprachen, aber in den Grenzgebieten auch die kleineren Nachbarsprachen, also vor allem Niederländisch, Tschechisch und Dänisch.

Auch in der Sprachpolitik ist die Zeit einseitiger Selbstdarstellung vorbei. Auswärtige Kulturpolitik sei »freudiges Geben und Nehmen«, hat dazu schon Theodor Heuss gesagt. Damit ordnet sich die Sprachpolitik in die allgemeine Zielsetzung unserer auswärtigen Kulturpolitik ein, die sich durch Dialog, Austausch und Zusammenarbeit vollzieht und vollziehen muß, weil sie nicht auf Unterwerfung anderer unter hegemoniale Machtansprüche abzielt, sondern auf gleichberechtigte Partnerschaft. Diese sich von ihren Ursprüngen vor dem ersten Weltkrieg deutlich unterscheidende Kultur- und Sprachpolitik leistet einen gewichtigen Beitrag zur Außenpolitik unseres Landes, von der sie ein Teil ist. Indem sie in unserer immer arbeitsteiliger werdenden, sich immer weiter vernetzenden Welt die Verständigung der Völker und Menschen fördert, trägt sie zur Lösung von Konflikten und zum Aufbau einer weltweiten Friedensordnung bei, die den Menschen mehr bringt als die Abwesenheit von Krieg, nämlich die Chance zu einem menschenwürdigen Leben für jedermann.

Das geschieht auf vielfältige Weise: Durch Zusammenarbeit im Bildungswesen und in der Wissenschaft, durch Austausch in Kunst und Literatur, durch Nutzung der modernen Medien und der Freizeitindustrien einschließlich des Sports und nicht zuletzt durch Personenaustausch über die Grenzen, zumal von jungen Menschen. In allen diesen Feldern ist die Sprache ein unentbehrliches Medium, Sprachförderung darum eine dringliche Aufgabe, die Vermittlung eines lebendigen, realistischen, zutreffenden Bildes von Deutschland und den Deutschen ein erwünschtes Ergebnis.

Dabei sind regionale Prioritäten nicht einfach zu setzen. Unsere auswärtige Kultur- und Sprachpolitik operiert weltweit; das entspricht der weltweiten wirtschaftlichen und politischen Verflechtung der Bundesrepublik Deutschland, die ganz gewiß keine Weltmacht ist oder sein will, wohl aber ein Staat von erheblichem Gewicht und mit Interessen auch außerhalb des europäischen Umfelds. Lebens-

wichtig bleibt daher die Pflege enger Verbindungen mit den westeuropäischen und nordamerikanischen Nachbarn, Freunden und Partnern, die uns durch das Bekenntnis zu den gleichen Grundwerten und ihre gemeinsame Verteidigung besonders verbunden sind. Unentbehrlich sind für unser geteiltes Land in der Mitte des geteilten Europas aber auch die sich auf jahrhundertealte Traditionen gründenden Kulturbeziehungen mit den Nachbarn und Austauschpartnern im Osten, die den Zustand der Teilung überwinden helfen. Wachsendes Gewicht kommt gleichzeitig unseren Kulturbeziehungen mit den Ländern und Völkern der Dritten Welt als Teil unserer auf Kooperation gerichteten Nord-Süd-Politik zu; darum haben wir ihnen 1982 mit »Zehn Thesen zur kulturellen Zusammenarbeit mit den Ländern der Dritten Welt« neue Ziele gesetzt.
Innerhalb dieses Gesamtbildes haben sich für die Politik der Bundesregierung zugunsten der deutschen Sprache in einer ungeplanten, pragmatischen Entwicklung über Jahrzehnte besondere Schwerpunktbereiche entwickelt. Dazu gehören Osteuropa und die Sowjetunion deshalb nicht, weil dort die DDR in der Vorhand ist, wenn sie auch kein Monopol besitzt. So gelten die sprachpolitischen Bemühungen vor allem Westeuropa und Nordamerika, wobei Frankreich und die USA im Vordergrund stehen.
Ost- und Südasien folgen danach, nicht nur wegen der in wichtigen Ländern (Japan, Korea, China, Indonesien) nach wie vor starken oder wieder wachsenden Stellung des Deutschen, sondern ebenso angesichts des rasch zunehmenden weltpolitischen und weltwirtschaftlichen Gewichts dieses Raums. Mittel- und Südamerika bedürfen angesichts der traditionell engen kulturellen Beziehungen zu Deutschland sorgfältiger Pflege, doch ist dort Breitenwirkung der Sprachpolitik schwer zu erreichen. Ähnliches gilt für fast alle Länder des arabischen Raums, vielleicht außer Ägypten, und erst recht für Afrika südlich der Sahara, wo nur im frankophonen Westafrika sowie in Südafrika und Namibia aus unterschiedlichen Gründen besonderer Bedarf besteht.

In dieser regionalen Abstufung spiegelt sich die Stellung des Deutschen in der Welt als eine wichtige europäische Sprache, die außerhalb Europas dem Englischen weit nachsteht, indessen als Fremdsprache, wenn auch nicht als Staatssprache, insgesamt fast den gleichen Rang wie das Französische besitzt. Diese Stellung auch nur zu halten ist freilich schon schwer genug, weil nicht nur bei uns, sondern in aller Welt die Lehre fremder Sprachen an den Schulen und Hochschulen vor dem Ansturm von Naturwissenschaften und Technik seit Jahrzehnten hat zurückweichen müssen.

Wieder mehr Raum für das Deutsche zu gewinnen, wird überhaupt erst möglich sein, wenn diese Tendenz umgekehrt werden kann. Das war z. B. in den USA schon einmal in den sechziger Jahren der Fall, als der »Sputnik-Schock« zu einem Fremdsprachenaufschwung sondergleichen führte; doch hielt er nicht an. Neue Impulse für eine Aufnahme von mindestens zwei Fremdsprachen in den Pflichtlehrplan der Sekundarschulen, wie sie sich gegenwärtig bei uns im Zuge der Reform der reformierten Oberstufe zeigen, werden sich hoffentlich auch anderswo entwickeln. Sie müssen dann entschlossen und rasch genutzt werden.

Denn eines ist ganz sicher: noch so große Anstrengungen eines Landes zur Förderung seiner Sprache in einem anderen Land können nicht ersetzen, was die Schul- und Hochschulpolitik dieses Landes versäumt. Darum muß die Einwirkung auf diese Politik in den Partnerländern zugunsten unserer Sprache erstes Hauptziel unserer Sprachpolitik sein, wie sie Frankreich seit jeher für seine Sprache ausübt, auch uns gegenüber, und wie sie erfreulicherweise etwa von Bundespräsident Carstens ausgeübt wurde, als er vor kurzem Indonesien besuchte. Daß Bundeskanzler Helmut Kohl an der Sprachpolitik lebhaft interessiert ist, läßt im gleichen Sinne hoffen. Intensiver Einsatz ist öfter auch nötig, um der deutschen Sprache in internationalen Organisationen und Konferenzen den ihr zukommenden Platz als Amts- und Arbeitssprache zu sichern.

Eine derartige Politik bliebe freilich folgenlos, wenn sie nicht durch konkrete Hilfen ergänzt würde, die von der Ausbildung und Fortbildung der Deutschlehrer und der Mitwirkung an Lehrplänen und Lehrmaterialien zur Vermittlung von Lehrpersonal und dem Angebot von Anreizen für die besten Schüler bis hin zu Deutschlandreisen reichen. Auch muß für Deutsch kräftig geworben werden, einmal, weil es als schwierige Sprache gilt, und zum anderen, weil es sich als erste, zweite oder gar nur dritte Fremdsprache im Wettbewerb mit anderen, oft leichteren oder attraktiveren Sprachen (Englisch, Französisch, Spanisch) behaupten muß. Erst in zweiter Linie

kann es die Aufgabe deutscher Sprachpolitik sein, unmittelbar den Deutschunterricht zu fördern. Bei notwendigerweise begrenzten Mitteln sind für eine weltweite Sprachpolitik nicht die Schüler, sondern die Sprachvermittler, die jetzigen und die künftigen Multiplikatoren die wichtigste Zielgruppe.
Das gilt allerdings nicht für die deutschen Auslandsschulen. Denn hier ist Deutsch entweder die Muttersprache der Schüler oder die vorwiegende Unterrichtssprache, jedenfalls soweit die Schulen nicht lediglich verstärkten Deutschunterricht als deutsches Element ihres Lehrplans anbieten. Hier ist auch die pädagogische Wirkung, weil langfristig und im bildungsfähigsten Alter ansetzend, besonders intensiv. Darum steht hier zu Recht der direkte Unterricht im Vordergrund. Gewiß sind die deutschen Auslandsschulen, ob ganz deutschsprachig oder als bikulturelle Begegnungsschule konzipiert, bei oberflächlicher Kosten-Nutzen-Rechnung das weitaus teuerste Instrument unserer auswärtigen Kultur- und Sprachpolitik. Doch spricht ihre in Generationen zu messende hohe Langzeitwirkung für sich.
Das Prinzip der indirekten Wirkung für die Verbreitung der deutschen Sprache gilt auch nicht für die Nutzung der modernen Massenmedien, also vor allem des Fernsehens und des Hörfunks. Sie erreichen mit ihren freilich immer nur kurzzeitig wirksamen Programmen im Grundsatz jedermann, ungeachtet des Alters oder der sozialen Stellung. Selbst die armen Entwicklungsländer haben schon den Hörfunk und werden bald auch ohne Fernsehen nicht mehr auskommen. Allerdings bleibt die Tiefenwirkung der Massenmedien gering, der Erfolg von Sprachkursen über Auge und/oder Ohr ohne den personalen Bezug zum Lehrer schwankend. Trotzdem wächst ihre Bedeutung für die Sprachpolitik, einmal wegen ihrer unvergleichbaren Breitenwirkung, aber auch weil sie durch Bild und Ton nicht nur Sprachkenntnisse vermitteln, sondern gleichzeitig ein überaus lebendiges Deutschlandbild.
Ganz unentbehrlich als Instrument der direkten Breiten- und Tiefenwirkung bleibt auch das gedruckte Wort. Die innerdeutsche Erfahrung, nach der das Fernsehen die Bedeutung von Buch und Zeitschrift nicht gemindert, sondern eher gesteigert hat, gilt auch außerhalb unserer Grenzen und so auch für die Sprachpolitik. Nicht nur anhand der gesicherten Erfahrung, daß zum Beispiel die Wirkung eines Fernsehsprachkurses durch gedrucktes Begleitmaterial

wesentlich gesteigert wird, sondern überhaupt: Deutsch lernen, heißt deutsch lesen lernen, natürlich auch deutsch sprechen und schreiben (und, wenn es sehr weit kommt, deutsch denken). So bleiben auch künftig die privaten Verlage, die das Lern- und Lesefutter bereitstellen, wichtige Partner der staatlichen Sprachpolitik. Sonst aber gilt, daß sich Sprachpolitik in erster Linie an die politisch entscheidenden und meinungsbildenden Instanzen, an die Fachleute der Wissenschaft und Pädagogik (Germanisten) und an die Vermittler (Deutschlehrer) sowie den heranzubildenden Nachwuchs richten muß, erst in zweiter Linie an die Endempfänger.

Ein Musterbeispiel dafür ist das Schwerpunktprogramm für das frankophone Westafrika. Dort wurde bis Ende der sechziger Jahre Deutschunterricht von französischen Lehrern erteilt. Als Frankreich dann sein Engagement reduzierte, wandten sich diese Staaten an die Bundesrepublik Deutschland mit der Bitte um Ersatz der französischen Deutschlehrer, da einheimische Deutschlehrer nicht ausgebildet worden waren. In einem umfassenden Programm hat die Bundesrepublik Deutschland die Voraussetzungen für einen langfristig eigenständigen Deutschunterricht in Schulen und Hochschulen geschaffen. Zunächst übernahmen deutsche Lehrer den Unterricht in den afrikanischen Ländern, gleichzeitig wurden afrikanische Studenten zum Teil in Afrika, zum Teil in der Bundesrepublik Deutschland zu Deutschlehrern ausgebildet. Dies hat es der Bundesrepublik Deutschland ermöglicht, nach einigen Jahren die deutschen Lehrer fast vollständig wieder abzuziehen, da inzwischen genügend afrikanische Deutschlehrer zur Verfügung standen. Um einen guten Deutschunterricht zu gewährleisten, wurden mit zunehmendem Einsatz afrikanischer Deutschlehrer vermehrt Fachberater für Deutsch zu ihrer ständigen Beratung und Fortbildung entsandt. Der Erfolg dieses Programms ist durch die gut abgestimmte Tätigkeit der Zentralstelle für das Auslandsschulwesen, des DAAD, des Goethe-Instituts und des Auswärtigen Amts ermöglicht worden. Dadurch konnte nicht nur die Zahl der Deutschschüler von 25000 (Ende der sechziger Jahre) bis auf etwa 100000 (1983) und die Zahl der afrikanischen Deutschlehrer von Null auf 700 (im gleichen Zeitraum) gesteigert werden, sondern gleichzeitig auch in den meisten Staaten eine Deutschabteilung an ihren Universitäten aufgebaut und so langfristig die Eigenständigkeit des Deutschunterrichts gesichert werden.

An diesem Beispiel zeigt sich, was erreichbar ist, wenn die Instrumente und Organisationen der Sprachpolitik in einem sinnvollen Zusammenhang gut koordiniert eingesetzt werden. Daran fehlt es indessen nicht selten immer noch. Die auswärtige Kultur- und Sprachpolitik der Bundesrepublik Deutschland wird, wie man weiß, in der täglichen Praxis von weitgehend autonomen Mittlerorganisationen getragen:

- dem Goethe-Institut, München, das in seinen über die ganze Welt verbreiteten 137 Instituten sowohl direkten Sprachunterricht im außerschulischen Bereich als auch Multiplikatorenarbeit im Bildungswesen des Gastlandes, die sogenannte »pädagogische Verbindungsarbeit« anbietet, durch seine Bibliotheken örtlich präsent ist und in seiner Münchner Zentrale viel für die Entwicklung der Methodik und Didaktik von Deutsch als Fremdsprache leistet,
- dem Deutschen Akademischen Austauschdienst, Bonn, der Studienstipendien für angehende ausländische Germanisten vergibt, für die Vermittlung von etwa 370 Deutschlektoren an ausländische Universitäten sorgt und die Zusammenarbeit deutscher und ausländischer Germanisten fördert,
- Inter Nationes, Bonn, und dem Stuttgarter Institut für Auslandsbeziehungen, die deutsche Literatur im Ausland verbreiten und – im Falle von Inter Nationes – die Hörfunk- und Fernseharbeit federführend betreuen,
- der als Behörde organisierten Zentralstelle für das Auslandsschulwesen im Kölner Bundesverwaltungsamt, welche die deutschen Auslandsschulen personell, pädagogisch und finanziell unterstützt, Fachberater für Deutsch als Fremdsprache entsendet und auch den Fernunterricht fördert.

Sie alle wirken mit der Kulturabteilung des Auswärtigen Amts in einer ständigen »Arbeitsgruppe Deutsch als Fremdsprache« zusammen. Doch sind andere für die Spracharbeit wichtige Institutionen wie etwa das Deutsch-Französische Jugendwerk in diese notwendige Koordinierung bisher nicht einbezogen. Auch fehlt es, bei guter Kooperation in etlichen Partnerländern, wie zum Beispiel den USA, oft noch an abgestimmter Zusammenarbeit vor Ort.

Die Folge ist, daß in solchen Fällen trotz vieler gemeinsamer Projekte oder gegenseitig abgestimmter Einzelvorhaben in wesentlichen Bereichen die Teilpolitiken der jeweiligen Träger mehr oder weniger verbunden nebeneinander herlaufen. Nur unter dem Druck äußerer

Umstände und finanzieller Zwänge gelang es z. B., nach der Öffnung Chinas für eine Zusammenarbeit im Sprachbereich die dortigen Aktivitäten von Goethe-Institut und DAAD aufeinander abzustimmen. Dozenten des Goethe-Instituts, Lektoren des DAAD, Lehrer der Auslandsschulen und Fachberater der Zentralstelle haben zwar in der Theorie, oft aber nicht in der Praxis den nötigen Zusammenklang ihrer Aufgabenfelder. Jeder orientiert sich zuerst an seiner Zentrale, erst dann an seinen Kollegen von der anderen Organisation im Gastland. Einwendungen des Rechnungshofs wegen angeblicher Aufgabenüberschneidungen tun ein übriges. Die Kulturreferenten der Botschaften sind überdies mit administrativem Kleinkram überlastet und können in allzu vielen Staaten wegen Geldmangels kaum durch ihr Land reisen.
So bleibt das beachtliche institutionelle und personelle Aufgebot deutlich unterhalb seiner möglichen Wirkung. Mehr Dezentralisierung der Entscheidungen für das jeweilige Land bei gleichzeitig besserer Kooperation vor Ort ist nötig. Das geht nur, wenn die Botschaften ihre Koordinierungsfunktion wirklich ausüben können. Auch ist die Aufgabenteilung zwischen den Mittlerorganisationen an einigen Punkten zu überdenken.

Sprachpolitik braucht, will sie ihr Ziel erreichen, Verbündete im jeweiligen Partnerland, aber nicht minder in der Bundesrepublik selbst. Einzelne Regierende können zwar viel bewirken, zumal in autokratischen oder bürokratischen Strukturen. So ist die gute Stellung des Deutschen in Korea allein dem ersten Erziehungsminister des Landes nach wiedererrungener Unabhängigkeit zu danken, der in Deutschland studiert hatte und deutschem Geist eng verbunden geblieben war.
Doch reicht das nicht aus. Regierende wechseln, und eine gute Lobby ist selbst in Abwesenheit demokratischer Strukturen hilfreich. So schwierig es nach aller Erfahrung ist, Unterstützung für Kulturelles zu schaffen, so sollte das doch für die Sprachpolitik möglich sein.
Natürlich gehören die Fachleute dazu, die im Bildungssystem für die deutsche Sprache rackern. Doch reicht ihr Gewicht bei weitem nicht aus. Auch die Mobilisierung von interessierten Eltern, Schülern und

Studenten schafft noch nicht den nötigen Druck, weil ihre Zahl zumeist zu gering ist. Wichtiger sind die »Pro-Deutschen« im Partnerland: die Nachfahren deutscher Einwanderer, deren Brückenfunktion noch zu oft vernachlässigt wird, sodann diejenigen, die in Deutschland studiert haben, und vor allem auch die Wirtschaftskreise, die enge Beziehungen zur Bundesrepublik unterhalten und vielfach schon jetzt als Mäzene etwa für deutsche Schulen wirken. Dort, wo solche Schulen für Landeskinder bestehen, lohnt es sich, nach ehemaligen Schülern zu fahnden, natürlich besonders solchen, die es in Wirtschaft, Wissenschaft, Medien, Verwaltung oder Politik zu etwas gebracht haben. Auch die »deutschen Vereine« können hilfreich sein, doch sind sie allzu häufig noch auf folkloristische und gastronomische Traditionspflege beschränkt.
In einer Reihe wichtiger Partnerländer kommt uns dabei zugute, daß sie sich zunehmend multikulturellem Miteinanderleben öffnen. So in Westeuropa, wo der Regionalismus innerhalb der Nationalstaaten an Kraft gewinnt mit der Folge, daß die kulturelle Autonomie auch der deutschsprachigen Minderheiten in Südtirol, Ostbelgien und Nordschleswig gestärkt wird. So in vielen Staaten Nord- und Südamerikas, aber auch in Australien, wo die kulturelle Vielfalt zunehmend an die Stelle der Schmelztiegel-Ideologie tritt und damit auch das deutsche Element wieder deutlicher sichtbar wird. Daß die Bundesrepublik Deutschland ein wichtiger und respektierter Partner dieser Länder ist, trägt wesentlich dazu bei, daß sich niemand mehr seiner deutschen Abkunft schämen muß, ja diese sogar mit Stolz vermerkt wird, wie die Dreihundertjahrfeiern der deutschen Einwanderung in den USA jüngst zeigten.
Und die Unterstützung bei uns selbst? Neben den Fachleuten und exportierenden Wirtschaftskreisen gab es lange Zeit nicht viele Interessenten für eine aktive Sprachpolitik. Wenn nicht alle Zeichen trügen, wächst aber nun zugleich mit der Bildung eines geläuterten, demokratisch und europäisch orientierten Nationalbewußtseins in breiten Schichten auch die Bereitschaft, etwas für die weltweite Geltung unserer schönen, oft mißbrauchten und doch nach wie vor lebendigen Sprache zu tun. Es gilt, diese Bereitschaft zu nutzen, aber auch, das vom Steuerzahler bereitgestellte Geld so zu verwenden, daß mit gutem Gewissen mehr verlangt werden kann.
Dieses Mehr ist bitter nötig. Zu Resignation angesichts vielfach zurückgegangener Nachfrage nach der deutschen Sprache besteht

kein Grund. Im Gegenteil: gerade dieser Rückgang verlangt nach verstärkten Anstrengungen, um verlorenes Terrain zurückzugewinnen und neue Chancen zu eröffnen. Kurzfristige Erfolge sind da freilich nicht zu erwarten. Sprachpolitik ist wie die ganze auswärtige Kulturpolitik langfristig wirksam. Sie braucht Beharrlichkeit, Geduld, in die weite Zukunft gesetzte Ziele und das nötige Geld. Kommt dies alles zusammen, wird der Erfolg nicht ausbleiben.

Was ist los mit der deutschen Sprache?
Eine Streitrede
– 1987 –

Beginnen wir mit der Lage draußen. Mit ihr habe ich mich täglich in meinem Beruf auseinanderzusetzen. Vor anderthalb Jahren legte die Bundesregierung dem Deutschen Bundestag einen ausführlichen Bericht über die deutsche Sprache in der Welt vor, den wir in der Kulturabteilung des Auswärtigen Amtes erarbeitet hatten, übrigens zum erstenmal seit 1967. Darin und im Fischer Weltalmanach können Sie Zahlen finden, die auf den ersten Blick ganz imposant scheinen: Etwa 110 Millionen Menschen, davon über 90 Millionen in Europa, sprechen Deutsch als ihre Muttersprache. Rund 15 Millionen Sekundarschüler, davon allein 9 Millionen in der Sowjetunion und eine Million in Frankreich, lernen Deutsch als Fremdsprache. Wir haben durch Schätzungen unserer Botschaften ermittelt, daß etwa 40 Millionen Menschen von ihren so erworbenen Deutschkenntnissen regelmäßig und häufig Gebrauch machen.
Doch muß man vergleichen. Lassen wir den Sonderfall China einmal beiseite. Fast eine halbe Milliarde Menschen spricht Englisch als Mutter- oder Zweitsprache, mindestens noch einmal die gleiche Zahl als Fremdsprache. Dann folgt mit erheblichem Abstand das Französische als Mutter- oder Zweitsprache für 280 Millionen, als Fremdsprache für eine sicher noch größere Zahl.
Auch Spanisch, Russisch und Arabisch, ja sogar Portugiesisch, Hindi und Bengali liegen im weltweiten statistischen Wettbewerb insgesamt vor dem Deutschen. Etwas besser sieht es aus – Wunder der Statistik –, wenn nur die Zahl der Fremdsprachen lernenden Schüler und Studenten verglichen wird. Dann landet das Deutsche vermutlich auf Platz vier nach Englisch, Französisch und Spanisch, etwa gleichauf mit dem Russischen.
Wir könnten uns angesichts dieser Zahlen mit der zutreffenden Feststellung beruhigen, keiner der deutschsprachigen Staaten sei eine Weltmacht, ja nicht einmal gewesene Kolonialmacht, und daher sei nun einmal das Deutsche keine Weltsprache, doch immerhin eine der großen europäischen Sprachen. Ja, gewiß – aber wenn wir nach den Entwicklungstendenzen beim Fremdsprachenlernen weiterfragen und darauf gestützt Prognosen versuchen, dann wird es bedenk-

lich: das Englische läuft und läuft, das Spanische mit geringerem Tempo auch, neuerdings desgleichen das Arabische und das Japanische, während Russisch stagniert und Deutsch wie Französisch rückwärtskrebsen. Bestes Indiz ist die Zahl der Deutschschüler, die binnen weniger Jahre von 19 auf 15 Millionen sank. Unsere tägliche Lebenserfahrung bestätigt dieses Bild; wer wissenschaftliche Fachzeitschriften liest, der weiß, daß selbst deutsche Verlage zunehmend auf Englisch übergehen, um den Weltmarkt zu erreichen.

Die Flagge folge dem Handel, hieß es früher einmal im kolonialen Zeitalter. Heute gilt: Die Sprache folgt der Macht. So drückt sich in den Zahlen der Sprachstatistik die Weltgeschichte dieses Jahrhunderts aus. Lebte Goethe heute, so würde er zum Englischen bemerken, was er seinem getreuen Eckermann anno 1825 über die französische Sprache zum Aufschreiben mitteilte: »Sie ist die Sprache des Umgangs und ganz besonders auf Reisen unentbehrlich, weil sie jeder versteht und man sich in allen Ländern mit ihr statt eines guten Dolmetschers aushelfen kann.«

Für das Deutsche könnte er indessen nicht mehr anmerken, was er damals auch sagte (dem Fürsten Pückler, zur Abwechslung): »Die anderen Nationen werden schon deshalb Deutsch lernen, weil sie innewerden müssen, daß sie sich damit das Lernen fast aller anderen Sprachen ersparen können; denn von welcher besitzen wir nicht die gediegensten Werke in vortrefflichen deutschen Übersetzungen?«

Zwar halten deutsche Verlage bei der Publikation von Übersetzungen aus anderen Sprachen immer noch eine Spitzenstellung. Aber den Weltmarkt erreichen sie damit nicht mehr wie im vorigen Jahrhundert, als die Literaturen Skandinaviens und Rußlands über Deutschland zur Weltgeltung kamen. Man bleibt eben nicht ungestraft, wenn man zweimal in einem Jahrhundert zum Platz unter den Weltmächten greift und beide Male scheitert. Der Sturz war tief, er riß unsere Sprache mit – übrigens nicht erst seit Hitlers Krieg, sondern zum Beispiel in den Vereinigten Staaten von Nordamerika schon im Jahre 1917, als die bis dahin so eng befreundeten Amerikaner und Deutschen zum Krieg gegeneinander antraten und das Deutsche binnen weniger Monate aus dem öffentlichen Leben der Vereinigten Staaten verschwinden mußte. Hitlers Herrschaft, Krieg und Untergang trafen vor allem die Deutschen und das Deutsche in Mittel- und Osteuropa von der Oder bis zur Wolga und zum Schwarzen Meer fast tödlich.

Soll es dabei bleiben? Können wir einfach zusehen, wenn zum Beispiel an den Sekundarschulen in Dänemark, den Niederlanden und Belgien, also bei unseren Nachbarn, das Pflichtfach Deutsch ausstirbt? Wollen wir unseren eigenen Kindern tatsächlich vor allem ein fließendes Englisch beibringen, damit sie sich als Computerfachleute, Soziologen oder Mediziner in ihrer künftigen Berufswelt zurechtfinden?

Wenn ich so frage, treffe ich bei vielen auf Resignation oder internationale Attitüde. Die einen zucken mit den Schultern und sagen, der Wettkampf der Sprachen sei für das Deutsche verloren; und sei nicht das Englische viel leichter zu lernen und zu handhaben (was ein großer Irrtum ist)? Die anderen ziehen der Resignation ein europäisches oder gar weltbürgerliches Kleid an, indem sie Sprachpolitik zum alten Eisen werfen, ja ihre Verfechter zu überständigen Nationalisten erklären.

Nationalismus hat mir noch niemand nachgesagt. Um so deutlicher fordere ich eine aktive Sprachpolitik zugunsten des Deutschen in der Welt. Nicht als ob bisher nichts geschehen wäre. Die Goethe-Institute, die deutschen Auslandsschulen, die Lektoren und Professoren des DAAD, die Medienfachleute von Inter Nationes leisten wackere, oft vorzügliche Arbeit. Etwa die Hälfte des Kulturhaushalts des Auswärtigen Amtes, also über 400 Millionen Mark jährlich, ist für sie bestimmt. Trotz Sparhaushalten haben wir seit 1985 kräftig zugelegt. Aber die Zahlen zeigen, daß damit der Rückgang nur verlangsamt, nicht aufgehalten werden konnte. Das liegt auch daran, daß wir bisher nicht einmal in der Lage waren, den vorhandenen Bedarf zu decken, geschweige denn neuen Bedarf zu wecken. Beides aber ist nötig, wenn die Stellung unserer Sprache in der Welt stabilisiert werden soll. Der Bundestag hat dies als Antwort auf unseren Sprachbericht in einer fast einstimmig angenommenen Entschließung als seine Forderung bestätigt.

Wieso überhaupt Sprachpolitik? Einen allgemeinen Grund und drei besondere Gründe will ich nennen. Allgemein: Wir brauchen als mittelgroßes, politisch und ökonomisch überaus verletzliches Land mehr als viele andere Freunde in aller Welt. Wer unsere Sprache kennt, vielleicht gar liebt, der versteht uns besser – und meistens mag er uns dann auch mehr – als derjenige, dem sie verschlossen bleibt. Weil das so ist, betreibt heutzutage jedermann Sprachpolitik, selbst die Briten und Amerikaner, denen doch die Englischschüler

nur so in den Schoß fallen, von unseren französischen Freunden ganz zu schweigen.
Im besonderen erstens: Wer Deutsch spricht und versteht, der kauft auch eher deutsch als der unserer Sprache Unkundige. Was das für das Exportland Nummer eins oder zwei bedeutet, brauchte ich vor diesem sachkundigen Kreis gar nicht auszuführen, wenn es nicht immer noch Leute in der deutschen Wirtschaft gäbe, die sogar mit der Brüsseler EG-Kommission, wo Deutsch Amtssprache ist, vorzugsweise auf französisch oder englisch verkehren.
Zweitens: Wenn wir die weithin verloren gewesene, inzwischen wieder sichtbar wachsende wissenschaftliche Weltgeltung unseres Landes weiter zurückgewinnen wollen, also auch den damit langfristig verbundenen wirtschaftlichen Ertrag, dann muß Deutsch eine der großen Wissenschaftssprachen bleiben. Geht es mit ihm weiter abwärts, dann verlieren übrigens auch die von Bund und Ländern finanzierten kostspieligen Stipendienprogramme für an unseren Hochschulen studierende Ausländer zunehmend ihren Sinn.
Drittens: Deutsch als Bildungs- und Kultursprache bleibt unentbehrlich für jeden, der den großen deutschen Beitrag zur Weltkultur von Luther bis Marx, von Leibniz bis Max Planck, von Goethe bis Brecht selbst und unmittelbar erfahren will. Gerade die ausländischen Freunde deutscher Kultur stehen fassungslos vor dem unbedachten Leichtsinn, mit dem ihre deutschen Gesprächspartner allzuoft diesen Schatz preisgeben.
Oder sollte solche Preisgabe gar nicht unbedacht sein? Hat Franz Josef Strauß etwa recht, wenn er den Programmen des Goethe-Instituts Mangel an historischer Tiefe vorwirft? Dazu eine kurze und hoffentlich klare Bemerkung: Da wir Deutschen, wie man weiß, dazu neigen, in jeder Generation die Welt neu zu erfinden, gibt es in jeder Generation auch Leute, die das überlieferte Kulturerbe am liebsten auf eine Sondermülldeponie brächten. Es gibt sie also auch beim Goethe-Institut. Doch haben solche Leute zu keiner Zeit unsere auswärtige Kulturpolitik bestimmt.
Umgekehrt wird ein Schuh daraus: Da wir draußen nur vorzeigen können, was drinnen geschieht, schlug die zeitweise in unserem Lande vorherrschende, von Regierungskoalitionen ganz unabhängige Abbruchmentalität auch in unser Angebot für das Ausland durch. Das ist allem Anschein nach vorbei, und ich freue mich darüber.
Nicht nur Film und Literatur, darstellende und bildende Kunst sind

damit gemeint, sondern ebenso das für Literatur, Theater, Wissenschaft und Film unentbehrliche Medium: die Sprache. Sie vermittelt sich nicht von selbst, sondern bedarf selbst der Vermittlung durch Unterricht in Schule, Hochschule und Erwachsenenbildung und, darauf gestützt, durch die gedruckten und elektronischen Medien. Sprachpolitik besteht wesentlich darin, solche Vermittlung zustande zu bringen und zu unterstützen, besonders für eine schwierige Sprache, als welche Deutsch nun einmal gilt. Abermals: Nur was drinnen geschieht, können wir draußen vermitteln helfen. Aber was ist drinnen mit der deutschen Sprache los?

Es fällt schwer, an dieser Stelle nicht zornig zu werden. Nicht als ob ich in puristisches Wehgeschrei ausbrechen wollte über den Rückzug des Genitivs, den unmäßigen Gebrauch von Wörtern wie »würde«, die massenhafte Übernahme englischer Ausdrücke oder das Ausbleiben einer Rechtschreibreform, die wenigstens das »ß« abschaffte, wenn nicht sogar die Großschreibung der Substantive. Das alles gehört zum natürlichen Sprachwandel, dem nicht nur das Deutsche, aber dieses dank seiner Anpassungsfähigkeit ganz besonders unterworfen ist.

Das Übel sitzt viel tiefer. Ein dreifacher Angriff droht die deutsche Hochsprache zu zerstören. Da wächst zum ersten ihre Blutleere, und zwar durch den um sich greifenden Gebrauch abstrakter Begriffe, ob nun als Fremd- und Lehnwörter oder mit der sie im Deutschen kennzeichnenden Endung »ung«. Damit einher geht die bekannte Substantivitis. Da wird die deutsche Sprache nicht gefördert, sondern es erfolgt eine Förderung; da wachsen nicht die Schulden, sondern die Verschuldungstendenz ist auf Wachstum angelegt; da wird nicht Brecht weniger aufgeführt als bisher, sondern die Bühnenstatistik weist eine Verringerung der Aufführungen gegenüber dem Vergleichszeitraum aus und so fort. Dem zu begegnen, sind wir alle aufgerufen, denn wir alle, niemand anders und schon gar nicht die Regierung entscheiden darüber, wie gesprochen und geschrieben wird.

Zum zweiten – und damit zusammenhängend – zerfällt die deutsche Hochsprache mehr und mehr in eine wachsende Zahl von Fachsprachen. Je arbeitsteiliger und komplexer unsere Gesellschaft wird, desto stärker die Rolle der Fachleute und desto größer die Versuchung, solche Fachsprachen zu entwickeln: von und für Linguisten und Volkswirte, Computerexperten und Entwicklungspolitiker, Soziologen und Mediziner und so weiter. Manches ist da unvermeidlich, sogar ganz natürlich. Aber ich hege seit längerem den Verdacht, als würden solche Fachsprachen auch erfunden, um das damit verbundene Herrschaftswissen und also die auf es gegründete Macht dem auserwählten Expertenkreis zu reservieren. Was früher Theologen und Mediziner taten, um ihre esoterischen Kenntnisse vor Unbefugten zu schützen, ahmen nun alle nach. Ich habe nichts gegen herrschende Eliten, vorausgesetzt, sie werden demokratisch bestellt und bleiben für Neulinge offen. Aber hier handelt es sich um Expertokratie, als deren Instrument Sprache mißbraucht wird. Sie ist übrigens ganz einfach zu beseitigen, durch verständliches Reden und Schreiben nämlich. Abermals kommt es auf uns selbst an.

Zum dritten ist uns, auf der anderen Seite des gesellschaftlichen Spektrums, von oberdemokratischen Experten die Umgangssprache, vorzugsweise der unteren Schichten, als erstrebenswertes Lernziel an unseren Schulen und überhaupt verordnet worden. Wer die Fachsprache dieser Experten kennt, wird sofort sagen können, daß es sich hier um die pädagogische Relevanz des vom Proletariat verwendeten restringierten Codes handelt, wohingegen der elaborierte Code der kapitalistischen bisherigen Inhaber des Bildungsmonopols aufgebrochen und schließlich abgeschafft werden muß.

Ich habe das Ihnen zuliebe ziemlich verständlich ausgedrückt. Und das heißt dann: nicht mehr Goethe, sondern die »Bild«-Zeitung zum Gegenstand des Klassenaufsatzes machen, der freilich auch nicht mehr so heißt. Dem Volke aufs Maul schauen, wie doch schon Luther verlangt hat, und die neueste Fäkalsprache aufs Tonband und zu Papier bringen! Rechtschreibung ade – es lebe die orthographische Spontaneität! Und als Höhepunkt: Was brauchen wir noch klassische Literatur und Hochsprache, ja überhaupt einen Bildungskanon, diese Hinterlassenschaft des bürgerlichen Zeitalters – weg damit, auch im Stundenplan und erst recht im Abitur!

Vor wenigen Jahren drohte die Schweiz unseren Kultusministerien an, sie werde Inhaber des deutschlosen Abiturs nicht mehr an ihren Hochschulen zulassen. Da begann die Umkehr, den Schweizern sei Dank. Inzwischen beraten die Kultusminister darüber, wenigstens Deutsch, Geschichte, Mathematik und eine lebende Fremdsprache bis zum Abitur als Pflichtfächer durchzuhalten. Hier geht es also, anders als bei den beiden anderen Attacken gegen die Hochsprache, um staatliches Handeln, in seinem Hintergrund freilich um wissenschaftlich verkleideten Klassenkampf, der abgeschafft gehört. Da sind wir als Eltern und Wähler gefragt, um die simple Wahrheit durchzusetzen, daß Bildung nach oben, nicht nach unten zielt. Es wird gelingen. Davon bin ich überzeugt, seitdem der nordrhein-westfälische Kultusminister Schwier öffentlich den klassischen Satz gesagt hat, in der vierjährigen Grundschule gehe es vor allem darum, Lesen, Schreiben und Rechnen zu lernen. Wie wahr! Vielleicht gelingt dann im zweiten Akt der ebenso längst überfällige Schritt, bis zum Abitur das Erlernen von zwei lebenden Fremdsprachen zur Pflicht zu machen.

Dies als abschließende Bemerkung: Wer draußen das Deutsche fördern will, der muß zu Hause mehr für die fremden Sprachen tun. Ohnehin kann noch etwas mehr Weltläufigkeit vielen Deutschen nicht schaden. Und überdies gilt nach zwei Jahrhunderten immer noch Goethes Maxime: »Wer fremde Sprachen nicht kennt, weiß nichts von seiner eigenen.«

Deutsche Schulen im Ausland
Luxus oder Notwendigkeit?
– 1985 –

Auf den ersten Blick scheint es, als würden mit der von mir gestellten Frage, ob die deutschen Schulen im Ausland Luxus oder Notwendigkeit seien, Eulen nach Athen getragen. Ist nicht allein die Tatsache, daß das Auswärtige Amt in diesem Jahr insgesamt 279 Mio DM für seinen Schulfonds und dazu noch 22,1 Mio DM für Schulbauten bereitgestellt hat, eine ausreichende Antwort? Spricht nicht auch die Tatsache für sich, daß die Bundesländer Jahr um Jahr rund 1300 wohlbestallte und erfahrene Lehrer für den Auslandsschuldienst freistellen?

Auf den zweiten Blick geben freilich gerade diese Zahlen Anlaß zum Nachdenken. Unsere Auslandsschulen sind teuer. Die 113 personell und finanziell geförderten Schulen, an denen etwa 69500 Schüler und Schülerinnen lernen, brauchen je Schüler und Jahr 3600 DM Zuschuß des Auswärtigen Amts zu ihren laufenden Kosten einschließlich der Lehrergehälter[1]; und dies, obwohl die Eltern kräftig zur Schulgeldkasse gebeten werden, viele Schulen erfolgreich private Spenden einwerben und oft auch die Regierung des Sitzlandes mitfinanziert. Das ist gut dreimal so viel wie im Inland – das Land Nordrhein-Westfalen zum Beispiel gibt pro Jahr und Schüler 1100 DM aus.

Es ist also kein Wunder, daß immer wieder eine kritische Diskussion über die von der Bundesrepublik Deutschland im Ausland geförderten Schulen aufflammt. Sie hat sich in den letzten Jahren vor allem an den angeblich zu hohen Vergütungen der ins Ausland amtlich vermittelten deutschen Lehrer festgemacht – mit der uns allen bekannten schmerzlichen Folge einer spürbaren Kürzung dieser Vergütungen. Die wachsende Lehrerarbeitslosigkeit hierzulande bot und bietet zusätzliche kritische Argumente. Auch wird immer wieder die Frage gestellt, ob die Auslandsschulen wirklich den unser Bildungswesen prägenden Grundsatz demokratischer und sozialer

1 Bei Zugrundelegung aller Schularten (also incl. Europäischer Schulen, Sprachgruppen-, Siedlerschulen, sonstigem Deutschunterricht, Sonnabendschulen, Sprachkurse) betrug die durchschnittliche Förderung 1984 pro Schüler 2103,– DM.

Offenheit beherzigen oder nicht vielleicht doch bloß Instrumente etablierter Eliten seien.

Der Katalog kritischer Fragen ließe sich unschwer erweitern – vom Vorwurf einseitiger Orientierung auf gymnasiale Bildung über die Klage, die deutschsprachigen Schulen bildeten allzu deutsche Inseln in fremder Umwelt bis zu der entgegengesetzten Mahnung an die Begegnungsschulen, das deutsche Element in ihren Lehrplänen nicht in den Hintergrund treten zu lassen.

Sie selbst haben in der Einladung zu Ihrer Tagung noch weitergehend gefragt:

– Sind die deutschen Auslandsschulen noch wesentlicher Bestandteil auswärtiger Politik?
– Wozu unterhalten wir deutsche Schulen im Ausland?
– Deutsche Schulen im Ausland – lohnt sich das überhaupt?

Also: Luxus oder Notwendigkeit? Und damit zunächst zu den drei von Ihnen gestellten Fragen: Die erste Frage möchte ich in dem Sinne aufgreifen, daß aus ihr die Sorge um den Stellenwert des Auslandsschulwesens im Rahmen der auswärtigen Kulturpolitik spricht. Denn daß auswärtige Kulturpolitik die dritte Dimension der Außenpolitik ist, und zwar im Sinne langfristiger Friedenssicherung, ist inzwischen Allgemeingut. Ich gehe darüber hinaus: auswärtige Kulturpolitik, so wie wir sie heute im Sinne des erweiterten Kulturbegriffs verstehen, ist nicht nur die dritte Dimension der Außenpolitik neben der politischen Außenpolitik und neben der Außenwirtschaftspolitik, sondern sie ist im Vergleich zu diesen beiden sogar die modernste Form der Außenpolitik. Denn: Die politische Außenpolitik und die Sicherheitspolitik haben es im wesentlichen zu tun mit dem Verhältnis zwischen Regierungen. Die Außenwirtschaftspolitik hat es zu tun mit der Zusammenarbeit zwischen Unternehmen, mit Außenhandel und Auslandsinvestitionen. Die auswärtige Kulturpolitik hat es dagegen zu tun mit Austausch, Dialog und Zusammenarbeit zwischen den Völkern. Sie ist also auch der demokratischste Aspekt der Außenpolitik, weil es ihr um die unmittelbare grenzüberschreitende Zusammenarbeit zwischen den Menschen, zwischen den Völkern, zwischen allen Gesellschaftsschichten geht.

Wenn also auswärtige Kulturpolitik zweifelsfrei Teil der Außenpolitik, und zwar ein unentbehrlicher ist, dann gilt es im Sinne Ihrer ersten Frage nunmehr auszuloten, welche Bedeutung dem Aus-

landsschulwesen im Rahmen der auswärtigen Kulturpolitik zukommt.
Die Förderung deutscher Schulen im Ausland ist das älteste Instrument deutscher auswärtiger Kulturpolitik. Sie steht jetzt im 107. Jahr. Daß etwas alt ist, heißt freilich nicht automatisch, daß es auch gut ist. In diesem Falle stimmt jedoch beides überein, weil das Instrument nicht alt geblieben, sondern immer wieder erneuert und zeitgemäß verwandelt worden ist.
Die amtliche Förderung begann im Jahre 1878 als Unterstützung von Kolonieschulen, also Hilfe für Auswanderer. Hinzu trat sehr bald ein schulisches Angebot für die Kinder im Ausland tätiger deutscher Staatsangehöriger und ebenso der Aufbau sogenannter »Propagandaschulen« für ausländische Kinder an für das Deutsche Reich wichtigen Orten. Im und nach dem ersten Weltkrieg brach das deutsche Schulwesen vor allem in den USA unwiederbringlich zusammen. Dafür stellte sich als neue Aufgabe die Stützung der deutschen Minderheiten und ihrer Schulen in den neuen Staaten Mittel- und Südosteuropas – auch dies ist jetzt als Ergebnis der großen Wanderungen und Vertreibungen vor und nach 1945 fast ganz Vergangenheit. So ist das Auslandsschulwesen heute, vierzig Jahre nach Katastrophe und Neubeginn, vielfach nur noch Restbestand, und auch dieser ist gründlich verwandelt: An die Stelle der rein deutschsprachigen Auswandererschulen und der ehemaligen »Propagandaschule« trat die zweisprachige Begegnungsschule. Aber auch neue Schulen entstanden, einige von vornherein, wie die deutsch-französischen Gymnasien und – mit Einschränkungen – auch die Europäischen Schulen, als Begegnungsschulen konzipiert, die meisten an zentralen Orten wirtschaftlich für uns wichtiger Länder als »Expertenschulen«, die seit dem Rahmenplan von 1978 zutreffender »deutschsprachige Auslandsschulen« heißen und primär für Kinder deutscher Staatsangehöriger bestimmt sind. Nur noch in Restbeständen gibt es die ehemals dominierende »Volksgruppenschule«, nunmehr als »Sprachgruppenschule« firmiert, um so häufiger dafür diejenigen Schulen, die bei fortschreitender Integration der zweiten, dritten oder vierten Generation in das neue Heimatland nur noch verstärkten Deutschunterricht anbieten und im übrigen dem nationalen Lehrplan folgen.
Der Rahmenplan von 1978, dem Bundestag und Bundesregierung zugestimmt haben, hat diese Wandlungen nicht herbeigeführt, son-

dern als historische Fakten beschrieben und daraus die nötigen Folgerungen gezogen. Das ist angesichts der historisch gewachsenen Vielfalt im Erscheinungsbild der von uns geförderten Schulen nicht leicht. Darum kann es zum Beispiel, wie der Rahmenplan sagt, »kein überall gültiges, für alle Begegnungsschulen verbindliches Konzept geben, sondern nur einige allgemeine Kriterien«. Dennoch lassen sich einige Hauptziele unserer Auslandsschulpolitik als Teil der auswärtigen Kulturpolitik deutlich beschreiben.

Erstens: Die Auslandsschulen erziehen durch kulturelle Begegnung zur Weltoffenheit. Das gilt für alle jungen Menschen, die ihnen anvertraut werden, Deutsche und Ausländer gleichermaßen. Sie wirken damit für Völkerverständigung und Frieden.

Zweitens: Die Auslandsschulen vermitteln Wissen, das ihre Schüler zu besonderer Leistung in ihrem künftigen Wirkungskreis befähigen soll, und zugleich die unsere Gesellschaft tragenden, von der weltweiten Staatengemeinschaft anerkannten Grundwerte. Sie leisten damit in ihrem jeweiligen Wirkungsbereich einen wichtigen Beitrag zur wirtschaftlichen und gesellschaftlichen Entwicklung und ebenso zur Geltung von Menschenwürde und Bürgerrechten, nicht als Missionsanstalten für deutsches Wesen, wohl aber aus christlicher und humanistischer Verpflichtung.

Drittens: Die Auslandsschulen führen ihre Schüler an die deutsche Sprache und an Deutschland so heran, daß sie unser Land kennen, verstehen und vielleicht sogar lieben lernen. Das geschieht am besten, wenn ein wirklichkeitsgetreues, lebendiges Deutschlandbild vermittelt wird. Sie erziehen damit Deutsche zu guten Patrioten und Ausländer zu unseren Freunden.

Viertens: Die Auslandsschulen mehren das Ansehen unseres Landes als eines Kulturstaats, und sie helfen zugleich, die wirtschaftlichen und politischen Verbindungen zwischen ihrem Sitzland und der Bundesrepublik Deutschland zu fördern und zu festigen. Sie erfüllen damit eine wichtige Funktion für unseren exportabhängigen und auch politisch überaus verletzlichen Staat.

Das Fazit, daß wir mit unseren Auslandsschulen die vier genannten Ziele gleichermaßen verfolgen, läßt – so will ich meinen – sogar die Frage zu: Wie sollte ein solchermaßen geeignetes Instrument keinen hohen Stellenwert haben? Es hat ihn in der Tat und wird ihn behalten, wenn wir es wie bisher dem Wandel in der Welt anpassen.

Ich sagte schon: Das alles kostet viel Geld.
Hier freilich setzt genau die Kritik ein, die auch in Ihren Fragen im Tagungsprogramm zum Ausdruck kommt. »Deutsche Schulen im Ausland – lohnt sich das überhaupt?« und »Wozu unterhalten wir sie?« lauten Ihre zwei weiteren Fragen. Die gängigste Kritik lautet »Soviel Geld stecken wir da hinein, und man hat kein Ergebnis vor Augen. Ist das zu verantworten? Ist das vor allem dem Steuerzahler gegenüber zu verantworten?«
Dahinter scheint die dem Wirtschaftsleben entstammende Vorstellung von input und output zu stehen, und zwar von output, den man unmittelbar feststellen kann. Und genau das ist nicht der Fall, ja kann nicht der Fall sein. Es liegt in der Natur der Sache, nämlich der Sache Bildung und Erziehung, ob im Inland oder im Ausland, daß es nicht nach dem Motto »hie Geld, hie Ware« quasi über den Ladentisch geht. Es geht vielmehr über Raum und Zeit, und zwar großen Raum und lange Zeit. Was wir heute investieren an persönlichem Engagement, dessen Träger Sie sind, an pädagogischem know how, an fachlichen Inhalten, an Material und Geld, kann nicht heute wirken, sondern frühestens übermorgen. Engagement im Schulwesen ist zukunftsorientiert und rechtfertigt sich erst nach Jahrzehnten. Aber gilt nicht Gleiches für eine verantwortungsbewußte Außenpolitik? Politisch in der Mitte einer gespaltenen Welt gelegen, wirtschaftlich auf Verflechtung und Zusammenarbeit mit der Außenwelt mehr als je angewiesen, brauchen wir nicht nur heute Freunde, sondern morgen und übermorgen auch. Zur langfristigen Sicherung unserer Beziehungen brauchen wir die nächste Generation. Sie sitzt in den Schulen, von denen wir hier sprechen. Mit ihr gemeinsam Vertrauen bilden, heißt in ihre und in unsere Zukunft investieren.
Neben diesem langfristigen Aspekt gibt es aber auch einen kurz- bis mittelfristigen Nutzen, der sich unmittelbarer messen läßt. Ich denke dabei vor allem an die Schulen, die wir seit dem Rahmenplan von 1978 deutschsprachige Auslandsschulen nennen, also Schulen, die primär für Kinder deutscher Staatsangehöriger bestimmt sind. Die Dienstleistungsfunktion unserer Schulen für Wirtschaft und Politik wird bei ihnen besonders deutlich. Sie zu fördern, ist auch als Maßnahme der mittelbaren Exportförderung zu sehen. Das ist nichts Schlechtes. Im Gegenteil: In einem Lande, dessen Sozialprodukt zu mehr als einem Viertel durch den Export erwirtschaftet

werden muß, wo also mehr als jeder vierte Arbeitsplatz vom Export abhängt, ist es eine lebenswichtige Sache, daß dieser funktioniert, und wenn also die deutschsprachigen Auslandsschulen und zu einem erheblichen Teil auch die Begegnungsschulen dadurch mittelbare Exportförderung leisten, daß die Kinder der Ingenieure und Kaufleute, die draußen tätig sind, eine vernünftige schulische Versorgung haben, dann ist das legitim, ja notwendiger denn je. Es ist natürlich nicht im engeren Sinne auswärtige Kulturpolitik, die sich ja primär an ein ausländisches Publikum richtet, aber es ist eine Dienstleistung, die wir gern erbringen und die als Erziehung zu Weltoffenheit und Vaterlandsliebe auch ein wichtiger Beitrag zur Völkerverständigung sein kann.

Eine weitere, oft gehörte Kritik, betrifft die Rolle der deutschen Sprache. Diese Kritik lautet: »Deutsch ist keine Weltsprache. Auch durch die deutschen Auslandsschulen wird es dazu nicht werden. Laßt also die Lehre der deutschen Sprache bleiben, sie kostet so schrecklich viel Geld, Englisch ist sowieso die Sprache der Zukunft.« Gewiß ist die Entwicklung des Englischen zur Weltsprache, übrigens auch auf Kosten des Französischen, gar nicht aufzuhalten. Es gibt trotzdem genügend gute Gründe, darauf bedacht zu sein, daß die deutsche Sprache weiterhin so intensiv wie möglich als Fremdsprache in aller Welt verbreitet wird. Das Lernen von Deutsch weltweit weiterhin zu erleichtern, ist nicht nur deshalb notwendig, weil das Deutsche nach wie vor eine wichtige Wissenschafts-, Technik- und Wirtschaftssprache ist, sondern auch weil das Deutsche zu den wichtigen Kultursprachen der Welt gehört und weil mit der Lehre der deutschen Sprache stets auch ein lebendigeres Bild Deutschlands vermittelt wird, als es je durch Übersetzungen geschehen könnte. Begönnen wir selbst damit, vor dem Englischen die Segel zu streichen, begäben wir uns freiwillig guter Möglichkeiten, das geistige und kulturelle Leben und die politische Wirklichkeit unseres Landes zu vermitteln und politische wie wirtschaftliche Bande zu knüpfen. Wir wären ein schlechter Sachwalter eigener Interessen, wenn wir jene, die sich für unsere Sprache und damit für uns interessieren, ohne Angebot ließen. Statt mit dem Pfunde zu wuchern, würden wir Kapital verschleudern, das in der Zukunft trägt. Darum bleiben die Auslandsschulen ein wichtiges Instrument unserer Sprachpolitik.

Ein dritter Punkt der Kritik: die Begegnungsschulen. »Begegnung ist ja ganz schön, aber was soll's, wenn letztlich das Gastland

bestimmt?« lautet die bohrende Frage der Kritiker, die den Begriff »deutsche Auslandsschule« offenbar nur so verstehen, daß damit eine ins Ausland verlagerte deutsche Schule gemeint ist. Das ist nun bei den »deutschsprachigen Auslandsschulen« in der Tat so. Sind also die Begegnungsschulen Luxus, weil sie diesem Bild nicht entsprechen? Meine Antwort: Sie wären es nur, wenn eine auf Gleichberechtigung, auf Partnerschaft und Kooperation gerichtete Außenpolitik und damit auch auswärtige Kulturpolitik Luxus wäre. Wir wissen es alle: Sie ist es nicht. Auswärtige Beziehungen lassen sich nicht mehr wirksam und zum Nutzen der Völker gestalten, wenn ihnen die Vorstellung zugrunde liegt, es gäbe eine Hierarchie unter den Staaten, unter den Kulturen, unter den nationalen Eigenarten und Werten. Eine derart konzipierte Außenpolitik ist kein menschen- und zeitgerechtes Instrument mehr, schon gar nicht für unser Land, das eine Weltmacht nicht sein kann noch sein will.
Es trifft freilich zu: Partnerschaft und Zusammenarbeit bedeuten freiwilligen Verzicht auf einseitige Gestaltungsmöglichkeiten, die in früheren Zeiten vielleicht denkbar und üblich waren. Dieser freiwillige Verzicht beruht auf der Erkenntnis, daß gemeinsame Anstrengungen nötig sind, aber nur dann dauerhafte Ergebnisse bringen, wenn sie aus freiem Willen und Überzeugung miteinander begonnen werden. Zwischen Staaten ist das nicht anders als zwischen Individuen. Und überdies: Kulturelle Begegnung vollzieht sich nicht schon durch binationale Zusammensetzung von Schülerschaft und Lehrerkollegium, sondern erst dann, wenn sie sich im Lehrplan verwirklicht.
Wachsendes nationales Selbstbewußtsein, vor allem in der Dritten Welt, und die damit verbundene Tendenz zur kulturellen Abgrenzung gegen fremde Einflüsse im Bildungswesen haben die Umweltbedingungen, in denen sich unser schulpolitisches Engagement vollzieht, allerdings vielerorts verändert. Diese Veränderungen gilt es als Herausforderung anzunehmen. Mit Augenmaß und Klarheit gilt es darauf zu antworten. Das rechte Augenmaß bewahrt uns davor, eine Aufgabe einfach als undurchführbar zu erklären, nur weil sie schwieriger geworden ist.
Der pauschalen Kritik, das Konzept der Begegnung sei eine teure Illusion, weil wir nicht Herr im eigenen Haus seien, möchte ich darum entgegenhalten: Die Grundidee ist nach wie vor sehr gut, wie die Ergebnisse zeigen, aber solche Begegnung kann nur stattfinden

zwischen Kulturen, die einander nah genug sind und in Ländern, die das zulassen. Auf die Schlußfolgerungen, die wir angesichts der veränderten Umweltbedingungen ziehen, werde ich noch zurückkommen.
Schon jetzt aber darf ich sagen: Auch in der sich verändernden Welt von heute und morgen bleiben die Auslandsschulen ein wichtiger, unentbehrlicher Teil unseres außen- und kulturpolitischen Instrumentariums. Es lohnt sich nicht nur, sie weiter zu unterhalten. Es lohnt sich, unser schulpolitisches Engagement zu verstärken.

In der Regierungserklärung vom 4. 5. 1983 kommt dieser Wille klar zum Ausdruck. Es heißt da: »Wir müssen die deutschen Schulen im Ausland stärker als bisher fördern. Wir werden neue Anstrengungen unternehmen, um die deutsche Sprache im Ausland wieder mehr zu verbreiten.«
Angesichts der Sparhaushalte der letzten Jahre wird sich mancher fragen »Wie wollen sie das wohl bewerkstelligen? Das ist leichter gesagt als getan.« Darum hat der Herr Bundeskanzler in seinem Grußwort nicht nur die Zusage verstärkter Förderung der Schulen wiederholt, sondern auch um Verständnis dafür gebeten, »daß der Ausbau dieser Förderung sich nicht ohne Rücksicht auf die Gesamtlage des Haushalts und nur schrittweise vollziehen kann.«
Wir haben in der Tat auf zwei Herausforderungen zu antworten: zum einen die des knapperen Geldes und zum anderen die der veränderten Rahmenbedingungen. Unsere Phantasie, unser Erfindungsgeist sind gefordert; auf Wandel drinnen wie draußen müssen wir angemessen reagieren, müssen wir neue Wege suchen.
Demnächst wird die Bundesregierung dem deutschen Bundestag einen Bericht über die Durchführung der Regierungserklärung vom 4. 5. 1983 im Bereich des Auslandsschulwesens vorlegen. Dieser Bericht fußt auf dem Rahmenplan von 1978. Er wird aber die inzwischen in manchen Ländern geänderten Rahmenbedingungen sowie die Erfahrungen während der letzten sieben Jahre berücksichtigen. Er ist noch nicht abgeschlossen. Ich möchte mich auf zwei Aspekte beschränken, die mir allerdings die wesentlichen scheinen. Der eine betrifft Sie, die Lehrer, der andere die Schulen als Förderungsempfänger.
Der Bericht wird die klare Aussage enthalten, daß die Zahl der

amtlich vermittelten Lehrer nicht weiter vermindert, sondern wenn möglich wieder vermehrt wird. Verminderung hieße, Qualitätseinbuße riskieren. Das wollen wir nicht. Die amtlich vermittelten Lehrer sind und bleiben die wichtigsten Träger der Kontinuität unseres pädagogischen Engagements und der Leistungsfähigkeit der Auslandsschulen.

»Wie will man bei mehr oder weniger konstanter Zahl amtlich vermittelter Lehrer doch stärker fördern?«, wird vermutlich die Frage jener lauten, die die Regierungserklärung vom Mai 1983 genau gelesen haben. Stärker fördern, muß sicherlich auch heißen, personell stärker fördern, eben weil es auch um Qualität, nicht nur um Quantität geht. Genau hier setzen unsere Überlegungen ein. Die Lösung, an die wir denken, läßt sich als Umstrukturierung bezeichnen. Sie umfaßt drei Teilpunkte:

1. Die durch die Zentralstelle für das Auslandsschulwesen amtlich vermittelten und von ihr bezahlten Lehrer werden mit Vorrang dort tätig, wo sie nicht durch andere Lehrer ersetzt werden können, d.h. in leitenden Funktionen (Schulleiter, Teilschulleiter), in herausgehobenen fachlichen Funktionen (Fachleiter) und bei der Vorbereitung auf deutsche Abschlußprüfungen. Sind sie in sonstigen Funktionen tätig, sollten sie allmählich durch andere Lehrer ersetzt werden, damit amtlich vermittelte Lehrer an zusätzlich zu fördernde Schulen entsandt werden können. Solche Umschichtung wird sich nicht von heute auf morgen verwirklichen lassen, sondern braucht etliche Jahre Zeit.
2. Bereits im Schuldienst stehende, berufserfahrene Lehrer können sich von den Schulen direkt oder über die Zentralstelle für Arbeitsvermittlung anwerben lassen und werden dazu von den Landesschulverwaltungen beurlaubt. Sie werden als frei vermittelte Lehrer zu Ortskraftbedingungen tätig. Gehaltszulagen je nach den Lebensbedingungen im jeweiligen Land sowie Reise- und Umzugskosten werden ganz oder teilweise über die Schulbeihilfe aus Haushaltsmitteln des Auswärtigen Amts finanziert.
3. Voll ausgebildete, aber noch nicht im Schuldienst eines Landes stehende Lehrer werden zu den gleichen Bedingungen angeworben, aber zunächst nicht für leitende oder herausgehobene Funktionen, sondern als Ersatz für amtlich Vermittelte ohne besondere Funktion, deren Stellen durch die vorgesehene Umschichtung an andere Schulen übergehen.

In diesem Zusammenhang gilt es auf einen anderen Aspekt hinzuweisen, der nicht die von uns geförderten Schulen, aber deutsche Lehrer betrifft. Ich denke dabei an ein verstärktes Engagement im öffentlichen Schulwesen von Partnerländern, die dies wünschen. Dafür gibt es schon einzelne Beispiele, etwa in Westafrika. Neuerdings hat das Bundesministerium für wirtschaftliche Zusammenarbeit über die Otto Benecke Stiftung fünfzig junge Lehrer nach Simbabwe entsandt. Einzelne Bundesländer experimentieren auch mit Lehrerentsendungen in die USA. Ein erster Anwendungsfall für uns wird die Türkei sein. Dies vor allem, weil den türkischen Erziehungsbehörden sich zunehmend das Problem der Rückkehrerkinder stellt, die durch unsere Schulen gegangen sind und nicht einfach wieder in die türkischen Schulen reintegriert werden können. Wir verhandeln gegenwärtig mit der türkischen Regierung über ein Abkommen, das die Entsendung deutscher Lehrer regelt und dabei auch die von Berlin vorweg getroffene Teilvereinbarung einbezieht.

Ich will aber gleich hinzufügen: Wir sollten nicht glauben, daß wir ganz schnell und in großer Zahl die noch nicht in den Landesdienst übernommenen, voll ausgebildeten Lehrer ins Ausland schicken können. Wir haben ja Erfahrungen mit dem Junglehrer-Programm gemacht. Diese Erfahrung lautet: Die jungen Kollegen sind ganz überwiegend gut und engagiert, aber sie brauchen die Abstützung durch das Kollegium am Ort. Sie als Einzelkämpfer in die tiefste Provinz zu schicken, wäre sträflich. So verständlich auch immer sein mag, daß eine verstärkte Förderung der deutschen Auslandsschulen mit der Entlastung des innerdeutschen Arbeitsmarktes in Zusammenhang gebracht wird, so deutlich müssen wir denen, die darin ein Patentrezept sehen, sagen, daß der beste Weg ein »Umweg« wäre. Er bestünde darin, daß Lehrer, die sich bereits im Schuldienst befinden und daher die nötige Berufserfahrung mitbringen – wir wissen alle, daß das eine notwendige Voraussetzung ist – aus dem Landesdienst beurlaubt werden, im Grunde nicht anders als die amtlich an die deutschen Auslandsschulen vermittelten Lehrer, und als frei vermittelte Lehrer an deutschen Auslandsschulen arbeiten, damit ihre Plätze dann während ihrer Abwesenheit durch bisher arbeitslose Kollegen besetzt werden können. Hierzu sind berufserfahrene Lehrer durchaus bereit, wenn die Bedingungen vor Ort einigermaßen attraktiv sind.

Es wäre also unrealistisch zu glauben und unredlich zu sagen, daß zusätzlicher Einsatz von Lehrern an deutschen Schulen im Ausland und im Erziehungssystem von Partnerländern mehr sein kann als ein bescheidener Beitrag dazu, die Lehrerarbeitslosigkeit zu vermindern.

Nun zu dem zweiten wichtigen Punkt, den Schulen. Es geht sowohl um die Gründung neuer Schulen als auch um den Ausbau bestehender Schulen. Zum Stichwort Neugründungen ist folgendes zu sagen:

Angesichts der schon erwähnten veränderten Umweltbedingungen und des Umstands, daß die Zahl der im Ausland lebenden muttersprachlich deutschen Kinder stagniert, sind Neugründungen deutschsprachiger Auslandsschulen kaum zu erwarten, es sei denn in der Form temporärer Firmenschulen, die wir auch weiterhin begrenzt fördern. Stattdessen streben wir neue Begegnungsschulen in der Form bikultureller öffentlicher Schulen nach dem Vorbild der deutsch-französischen Gymnasien an. Bei diesem Schultyp kommt das Interesse zweier staatlicher Partner deutlich zum Ausdruck, denn es handelt sich um die Einrichtung binationaler Schulen aufgrund von Regierungsvereinbarungen. Solche Vereinbarungen sind vermutlich nicht leicht zustande zu bringen, aber ich halte das für einen offenen Weg, der stärker als bisher begangen werden sollte, zunächst und vor allem in Europa. Die Erfahrungen zeigen im übrigen, daß Begegnungsschulen mit privaten Trägern immer aus einem anderen Schultyp hervorgegangen sind, also erst als Endprodukt einer längeren Entwicklung geschaffen werden.

Zum Stichwort Ausbau: Ein Ausbau bestehender Schulen ist denkbar in vertikaler und horizontaler Form. Beim vertikalen Ausbau wird es sich um die Erweiterung mittelgroßer Schulen bis zur deutschen Reifeprüfung, kleinerer Schulen bis zum Abschluß der Mittelstufe handeln. Wir prüfen auch die Wiedereinbeziehung von Schulkindergärten in die Förderung, wobei dies sicherlich nur punktuell möglich sein wird.

Horizontaler Ausbau in quantitativer Form, also durch Einrichtung von Parallelklassen, dürfte vor allem dann sinnvoll sein, wenn ein zusätzliches muttersprachlich deutsches Schülerpotential vorhanden ist. Horizontaler Ausbau qualitativen Charakters, also durch zusätzliche Lernangebote, kann zum Beispiel in der Einrichtung berufsorientierter Schulzweige bestehen. Dabei sollte entsprechend dem deutschen dualen System die Verbindung zur betrieblichen Ausbildung gesichert werden. Je nach örtlichen Verhältnissen sollten entsprechend dem Interesse deutscher Wirtschaftskreise auch nicht muttersprachlich deutsche Schüler einbezogen werden. Der Ausbau könnte ferner zur Einrichtung von Real- und Hauptschulzweigen vornehmlich für Kinder deutscher Staatsangehöriger führen, für Kinder des Sitzlandes dann, wenn dieses den jeweiligen Abschluß anerkennt.

Soviel zu dem Bericht. Wir werden ihn mit dem Vorstand Ihres Verbandes in Kürze besprechen, da uns Ihre Meinung dazu wichtig ist. Auch *das* betrachten wir als Notwendigkeit und nicht als Luxus. Wir wissen um die Bedeutung Ihrer Rolle: Der Erfolg der deutschen Auslandsschulen hängt vor allem anderen ab von

- dem persönlichen Engagement
- dem pädagogischen Sachverstand
- der menschlichen Reife
- dem guten Einfühlungsvermögen
- der kulturellen Ausstrahlung

der Lehrer.

Bedeutung und Wirksamkeit der Arbeit der deutschen Lehrer an den Auslandsschulen sind nicht geringer geworden. Im Gegenteil: Mehr als zu Zeiten nicht so knappen Geldes kommt es auf den Einzelnen an. An Luxus mag man zweifeln, an Notwendigkeit mißt man seine Kraft und Energie, man packt sie an.

Der Beitrag internationaler Jugendarbeit zu Frieden und Verständigung – 1987 –

Persönliche Vorbemerkung: Das Thema geht mir unter die Haut, weil es ein wichtiger Teil meiner Lebenserfahrung ist. Präziser: die Begegnung mit jungen Menschen zuerst aus Frankreich, dann in der Schweiz, später in vielen Ländern des Westens, des Ostens und der Dritten Welt hat meinen Lebenslauf entscheidend bestimmt. 1948 war ich glücklicher Teilnehmer der ersten deutsch-französischen Studentenbegegnung, 1949/50 Student in der Schweiz, seit 1953 Jugendvertreter in der Liberalen Internationale, ab 1959 Generalsekretär, dann Präsident des Weltbundes liberaler Jugend, 1963 Mitglied der ersten politischen Jugenddelegation, die aus der Bundesrepublik Deutschland in die Sowjetunion reiste, danach acht Jahre lang als Geschäftsführer der Friedrich-Naumann-Stiftung einer der ersten, die Jugendarbeit in der Dritten Welt förderten, und heute bin ich im Rahmen der auswärtigen Kulturpolitik auch für die internationale Jugendpolitik unter außenpolitischer Sicht zuständig. In der internationalen Studenten- und Jugendpolitik habe ich zuerst praktische Verständigung als Weg zu Frieden und Verständigung der Völker gelernt; das führte mich vor sechzehn Jahren ins Auswärtige Amt und bestimmt bis heute mein Denken und Handeln.

Sachliche Vorbemerkung: Die internationale Jugendarbeit trägt ihren Wert in sich: Tausende, ja Millionen junger Menschen erfahren die Begegnung und die Zusammenarbeit mit der Fremde jenseits der nationalen Grenzen als persönliche Bereicherung. Der liberale Staat tut gut daran, dies zu fördern, wo es nötig ist und soweit er kann, denn ihm ist aufgetragen, die Würde des Menschen, seine Selbstentfaltung und Selbstbestimmung zu achten und zu schützen.

Zugleich ist internationale Jugendarbeit ein wichtiges Feld moderner, demokratischer Außenpolitik – einer Außenpolitik, die nicht nur die Zusammenarbeit der Regierungen und der Wirtschaft fördert, sondern ebenso den unmittelbaren Dialog der Völker. Dieser Dialog ist ihre »dritte Dimension«, wie wir die auswärtige Kulturpolitik gern nennen, der »dritte Korb«, um es im KSZE-Deutsch auszudrücken. Demokratische Außenpolitik weiß und handelt danach, daß wir wahrem Frieden und wirklicher Gerechtigkeit nur näherkommen, wenn dieser Dialog der Völker die Grenzen mehr und mehr durchlässig macht, die Menschen näher zueinander bringt und über alle Konflikte hinweg ihre Fähigkeit zur Versöhnung mobilisiert.

Friede und Verständigung, in der Verbindung dieser beiden Begriffe ist mein Thema sehr gut erfaßt:
Friede nicht als Zustand des Nicht-Krieges, auch nicht bloß als Zustand, in welchem die Interessengegensätze soweit ausgeglichen sind, daß niemand glaubt, einen ihm lebenswichtig erscheinenden Konflikt gewaltsam lösen zu müssen, auch nicht Frieden der allgemeinen Erschöpfung, sondern Frieden als Folge der Aussöhnung, der Überwindung der Gegensätze durch Erkennen und Verstehen. Unamuno sagt, daß die Völker einander am besten verstehen, die miteinander Krieg geführt haben. Diese Kategorien sind etwas anderes als die nüchternen Begriffe der Interessenpolitik, der Gleichgewichtspolitik, der Sicherheitspolitik. Daß diese Begriffe und die in ihnen steckenden Inhalte nach wie vor notwendig und hilfreich sind, ist gewiß, daß sie heute nicht mehr ausreichen, ist ebenso gewiß.
Der auf Verständigung gebaute Friede ist der sicherste: in ganz Westeuropa ist nach zwei europäischen Weltkriegen, in denen wir gegeneinander standen, Krieg heute undenkbar. Abrüstung im Ost-West-Verhältnis kann unsere Sicherheit erhöhen, ein wirklicher Friedenszustand erfordert mehr.
Friede und Verständigung scheinen zunächst Sache der Erwachsenen, derer, die bereits in der Verantwortung stehen, auch in der Verantwortung für Fehler und Versäumnisse der Vergangenheit. Doch müssen die nachfolgenden Generationen ebenso in die Verantwortung für die neue Friedensordnung eingebunden werden, weil nur so Dauer entsteht.
Zwar beginnt mit jeder Geburt eines Menschen die Geschichte neu, zwar sind die Kinder nicht verantwortlich für die Taten ihrer Eltern, zwar gibt es keine Kollektivschuld, wohl aber gibt es eine Kollektivseele, eine kollektive Erinnerung, eine gemeinsame Geschichte und Kultur, in die der junge Mensch hineinwächst, die er erbt. Die Vergangenheit begleitet ihn, im Guten wie im Schlechten. Solange Konflikte der Vergangenheit in der »Kollektivseele« eine Rolle

spielen, muß jede folgende Generation sich mit ihnen auseinandersetzen.
Die Auseinandersetzung mit schlechten Seiten der Vergangenheit kann aber auch eine Kraftquelle sein, wie ich mit dem Unamuno-Zitat schon angedeutet habe. Władysław Bartoszewski, Träger des Friedenspreises des Deutschen Buchhandels, hat das in bezug auf die deutsch-polnische Geschichte noch eindringlicher gesagt, indem er einen Vergleich mit Paulus zog, der nach der Umkehr bei Paphos aus seinen früheren Fehlern als Verfolger der Christen den Ansporn gewann, der Apostel der Völker zu werden. Um diese Kraftquelle zu nutzen, ist es sogar ratsam, die Erinnerung an die Vergangenheit wachzuhalten, nicht sie zu verdrängen. Zudem lehrt die Erfahrung, daß die Unbefangenheit späterer Generationen, wenn sie nicht zu Vergeßlichkeit, sondern zu offener Begegnung mit der Vergangenheit genutzt wird, vieles leichter macht: die Erkenntnis des Gewesenen ebenso wie den Weg zueinander.

Welche Folgerungen ziehen wir nun für die praktische Politik aus dieser Erkenntnis, daß wahrer Friede nicht schon durch Interessenausgleich entsteht, sondern erst durch Auflösung von Mißverständnissen, Versöhnung, Verstehen und Freundschaft, und daß die Jugend in diesen zwischenmenschlichen, zwischengesellschaftlichen Prozeß einbezogen werden muß?
Die Jugend ist ohne Zweifel die wichtigste Zielgruppe unserer auswärtigen Kulturpolitik. Unsere gesamte Tätigkeit im Schulbereich, im Hochschulwesen wendet sich an die Jugend, ist internationale Jugendarbeit im weiten und guten Sinne. Aber auch unsere Kulturinstitute wenden sich besonders an die Jugend.
Zwar gibt es auch einen Begriff der internationalen Jugendarbeit im engeren Sinne, im Sinne des Bundesjugendplanes, wo es um die internationale Begegnung junger Menschen aus verschiedenen Ländern geht, außerhalb des formalisierten Bildungswesens und durch Vermittlung freier Träger der Jugendarbeit. Die Richtlinien des Bundesjugendplanes sprechen von Friedenssicherung und Friedensgestaltung durch internationale Verständigung und Zusammenarbeit, vom Streben nach mehr Freiheit und sozialer Gerechtigkeit überall auf der Welt, und davon, daß nationale Probleme zuneh-

mend in internationalem Zusammenhang gesehen und gelöst werden müssen. Die Jugendlichen sollen vorbereitet werden, hier eigene Verantwortung zu übernehmen.
Diese internationale Jugendarbeit ist im Zusammenhang zu sehen mit der politischen Bildung und überhaupt der Persönlichkeitsentfaltung der jeweils jungen Generation, für die vor über dreißig Jahren der Bundesjugendplan geschaffen worden ist. Dieser bezieht mit Recht – und das ist bereits eine aus schlimmer Vergangenheit gezogene Konsequenz – die Pflege der internationalen Beziehungen unseres Landes ausdrücklich in die Zielbeschreibung ein.
Im Bereich der auswärtigen Kulturpolitik ist der Begriff der internationalen Jugendarbeit allerdings weiter als der des Bundesjugendplanes, indem er Schulen, Hochschulen und berufliche Bildung einbezieht, sich also nicht beschränkt auf die Förderung der außerschulischen Jugendarbeit über freie Träger.
Die deutsch-französischen Gymnasien, die deutschen Schulen im Ausland und die vielfältigen Schüleraustauschprogramme leisten in diesem Sinne ebenso fruchtbare Freundschafts- und Verständigungsarbeit wie die Stipendienprogramme, die deutschen Studenten die Welt und ausländischen Studenten unser Land öffnen.
Lassen Sie mich hier noch ein paar Bemerkungen einfügen, die mir sehr wichtig erscheinen:

1. Jugendarbeit und Jugendaustausch sind für uns nicht nur die Programme, die wir amtlich fördern. Ein deutscher Schüler, der ohne jede öffentliche Förderung – es gibt ja auch Förderung durch Bundesländer, Gemeinden, Schulpflegschaften usw. – eine Schule in Amerika auf Kosten seiner Eltern besucht, trägt über seine persönliche, menschliche und fachliche Bereicherung genauso zu unseren kulturpolitischen Zielen bei, wie der amtlich Geförderte. Wir bemühen uns daher auch um ihn, indem wir für die Verbesserung der Rahmenbedingungen arbeiten, in denen sich die Privatinitiative entfalten kann, wie Einreise- und Aufenthaltsbestimmungen, besondere Flugtarife usw. Wir unterstützen daher auch die Arbeit der privaten gemeinnützigen Austauschorganisationen und werten ebenso den kommerziellen Austausch positiv, auch wenn wir hier nicht finanziell helfen.

2. Nicht nur der *Jugend*austausch ist förderungswürdig, wie er etwa

im Bundesjugendplan als Begegnung von Jugendgruppen auf Gegenseitigkeit, Einladung und Gegeneinladung, beschrieben wird. Oft ist die Begegnung eines jungen Menschen mit Älteren für beide Seiten noch fruchtbarer. Die Älteren können dem Jungen die Lage ihres Landes, ihrer Gesellschaft meist besser vermitteln als Altersgenossen, sie können ihm andererseits Belastungen der Vergangenheit nicht persönlich vorhalten, werden durch die Begegnung mit ihm angestoßen, ihre eigene Haltung zu überdenken. Junge Menschen können daher besonders zur Versöhnung beitragen.

3. Die Wirkungen des Austausches beschränken sich keineswegs auf die unmittelbaren Teilnehmer, sondern sie strahlen aus in das aufnehmende Milieu, aber auch in den heimischen Umkreis nach der Rückkehr. Gute Programme beziehen diese Wirkungen bewußt ein.

Lassen Sie mich nach diesen allgemeinen Bemerkungen über Wesen und Möglichkeiten der internationalen Jugendarbeit aus unserer Sicht mit Ihnen eine Reise um die Welt machen, besser durch die drei Welten, aus denen sie besteht, um zu zeigen, was wir in diesen Bereichen getan haben, was wir tun und was wir gerne tun wollen.

Beginnen wir mit unserer Welt der westlichen Industriestaaten. Ich nenne drei besonders wichtige Beispiele, zunächst das weltweit größte Jugendaustauschprogramm, das Deutsch-Französische Jugendwerk (DFJW). Es wurde 1964 gegründet in Erfüllung eines Auftrages des Elysée-Vertrages vom 22. Januar 1963. In diesem Vertrag drücken Adenauer und de Gaulle die Überzeugung aus, »daß die Versöhnung zwischen dem deutschen und dem französischen Volk, die eine Jahrhunderte alte Rivalität beendet, ein geschichtliches Ereignis darstellt, das das Verhältnis der beiden Völker zueinander von Grund auf neugestaltet.«
Das DFJW ist also die Frucht einer politischen Entscheidung, die auf dem Willen der damals in der Verantwortung stehenden Generation zur Versöhnung beruhte. Es sollte diese Versöhnung in der folgenden Generation durchsetzen und vollenden. Dieses deutsch-französische Gemeinschaftswerk ist in einem wohl auch für die Unterzeichner des Elysée-Vertrages kaum vorstellbaren Umfang und in erstaunlich kurzer Zeit gelungen.

Das DFJW hat daran maßgeblichen Anteil; neben den 200000 Jugendlichen, die anfangs jährlich gefördert werden konnten – heute sind es wegen stark geschrumpfter Mittel »nur noch« 130000 junge Deutsche und Franzosen jährlich – reist heute mindestens noch einmal die gleiche Zahl von Jugendlichen in vergleichbaren Programmen ohne staatliche Förderung ins jeweils andere Land.
Die Aufgabe scheint hier nach 25 Jahren gelöst. Wir könnten also das DFJW, das beide Staaten etwa 18,5 Mio DM im Jahre kostet, auflösen. Aber wir tun es nicht, im Gegenteil. Die konfliktreiche deutsch-französische Vergangenheit ist uns zur Kraftquelle und Verpflichtung im Sinne Bartoszewskis geworden:
Die deutsch-französische Freundschaft verstehen beide Völker heute als Grundlage und Motor für das gemeinsame Ziel des engeren Zusammenwachsens Europas. Nicht nur deshalb werden wir das DFJW noch auf unabsehbare Zeit brauchen. Die so eng gewordene Freundschaft zwischen zwei Nachbarvölkern von so unterschiedlichem Temperament und so unterschiedlicher Geschichte ist auch künftig ohne intime Kenntnis voneinander und bewußt gepflegte Zusammenarbeit nicht vorstellbar.

An zweiter Stelle, was den Förderungsaufwand betrifft, steht für uns der deutsch-israelische Jugendaustausch. Hier ist die historische Entwicklung ganz anders:
Die ersten staatlich geförderten Programme wurden 1956 vereinbart und jeweils von einem deutschen und einem israelischen Träger durchgeführt; die diplomatischen Beziehungen wurden aber erst 1965 angeknüpft! Die Begegnung junger Deutscher und Israelis, ihre gemeinsame Arbeit in beiden Ländern, ging der politischen Zusammenarbeit lange voraus, ja die Freundschaft der jungen Generationen machte diese Zusammenarbeit erst möglich. Natürlich ist der Prozeß der Verständigung noch lange nicht abgeschlossen. Dafür sind die Wunden zu tief. Wir müssen also noch viele Jahre unsere Bemühungen fortsetzen, um den Aufbau unserer Beziehungen kontinuierlich fortzuentwickeln.

An dritter Stelle möchte ich, ebenso beispielhaft, den deutsch-amerikanischen Jugendaustausch nennen.
Hier haben uns die Amerikaner als erste die Hand entgegengestreckt und über das Fulbright-Programm sowie über ihre privaten Aus-

tauschorganisationen schon seit dem Beginn der 50er Jahre zahlreiche junge Deutsche zu sich eingeladen, die dann die Beziehungen zu unseren Ländern mitgestaltet haben. Ich denke an den früheren Bundespräsidenten Prof. Carstens, an Frau Hamm-Brücher, die erste Koordinatorin der deutsch-amerikanischen zwischengesellschaftlichen Beziehungen, und viele andere, die davon für ihr Leben geprägt wurden.
Als sich vor einigen Jahren infolge des Vietnam-Krieges, aber auch des Generationenwechsels transatlantische Spannungen zeigten, man sogar von Antiamerikanismus sprach, haben wir auf beiden Seiten diese Koordinatoren bestellt und eine Anzahl neuer Austauschprogramme geschaffen, unter denen das Parlamentarische Patenschaftsprogramm das prominenteste ist.
Hier spielt der Verständigungs- und Versöhnungsgedanke keine wesentliche Rolle mehr. Hier geht es vielmehr um das Bewußtsein einer gemeinsamen Wertordnung und gemeinsamen Verantwortung für die Zukunft, für die beide Völker einander brauchen.
Der Frieden in der Welt kann von gegenseitiger Kenntnis, von Verständnis, Freundschaft und Zusammenarbeit zwischen der Bundesrepublik Deutschland und den Vereinigten Staaten nur gewinnen. Darum kann ich mir auch im Verhältnis zu den USA den Tag nicht vorstellen, wo wir die Hände in den Schoß legen und unsere Bemühungen befriedigt einstellen können. Wir werden deshalb demnächst aufgrund einer von Präsident Reagan und Bundeskanzler Kohl getroffenen Entscheidung einen hochrangigen deutsch-amerikanischen Rat für Jugendaustausch ins Leben rufen, der neue Impulse für privat und staatlich geförderte Programme geben soll.

Im Verhältnis zwischen West und Ost ist die Lage ganz anders als unter Verbündeten: Gefühle der Bedrohung auf beiden Seiten, immer noch keine volle Verständigung mit der Sowjetunion, Polen, der Tschechoslowakei, kein freier Austausch mit Ungarn, Rumänien, Bulgarien, leider auch nicht mit der DDR, dafür Vorbehalte gegen einen offenen Jugendaustausch bei den meisten östlichen Partnerstaaten, offenbar aus Angst vor ideologischer »Aufweichung« aus dem Westen. Dabei ist der Wille zu Verständnis und Freundschaft in unserem Volk wie bei den Völkern unserer östlichen und südöstlichen Nachbarn sehr stark. Vor allem in Polen haben wir dies beobachten können. Aber die Regierungen im Osten stellen politische Vorbedingungen und wollen den Jugendaustausch weiterhin kanalisieren, steuern und begrenzen. Da ist es schwer, die Vertrauensbasis zu schaffen, die die politischen Lösungen doch erst ermöglicht.

Was können wir tun?
In bilateralen Verhandlungen und im KSZE-Prozeß setzen wir uns ein für Erleichterung bei der Ein- und Ausreise, für Überwindung von Devisenproblemen durch valutafreien Austausch, d. h. Gruppenbegegnungen auf Gegenseitigkeit, wo der Gastgeber die Aufenthaltskosten sicherstellt und so dem Gast die Devisenbeschaffung erspart. Wir dringen auf Öffnung, auf direkte Zusammenarbeit der Verbände und Institutionen, auf unmittelbare Absprachen »der Basis«, auf der Ebene von Gemeinden, Regionen und Pfarrgemeinden, Schulen, Sportvereinen, ohne die Zwischenschaltung von staatlichen Zentralstellen.
Bundeskanzler Kohl hat auch die Schaffung eines deutsch-polnischen Jugendwerks wiederholt angeboten. Wir wissen, daß dies einstweilen ein Fernziel ist, weil der politische Wille zum freien Austausch und zu staatlicher Förderung pluralistischer Vielfalt auf der anderen Seite noch fehlt.
Uns bleibt im Ost-West-Verhältnis der Weg beharrlichen Drängens und die Unterstützung der Basis, wo immer wir können. Funktionärsreisen und Expertentreffen müssen wohl sein – aber wir bleiben dabei: sie sind Mittel, dürfen nicht Ziel an sich werden.
Die Dritte Welt ist in aller Munde, das Interesse für sie bei unserer Jugend sehr ausgeprägt. Wir alle empfinden, daß die Diskrepanz zwischen nördlichem Reichtum und südlicher Armut den Frieden unsicherer, die Verständigung schwierig macht. Wir alle wissen, in welch verhängnisvoller Weise Rüstung und Krieg in vielen Ländern und Regionen die Entwicklung verhindern. Manche meinen gar, das alles sei Schuld der hochentwickelten Industrieländer, die deshalb zu Buße und Umkehr aufgerufen seien. Das ist sicherlich verzeichnet. Daß aber der Friede und die Sicherheit unteilbar sind, jedenfalls in unserer heutigen Welt, und daß uns die Sorgen auch unserer ferneren Nächsten nicht gleichgültig sein können, sollte allgemeine Erkenntnis sein.
Die internationale Jugendarbeit stellt sich diesen Aufgaben in anerkennenswerter Weise, auch wenn sie überwiegend »im Hause«

stattfinden muß, d. h. in Arbeitskreisen, Seminaren oder Publikationen, selten vor Ort. Wir fördern aus unserem knappen Haushalt zwar direkte Jugendbegegnung auch mit der Dritten Welt; auch haben die Träger der freien Jugendarbeit die Möglichkeit, durch die ihnen zur eigenen Verwaltung zugewiesenen Globalmittel des Bundesjugendplans Programme mit der Dritten Welt zu verwirklichen. Aber die Reisekosten stellen eine große Barriere dar, auch die Aufenthaltskosten in Ländern, wo Familienunterbringung häufig nicht möglich ist. Meist fehlt es überdies an geeigneten Partnerorganisationen, und der kulturelle Abstand etwa zu islamischen oder ostasiatischen Völkern scheint vielen zu groß. Das ist überaus bedauerlich, denn die Probleme der Dritten Welt kann man ohne eigene Anschauung kaum richtig erfassen. Auch ist die Begegnung mit den so andersartigen Kulturen unserer Partner eine sehr große persönliche Bereicherung, wenn sie in die Tiefe geht und die Touristenperspektive überwindet. Hier übersteigen die Wünsche aber bei weitem die Möglichkeiten. Dennoch sind wir präsent: von den skizzierten, nicht sehr zahlreichen Austauschprogrammen abgesehen, durch unsere Auslandsschulen, die ja wo immer möglich als Begegnungsschulen mit Deutschen und Schülern des Gastlandes ausgelegt sind, durch unsere Stipendienprogramme, die viele junge Menschen aus Ländern der Dritten Welt in unser Land bringen, durch die Entwicklungsdienste und Jugendgemeinschaftsdienste. Mehr als einige Tropfen auf den heißen Stein haben wir freilich bisher nicht zustande gebracht.

Neben der *bilateralen* Arbeit gewinnt die *multilaterale* Jugendarbeit zunehmend an Bedeutung. Zu ihr gehört die internationale Zusammenarbeit der Jugendverbände, wie sie z. B. im CENYC (Council of European National Youth Committees) und in der gesamteuropäischen Jugendstruktur stattfindet, an der auch die Dachverbände der Staaten des Warschauer Pakts teilnehmen. Ihre eigenen internationalen Programme haben fast alle Jugendbewegungen entwickelt; die Pfadfinder, die YMCA, die internationale Falkenbewegung, aber auch die politischen Jugendverbände. Der Staat kann und soll hier nur subsidiär eingreifen, doch ist solches Eingreifen oft unentbehrlich, um Hindernisse für grenzüberschreitende Vorhaben zu beseitigen und solche Vorhaben durch positive Förderung erst möglich zu machen.

Den KSZE-Prozeß habe ich bereits genannt. Das Europäische Jugendwerk und das Europäische Jugendzentrum, beides Institutionen des Europarats mit Sitz in Straßburg, leisten seit 1973 verdienstvolle Arbeit für die Einigung Europas, im Schatten der Öffentlichkeit, weil die Mitgliedstaaten des Europarats sie nur äußerst knapp dotieren.

Seit der Stuttgarter Feierlichen Deklaration von 1983 zur Europäischen Union und insbesondere seit der Annahme des Adonnino-Berichts zum Europa der Bürger durch den Mailänder EG-Gipfel von 1985 erhält die 12-er Gemeinschaft auch ihre kulturelle Dimension, an der nicht zuletzt, ja vor allem die Jugend teilhaben soll. Noch stehen wir hier freilich am Anfang.

Ein Programm über die grenzüberschreitende Zusammenarbeit zwischen Wirtschaft und Hochschulen bei der Ausbildung von Praktikanten, das »COMETT« heißt, wurde bereits verabschiedet. Das anspruchsvolle Programm einer Vernetzung und Zusammenarbeit der europäischen Hochschulen und des Studentenaustausches »ERASMUS« wird, so hoffe ich, demnächst in zunächst reduzierter Form zustande kommen. Ein Jugendaustauschprogramm, das durch Gruppenbegegnungen europäisches Bewußtsein stärken soll, wird noch diskutiert und vielleicht verabschiedet, sofern der EG-Haushalt ab 1988 seine Finanzierung erlaubt. Es heißt bisher »YES for Europe« (»YES« steht für »Youth Exchange Structure«), auf gut deutsch »Jugendaustausch für Europa«. Ein Schülerprogramm, das im Bericht über das Europa der Bürger auch gefordert wird, ist dem Vernehmen nach in Vorbereitung, stößt aber noch mehr als die genannten Programme auf Zuständigkeitseinwendungen vieler Mitgliedstaaten und auf Brüsseler Geldmangel.

Wichtiger als solche Programme wären Fortschritte der Gemeinschaft bei der gegenseitigen Anerkennung schulischer, beruflicher und akademischer Abschlüsse. Sie brauchen wir, damit die in den Römischen Verträgen seit 1957 anvisierte Niederlassungsfreiheit in der Gemeinschaft nicht ein leeres Wort bleibt. Der Weg dorthin ist mit Hindernissen übersät, die nicht bloß von Bürokraten errichtet wurden, sondern vor allem von jenen, die wegen der hohen Arbeitslosigkeit den nationalen Arbeitsmarkt abschotten wollen. Und doch müssen wir ihn weitergehen. Hier weist die »Einheitliche Europäische Akte« das Ziel, nämlich die allgemeine gegenseitige Anerkennung beruflicher Abschlüsse als wichtigen Schritt auf dem Wege zum gemeinsamen Binnenmarkt, der 1992 geschaffen sein soll. Auch das sind Beiträge zum Frieden, obwohl sie schon zum Bereich der »europäischen Innenpolitik« gehören. Denn innerer Frieden und die Fähigkeit zum gemeinsamen Bestehen innerer und äußerer Krisen und Herausforderungen setzen gegenseitige Kenntnis, Verständnis und Freundschaft voraus, nicht anders als äußerer Frieden und Verständigung mit Ländern, die noch durch harte Grenzen von uns getrennt sind. Ja noch mehr: Das Zusammenwachsen der Länder und Völker im demokratischen, freien Teil Europas ist eine große Hoffnung auch für die anderen Völker Europas, ja für die Welt. Europäische Integration ist, so gesehen, kein Gegensatz zum Ausgleich zwischen West und Ost, sondern sein unentbehrlicher Motor.

Eine Nachbemerkung zum Schluß: Ich bin kein Utopist, der etwa glaubt, Frieden und Verständigung zwischen den Völkern wüchsen allein aus der menschlichen Begegnung über die Grenzen. Auch weiß ich sehr wohl, daß Begegnung, Kennenlernen, Austausch und Zusammenarbeit auch zu neuen Konflikten führen können: mit nahen Nachbarn ist Frieden schwerer zu halten als mit den ferneren. Und doch – gäbe es die internationale Jugendarbeit noch nicht, wir müßten sie hier und heute erfinden, um des Überlebens der Menschheit willen.

Die Satelliten und die Freiheit des Geistes
– 1987 –

Die Revolution in der Kommunikationstechnologie

Die moderne Technik verändert das Verhalten des Menschen und damit die Politik, nicht zuletzt die Außenpolitik. Neue technische Entwicklungen entscheiden im militärischen Feld oft über Macht oder Ohnmacht, zumindest über Gleichgewicht oder Übermacht der Staaten. Sie bestimmen ebenso immer stärker den friedlichen Wettstreit der Völker.

Nirgends wird dies besser deutlich als im Bereich der Kommunikation. Binnen weniger Jahrzehnte haben sich hier revolutionäre Veränderungen ereignet, die in jedermanns Leben tief eingreifen. Beispiel Druckmedien: Mit der zwar noch längst nicht abgeschlossenen, aber immer weiter fortschreitenden Verbreitung der Lesefähigkeit in allen Kontinenten erleben Buch, Zeitschrift und Zeitung ein anhaltendes Wachstum. Die modernste, satellitengestützte Technik erlaubt es seit einigen Jahren den internationalen Zeitungen, gleichzeitig in der ganzen Welt zum Leser zu gelangen. Beispiel Telefon: Was noch in der Generation unserer Väter als Luxus für Wenige galt, ist heute das wichtigste Mittel der Individualkommunikation mit weltweit etwa 510 Millionen Anschlüssen, deren internationale Vernetzung durch kabel- oder satellitengestützte Direktwahl rasch voranschreitet. Beispiel Hörfunk: Seit der Erfindung des billigen Transistorradios können im Kurzwellenbereich Hörer in aller Welt zu geringen Kosten die von ihnen begehrten Informationen aus fremden Ländern frei erhalten, ohne daß ihre Regierung sie daran hindern kann, es sei denn durch überaus kostspielige Störsendungen.

Die aufregendsten Entwicklungen vollziehen sich gegenwärtig im Bereich des Fernsehens, das heute schon als wichtigstes und einflußreichstes Medium der Massenkommunikation gelten muß. Bis vor rund zwanzig Jahren konnten Fernsehsendungen wegen der Eigenart des für sie zugeteilten Frequenzbereichs nur über kaum mehr als 100 km Reichweite gesendet und empfangen werden. Dann wurde die Übertragung durch Satelliten entwickelt, freilich zunächst wegen

schwacher Sendeleistung der Satelliten nur zwischen hochleistungsfähigen Stationen.
Bald werden jedoch die ersten Satelliten am Himmel über dem Äquator in 36000 km Höhe stehen, die stark genug sind, um Programme direkt zum einzelnen Empfänger übertragen zu können.[1] Zu ihnen wird der erste direktsendende deutsche Fernsehsatellit gehören. Und gleichzeitig schreitet in vielen Ländern der Ausbau eines hochleistungsfähigen Kabelnetzes voran, über das der Bürger nicht nur eine große Zahl von Fernsehprogrammen zur Auswahl erhält, sondern sich auch andere Kommunikationsmöglichkeiten erschließen kann, wie z. B. den schon bestehenden Bildschirmtext, über den eine Fülle von Informationen aus Datenbanken über Telefon auf das Fernsehgerät abrufbar ist, oder später sogar seine Morgenzeitung, die er auf den Bildschirm bekommt oder durch einen angeschlossenen Schnelldrucker auf den Frühstückstisch. Bis dahin wird auch die Qualität von Fernsehbild und Ton durch digitale Übertragungstechnik ungleich besser sein als heute. Eine – je nachdem beglückende oder bedrückende – Zukunftsvision? Nein, sondern reale Gegenwart und nahe Zukunft. Darum sind diese Entwicklungen der Kommunikations- und Medientechniken ein immer wichtigerer Gegenstand – oft ein bevorzugter Zankapfel – der Innen- und Außenpolitik geworden. Internationale Medienpolitik hat in wenigen Jahren eine hohe Bedeutung erlangt und wird weiter an Gewicht zunehmen.

Wirtschaftliche und kulturelle Bedeutung der Neuen Medien

Die Kommunikationstechnik hat – wie die folgende Tabelle zeigt – eine der modernen Wachstumsindustrien erzeugt[2]:

1 Japan hat bereits am 23. Januar 1984 den Rundfunksatelliten BS 2 A in seine Orbitposition gebracht. Wegen des Ausfalls von zwei seiner drei Transponder (Kanäle) und des Fehlens eines Reservesatelliten haben seine Sendungen jedoch nur Versuchscharakter.
2 Zahlen nach: Zentralverband der Elektrotechnischen Industrie (ZVEI). Jahrbuch 1985, Frankfurt/M. 1986.

	Produktion in Mrd. DM (1985)	Wachstum gegenüber 1975 in Prozent
Nachrichtentechnik	12,5	100
Fernmeldekabel- und -leitungen	1,6	68
Büro- und Informationstechnik	16,6	55
Unterhaltungselektronik	9,0	5
Elektronische Bauelemente/ Mikroelektronik	7,2	61
Raumfahrt	0,8	100
Insgesamt	47,7	65

Zu der so umrissenen ökonomischen Bedeutung tritt die kulturelle Macht der Massenmedien. Über sie wird weltweit zwischen Fortschrittsoptimisten und Kulturpessimisten erbittert gestritten. Der Katalog der Kritiken und Befürchtungen, besonders gegenüber dem Fernsehen, reicht von der Annahme zunehmender kultureller Verflachung des Angebots über die Beobachtung einer zunehmend passiven Konsumhaltung vieler Menschen bis zu der Angstvorstellung einer weltweit »amerikanisierten« Einheitskultur, in der nicht nur die fragilen Kulturen der Dritten Welt untergehen, sondern selbst die Identität der Europäer. Solchen Warnungen stellen die Optimisten den unbestreitbaren Informationszuwachs für jedermann ebenso gegenüber wie die bildungsfördernde Rolle der Medien, ihre innovatorische Funktion und die dank der Medien zunehmende Transparenz der ganzen Welt. Doch überwiegen in kleinen Ländern und bei autoritären Regierungen, also im größten Teil der Welt, die Befürchtungen.

Informationsfreiheit und staatliche Souveränität

Damit sind wir bei der politischen Seite angelangt. Die internationale Medienpolitik findet in erster Linie als ein Kampf um die grenzüberschreitende Freiheit der Information statt, also um das Grundrecht der Informations-, Meinungs- und Pressefreiheit. Es ist für die freiheitlichen Demokratien schlechthin konstituierend. Dieses im

internationalen Kontext zu gewährleisten und dafür die Voraussetzungen zu schaffen, ist Aufgabe der internationalen Medienpolitik. Nur eine unabhängige Presse und freie Medien ermöglichen eine öffentliche Diskussion der politischen, wirtschaftlichen, sozialen und kulturellen Themen, eine freie Auseinandersetzung der Ideen und Interessen. Demokratische Willensbildung setzt umfassende Information, den Pluralismus von Meinungen, öffentliche Kritik und Diskussion voraus. Ohne eine Vermittlung der Medien wäre eine Partizipation des einzelnen am öffentlichen Geschehen und an den Entscheidungen in einer ständig komplexeren Umwelt nicht mehr denkbar. Hierzu gehört nicht nur der Transport von Information vom Kommunikator zum Rezipienten, sondern auch die kritische Funktion der Medien als Kontrollinstanz gegenüber den etablierten Gewalten. Mißstände und Fehlentwicklungen lassen sich nur dann korrigieren, öffentlichen Gefahren kann nur dann wirksam begegnet werden, wenn die Kritik frei artikuliert werden kann.
Die Informationsfreiheit ist seit langem als Recht des Individuums international anerkannt. Sie fand Eingang in Art. 19 der UN-Menschenrechtserklärung von 1948 sowie in Art. 19 des Internationalen Pakts über bürgerliche und politische Rechte von 1966. Sie schließt die Freiheit ein, Informationen und Gedankengut jeder Art, ohne Rücksicht auf Staatsgrenzen, zu empfangen und weiterzugeben. Das Prinzip des freien, grenzüberschreitenden Informationsflusses (free flow of information) hat damit auch eine völkerrechtliche Verankerung erhalten. Dennoch ist der grundlegende Konflikt zwischen dem fundamentalen Menschenrecht der Informationsfreiheit des einzelnen und dem Prinzip der staatlichen Souveränität politisch bis heute ungelöst. Staatliche Kontrollmechanismen werden in der marxistisch-leninistischen Ideologie mit der »Informationssouveränität« des Staates gerechtfertigt. Der Austausch von Informationen über die Grenzen soll zwar in gewissem Umfang möglich sein, aber vom Kommunikationsinhalt abhängig gemacht werden. Kritische Berichterstattung beispielsweise wird als Einmischung in innere Angelegenheiten und damit als Verletzung der staatlichen Souveränität diskreditiert.
Unter dem Mantel der »Verantwortlichkeit« der Medien für die Völkerverständigung und die Achtung der staatlichen Souveränität werden staatliche Eingriffsmöglichkeiten geschaffen, um diesen Anspruch einzulösen. Im Bereich von Hörfunk und Fernsehen wird die

internationale Verantwortlichkeit des Sendestaates für die von seinem Staatsgebiet ausgestrahlten Programme festgestellt. Dem Empfangsstaat wird seinerseits das Recht auf »prior consent« zuerkannt, also die Möglichkeit staatlichen Verbots aller nicht ausdrücklich zugelassenen Sendungen eingeräumt. Mit der Medienfreiheit nach unserem Verständnis ist dies alles unvereinbar. Darum wird die politisch-ideologische Auseinandersetzung zwischen Ost und West seit langem gerade auf diesem Feld geführt. Einen ersten Höhepunkt erreichte sie in den Verhandlungen der Konferenz über Sicherheit und Zusammenarbeit in Europa (KSZE), als deren Ergebnis 1975 die Schlußakte von Helsinki durch 35 europäische und nordamerikanische Staats- und Regierungschefs unterschrieben wurde.
Auch wenn die Schlußakte entscheidende Fortschritte gerade im Informationsbereich gebracht hat, so zieht sich dieser politisch-ideologische Dissens auch durch den Text von Helsinki im sogenannten Korb III. Dem Westen gelang es zwar, weitgehende Empfehlungen für eine freiere Verbreitung von Informationen aller Art, eine Verbesserung des Zugangs zu Informationen und eine Verbesserung der Arbeitsbedingungen für Journalisten in das Dokument aufzunehmen. Doch enthält es ebenso Hinweise auf die Respektierung der Gesetze und Eigenheiten jedes der Unterzeichnerländer auf der Basis der Nichteinmischung in ihre inneren Angelegenheiten, die nach wie vor zur Legitimation der restriktiven östlichen Informationspolitik dienen. Das gegenwärtig in Wien stattfindende 3. KSZE-Folgetreffen wird sich im Verlauf der Implementierungsdebatte mit dem Stand der freien Informationsverbreitung befassen.

Ätherfreiheit und Rundfunkstörungen

Am Beispiel des Kurzwellenrundfunks läßt sich besonders gut erkennen, warum die Ost-West Auseinandersetzung um die Medien mit so großer Heftigkeit geführt wird. Während es im Bereich der Druckmedien, im Austausch von Büchern, Zeitungen und Zeitschriften für autoritäre Regierungen relativ einfach ist, den Import, die Verteilung und den Bezug zu kontrollieren, ist dies bei der Übermittlung von Informationen über elektromagnetische Wellen erheblich schwieriger. Dem Kurzwellenrundfunk kommt wegen seiner direkten Empfangsmöglichkeit mit handelsüblichen Geräten (weit über die Reichweiten von UKW oder Mittelwelle hinaus) dabei eine herausragende Rolle zu. Aufgrund ihrer weltweiten Ausbreitung durch Ionosphärenreflektion sind westliche Rundfunkprogramme über Kurzwelle in weiten Teilen der Sowjetunion zu hören. Die Sowjetunion unternimmt deshalb größte Anstrengungen, den ungehinderten Empfang westlicher Rundfunkprogramme zu stören, um das Informationsmonopol der eigenen staatlichen Medien aufrecht zu erhalten. Zur Abschirmung gegen Informationssendungen aus dem Westen betreibt sie ein Netz von etwa 3000 Störsendern mit einem jährlichen finanziellen Aufwand von mehreren 100 Millionen DM.

Gestört werden vor allem die russischsprachigen Programme der Deutschen Welle, der britischen BBC, der Voice of America und der unabhängigen amerikanischen Sender RFE/RL. Die Störpraxis in den anderen Ostblockstaaten ist unterschiedlich. Dort werden die Programme in tschechischer, slowakischer und bulgarischer Sprache der Deutschen Welle gestört, seit Januar 1983 auch deren Programme in Dari und Paschtu für Afghanistan.

Der Osten, der selbst seinen Auslandsrundfunk während der letzten beiden Jahrzehnte systematisch ausgebaut hat – Radio Moskau ist überall in Westeuropa ungestört empfangbar – rechtfertigt diese Praxis als Abwehr »lügnerischer Propaganda und psychologischer Kriegführung des Imperialismus«. Diese Störungen verstoßen jedoch gegen das völkerrechtlich verankerte Recht auf Informationsfreiheit, gegen Geist und Inhalt der KSZE-Schlußakte und sind nicht zuletzt unvereinbar mit dem Internationalen Fernmeldevertrag und den zugehörigen Radio Regulations der Internationalen Fernmeldeunion. Letztere sehen ausdrücklich vor, daß schädliche Funkstörungen von allen Rundfunkbetreibern zu vermeiden sind.

Das Ergebnis jedenfalls ist ein Armutszeugnis für seine Verursacher. Zu den Hauptsendezeiten des Kurzwellenrundfunks in den Abendstunden wird etwa ein Drittel des knappen Kurzwellenspektrums unbrauchbar gemacht. Gestört werden nämlich auch die Frequenzen Dritter in den Nachbarkanälen. Der positive Ausgang der auf Drängen der Entwicklungsländer einberufenen Planungskonferenz für den Kurzwellenrundfunk (World Administrative Radio Conference for High Frequency Broadcasting – WARC – HFBC), die eine effizientere Nutzung der Kurzwellenrundfunkbänder auf der Grundlage gleichberechtigten Zugangs aller Länder ermöglichen soll, wird dadurch in Frage gestellt. Ein Frequenzplan, der auch Vorteile für den Auslandssender der Bundesrepublik, die Deutsche Welle, bieten würde, kann nur dann erfolgreich angewendet werden, wenn alle Administrationen nur die ihnen zugeteilten Frequenzen nutzen und absichtliche schädliche Funkstörungen (jamming) unterlassen. Immerhin kam es auf dem ersten Abschnitt der Kurzwellenplanungskonferenz in Genf 1984 zu der Verabschiedung einer Resolution im Konsens, die alle Administrationen zur Vermeidung schädlicher Funkstörungen aufruft und ein Monitoring-Programm vorsieht, das Quellen und Umfang solcher Störungen feststellen soll. Ob es während der zweiten, 1987 stattfindenden Phase der Konferenz zu akzeptablen Lösungen kommt, ist derzeit eine offene Frage.

Forderungen der Dritten Welt

Internationale Medienpolitik ist nicht nur Teil der Ost-West-Auseinandersetzung, sondern ebenso Feld eines möglichen Nord-Süd-Konflikts.[1] Ausgangspunkt eines solchen Konflikts ist die unbestreitbare Tatsache, daß die Entwicklungsländer Asiens, Afrikas und Lateinamerikas bei allen Unterschieden insgesamt doch mit dem Aufbau ihrer eigenen Medien weit im Rückstand gegenüber den westlichen und auch den östlichen Ländern des Nordens sind. Die Zeitungen erreichen in vielen Ländern nur zwischen 1 und 10 Prozent der Bevölkerung des jeweiligen Landes. Die Versorgung mit Rundfunkgeräten schwankt zwischen 10 und 30 Prozent. Fernsehen, gar Farbfernsehen, ist kaum irgendwo flächendeckend zu empfangen, meist nur in den Hauptstadtregionen, wenn überhaupt. Das grenzüberschreitende Informationsangebot ist zudem ganz überwiegend in der Hand weniger großer Agenturen; etwa 80 Prozent des weltweiten Nachrichtenangebots stammen von den westlichen »großen Vier« (AP, UPI, Reuter, AFP), dazu von der sowjetischen TASS. Die von den meisten Staaten der Dritten Welt getragene Bewegung der Blockfreien zog daraus 1974 den Schluß, eine »neue internationale Informations- und Kommunikationsordnung« müsse geschaffen werden, die den Süden gleichberechtigt macht.

1 Vgl. hierzu Barthold C. Witte, Medienpolitik für die Dritte Welt, in: Universitas, 38 (1983), S. 1263–1272.

Diese Forderung nach einer neuen Ordnung des internationalen Informationswesens, die zunächst durchaus verständlich anmutet, gewann sehr bald eine ideologische Komponente. In der Generalversammlung der Vereinten Nationen wie in der UNESCO kam es zu langwierigen kontroversen Debatten, weil die Forderungen der Dritten Welt von den »sozialistischen« Staaten als Vehikel zur Durchsetzung ihrer ideologischen Interessen benutzt wurden. Die Hauptstoßrichtung der Forderungen der Mehrheit der Entwicklungsländer zielt auf die Durchbrechung des Informationsoligopols der großen Weltnachrichtenagenturen, also auf einen größeren Anteil am internationalen Informationsfluß durch die Entwicklung eigenständiger Medienstrukturen, die sie in die Lage versetzen, selbst Informationen zu produzieren und auszusenden. Auf den als übermächtig empfundenen Informationsfluß von Nord nach Süd, der als Gefahr für die eigene wirtschaftliche Selbständigkeit und die kulturelle Identität empfunden wird, reagierten allerdings viele Regierungen der Dritten Welt durch nationale Abschottung, durch Einschränkung des freien Informationsflusses, also durch einen Ausweg, der es ihnen gleichzeitig erlaubt, die Medien unter Staatskontrolle zu nehmen. Bei diesem Bestreben lieferte der Osten ideologische Schützenhilfe.

Daraus resultiert die Gefahr, daß sich eine starke Staatenmehrheit im Rahmen der Vereinten Nationen und ihrer Sonderorganisationen, vor allem in der UNESCO, mit dirigistischen Konzeptionen für eine »neue Weltinformations- und Kommunikationsordnung« durchsetzen könnte. Als Meilensteine in dieser nunmehr ein Jahrzehnt währenden Auseinandersetzung sind die Mediendeklaration der UNESCO von 1978 und die auf der 22. UNESCO-Generalkonferenz 1983 gefundene Kompromißformel anzusehen, wonach die Schaffung einer neuen Weltinformations- und Kommunikationsordnung als *evolutionärer* Prozeß definiert wird, der dem freien Informationsfluß und der umfassenderen und ausgewogeneren Verbreitung von Informationen dient. Dieses Konzept ist von der 23. Generalkonferenz der UNESCO 1985 in Sofia sowie von der 41. Vollversammlung der Vereinten Nationen 1986 bestätigt worden. Etatistischen Konzepten wurde damit eine zumindest vorläufige Absage erteilt.

Eine solche Formulierung genügt freilich nicht, um die Probleme der Dritten Welt zu lösen. Zur Versachlichung der Kontroverse ist daher

auf westliche Initiative das internationale Programm für die Entwicklung der Kommunikation (International Programme for the Development of Communication – IPCD) von der UNESCO-Generalkonferenz 1980 ins Leben gerufen worden, dem eine wichtige Initiativ- und Koordinierungsfunktion in der internationalen Medienförderung zukommt. Die Bundesrepublik Deutschland als eines der wichtigsten Geberländer für Medienhilfe in der Dritten Welt ist Mitglied des Zwischenstaatlichen Rates, des obersten IPDC-Gremiums, dem 35 Ländervertreter angehören. Sie hat die Finanzierung einer Reihe von IPDC-Projekten im Rahmen von Treuhandvereinbarungen mit der UNESCO übernommen, zum Beispiel den Aufbau von Nachrichtenagenturen in Afrika, der Karibik (CANA) und Lateinamerika (ALASEI). Im Rahmen ihrer finanziellen und technischen Zusammenarbeit mit Ländern der Dritten Welt wurden während der letzten zwei Jahrzehnte von der Bundesrepublik Deutschland mehr als 500 Medienprojekte in einem Gesamtwert von etwa 1,5 Milliarden DM gefördert. Die Ausbildung von Journalisten, Rundfunk- und Fernsehtechnikern in der Bundesrepublik spielt dabei eine große Rolle.
Der einzig begehbare Weg zu einem immer freieren Informationsfluß über die Grenzen und zu einer immer umfassenderen und ausgewogeneren Verbreitung von Informationen ist also die intensive Zusammenarbeit mit den Entwicklungsländern beim Aufbau ihres Kommunikationswesens und eigenständiger Medien. Der Weg dahin ist freilich noch lang und mit vielen Hindernissen gepflastert. Doch hat sich gezeigt, daß das offene Angebot konkreter Zusammenarbeit zwischen Nord und Süd die eigentliche Antwort auf den medienpolitischen Rückstand der Dritten Welt ist. Dabei kann der Westen darauf vertrauen, daß der wachsende Informationshunger der Menschen die oft monopolistischen, mit unseren Wertvorstellungen schwer zu vereinbarenden Medienstrukturen in den meisten Entwicklungsländern in Richtung auf mehr Pluralismus und damit mehr Informationsfreiheit verändern wird.

Probleme des Satellitendirektfernsehens

Unter dem Gesichtspunkt der Freiheit grenzüberschreitender Informationen richtet sich das Hauptaugenmerk der internationalen Medienpolitik gegenwärtig auf das Satellitendirektfernsehen (direct broadcasting via satellite-DBS). Das gilt innerhalb Westeuropas ebenso wie in der Ost-West-Auseinandersetzung, die in diesem Fall vor allem in den Vereinten Nationen und ihren Sonderorganisationen geführt wird.[1]

Die technischen Daten sind inzwischen bekannt. Bis zu fünf Fernsehprogramme – soviel Kanäle sind jedem Staat international zugeteilt – werden über Bodenstationen zu einem über dem Äquator stationierten schweren Satelliten geleitet und von diesem auf – bisher nicht benutzten – sehr kurzwelligen Frequenzen (um 12 Gigahertz) auf ein durch internationale Regeln begrenztes Sendegebiet abgestrahlt. Dort können sie von jedermann empfangen werden, der eine schüsselförmige Hausantenne von weniger als einem Meter Durchmesser sowie ein entsprechendes Fernsehgerät besitzt. Dies wird in der Bundesrepublik Deutschland demnächst möglich werden. Im Gegensatz zur Programmverteilung durch Kabel kann keine Regierung den Empfang verhindern, außer zeitweise dadurch, daß sie ihren Bürgern die nötige Empfangstechnik vorenthält. Doch hat das Beispiel des Empfangs von ARD und ZDF in der DDR gelehrt, daß dieses Hindernis überwindbar ist.

Der Sowjetunion war sehr frühzeitig klargeworden, daß direktempfangbare Rundfunksatelliten die heute technisch mögliche Materialisierung des Prinzips der grenzüberschreitenden Informationsfreiheit sein werden. Denn sie bieten einerseits im Vergleich zu Kurzwellensendungen ungleich größere Möglichkeiten für den einzelnen, sich durch Fernsehempfang ein Bild im Sinne des Wortes zu machen, andererseits erlaubt diese Technik kaum Ansatzpunkte für das beim KW-Funk erprobte Jamming. Die Sowjetunion und ihre Verbündeten waren und sind daher gezwungen, auf die von ihnen so empfundene Bedrohung durch das neue Medium mit politischen Mitteln und auf administrativem Wege über die Verteilung von Orbit-Positionen der Satelliten und die Zuteilung von darauf befindlichen Transpondern (Kanälen) zu reagieren, um so seine möglichen Auswirkungen von vornherein einzudämmen.

Daher ergriff die Sowjetunion bereits 1972 in den Vereinten Nationen die Initiative zu einer Konvention, die bestimmte Prinzipien für die über DBS ausgestrahlten Sendungen völkerrechtlich verbindlich

1 Vgl. Paul Roth, Cuius regio – eius informatio, München 1984.

machen sollte. Im Zentrum standen dabei die Verantwortlichkeit des Staates, von dem die Sendungen ausgehen, für ihren Inhalt und die vorherige Zustimmung (prior consent) des Empfangsstaates zu diesen Sendungen. Beide Prinzipien laufen westlichem Verständnis von Medien- und individueller Freiheit zuwider. Sie kommen allerdings den Auffassungen einer Mehrheit von Entwicklungsländern entgegen, die ihrerseits aus einer Mischung von kulturellen, wirtschaftlichen und politischen Motiven dem freien Informationsfluß über die Grenzen skeptisch gegenüberstehen.
So konnte die Sowjetunion nach zehnjähriger Debatte mit der Resolution 37/92 auf der 37. Generalversammlung der Vereinten Nationen 1982 einen Zwischenerfolg erringen.[1] Diese Resolution enthält einen Prinzipienkatalog mit den vorerwähnten Angelpunkten. Das Abstimmungsergebnis zeigte die Minderheitsposition, in der sich der Westen befindet: 107 Ja-, 13 Nein-Stimmen und 13 Enthaltungen. Der praktische Wert dieser völkerrechtlich unverbindlichen Resolution ist allerdings gering einzuschätzen, doch kann sie im Bedarfsfall eine Berufungsgrundlage darstellen. Vor allem liefert sie das Modell einer entsprechenden völkerrechtlichen Konvention, die von der Sowjetunion weiterhin angestrebt wird.
Erfolge verbuchten die Gegner des freien grenzüberschreitenden Informationsflusses ebenfalls auf dem technisch-regulativen Gebiet im Rahmen der Internationalen Fernmeldeunion, einer Sonderorganisation der UN, wobei ihnen die seinerzeit noch unklare technische Situation zu Hilfe kam. Auf der weltweiten Funkverwaltungskonferenz in Genf 1977 (WARC '77) wurden den Staaten Europas, Asiens und Afrikas für ihre künftigen Rundfunksatelliten Orbitpositionen zugewiesen und bestimmt, daß ein Satellit über nicht mehr als fünf Kanäle verfügen dürfe. Außerdem wurde der Grundsatz festgeschrieben, daß die jeweiligen Satellitensendungen nur das entsprechende nationale Territorium abdecken sollten, abgesehen von dem technisch unvermeidlichen »spill over« in die Grenzgebiete der Nachbarländer. Zumindest für die relativ kleinräumigen europäischen Gebiete war diese Vorschrift schon nach den damaligen technischen Vorstellungen und Erkenntnissen unsinnig. In ihr manife-

1 Vgl. Joachim Schönbeck, Die Resolution der Vereinten Nationen vom 10. 12. 1982 über Prinzipien für das direkte Satellitenfernsehen, in: Zeitschrift für Luft- und Weltraumrecht, 1/1983, S. 166 ff.

stiert sich deutlich der Widerstand gegen den technisch möglich erscheinenden Ausbau der Informationsfreiheit. Sie ist zum Glück heute schon technisch überholt. So kann der direktsendende Satellit der Bundesrepublik voraussichtlich in ganz Mitteleuropa und darüber hinaus empfangen werden.

Perspektiven des europäischen Kommunikationsmarktes

Inzwischen steht die Einführung des direktempfangbaren Satellitenfernsehens in Europa unmittelbar bevor. Die Ministerpräsidenten der Länder haben sich grundsätzlich geeinigt, von den vier Kanälen des TV-Sat 1 je zwei den öffentlich-rechtlichen und den privaten Veranstaltern zuzuweisen, der Abschluß eines dementsprechenden Staatsvertrages steht jedoch noch aus.
Die Auseinandersetzung der deutschen Bundesländer über diese Frage und die daraus resultierende Gefahr uneinheitlichen Vorgehens sind Symptome des Umbruchs, den die Technik erzeugt. Seine Ursachen liegen in den unausweichlichen Folgen des neuen Mediums, die von der einen Seite gewünscht, von der anderen abgelehnt werden. So wird die *Interdependenz der nationalen und der internationalen Medienpolitiken* deutlich, die von industriepolitischen, wirtschaftlichen und kulturellen Zielsetzungen und Zwängen bestimmt werden. Daß die direktsendenden Satelliten grenzüberschreitende und individuell empfangbare Sendungen ausstrahlen, muß zum Aufbrechen der überkommenen nationalen Medienstrukturen im westlichen Europa führen, da hier ein Abgehen vom demokratischen Prinzip der Informationsfreiheit nicht denkbar ist. Diese Strukturen sind bislang in fast allen westeuropäischen Staaten ausschließlich öffentlich-rechtlicher Natur (Ausnahme Italien). Eine wirtschaftliche Nutzung von DBS ist aber nur dann möglich und sinnvoll, wenn neue, d. h. private Programmanbieter Marktzugang gewinnen. Deren wirtschaftliche Existenz wiederum kann nur aus Werbeeinnahmen und Abonnementsgebühren (Pay-TV) gesichert werden. Diese Kausalkette führt zur Öffnung des Rundfunkmarktes für Privatunternehmen.
Die ersten, die dies erkannten, waren unsere luxemburgischen Nachbarn, die mit ihrem privaten Rundfunksystem schon im Hörfunkbereich, dann auch mit dem terrestrisch verbreiteten Fernsehen,

in den Nachbarländern überaus erfolgreich waren. Sie planten deshalb schon sehr bald nach WARC '77 das Direktfernsehen, zunächst mit dem Ziel eines eigenen Satelliten, nach langen, konfliktreichen Debatten schließlich durch Nutzung des französischen Satelliten für je ein deutsch- und französischsprachiges Programm. Wenn sich neben den öffentlich-rechtlichen Sendeanstalten private Sendeunternehmen etablieren können, wächst die Nachfrage nach Programmen. Ob diese Nachfrage allein durch Angebote aus Übersee befriedigt werden kann, bleibt fraglich. Auch wenn die Antwort positiv wäre, würden sich zwei Folgen einstellen: Die Akzeptanz des Konsumenten sänke mit großer Wahrscheinlichkeit unter die Rentabilitätsgrenze, wenn die neuen Programme, derentwegen er sich sogar neue Empfangsgeräte beschafft, ausschließlich aus Produkten nichteuropäischer Herkunft und aus Werbung bestünden. Andererseits dürften die zersplitterten und finanzschwachen Programmindustrien Europas zur Befriedigung der wachsenden Nachfrage nicht in der Lage und nach außen nur konkurrenzfähig sein, wenn sie neu formiert, d. h. europäisiert und in geeigneter Weise unterstützt werden. Innerhalb der Europäischen Gemeinschaft ist diese Notwendigkeit erkannt worden. Die EG-Kommission und der Rat sind gegenwärtig dabei, Modelle für gemeinsames Handeln zu entwikkeln.[1] Dabei ist darauf zu achten, daß die nicht zur EG gehörenden Mitgliedstaaten des Europarates nicht abgekoppelt werden. Aus deutscher Sicht ist dies im Hinblick auf die deutschsprachigen und skandinavischen Nachbarn von besonderer Bedeutung.

Eine Strukturverbesserung der europäischen Programmindustrie darf allerdings nicht über das Ziel verbesserter Wettbewerbsfähigkeit hinausschießen und zu protektionistischen Maßnahmen führen. Dies wäre weder mit der Informationsfreiheit vereinbar noch der auf Wettbewerb angewiesenen Kreativität förderlich. Ohne Importe wird der künftige Programmbedarf Westeuropas jedenfalls nicht zu decken sein.

Die genannten Faktoren werden zusammen zur Etablierung eines *europäischen Rundfunkmarktes* führen, wie ihn die Kommission der Europäischen Gemeinschaften in ihrem Grünbuch vom Mai

1 Kommission der Europäischen Gemeinschaft-KOM (86) 255 endg.-: Aktionsprogramm zur Förderung der audiovisuellen Produktionsindustrie (Mitteilung der Kommission an den Rat), Brüssel, den 12. Mai 1986.

1984 forderte.[1] Die Kommission nannte darin auch die zwischenstaatlich regelungsbedürftigen Materien, nämlich Urheberrecht, Persönlichkeits- (einschließlich Jugend-)schutz und Werbung. Mit diesen überaus komplexen Fragen beschäftigt sich der Europarat schon seit längerer Zeit. Er möchte die bestehenden und künftigen nationalen Regelungen in diesen Bereichen harmonisieren und für die Vermietung von Sendekapazitäten auf nationalen Rundfunksatelliten (Channel leasing) an Drittstaaten oder deren Angehörige Leitlinien setzen. Dazu muß zunächst das Instrument von Empfehlungen des Ministerrats an die Mitgliederregierungen ausreichen. Denn Konventionen mit völkerrechtlicher Bindewirkung gerieten allzu leicht in die Nähe des »prior consent«.

Die Bemühungen von Europarat und EG um eine europäische harmonisierte Medienordnung können in ihrer Bedeutung nicht hoch genug eingeschätzt werden. Die nationalen Regierungen sind aufgerufen, hieran konstruktiv mitzuwirken. Von großer Bedeutung für diesen Prozeß sind die nichtgouvernementalen Organisationen, besonders die Europäische Rundfunkunion (EBU), in der die Rundfunkanstalten Westeuropas und einiger Mittelmeeranrainer zusammengeschlossen sind. Ihre von der EG-Kommission unterstützten Bemühungen um das Zustandekommen eines Europäischen Fernsehprogramms über Satellit haben einen ersten Test mit respektablem Erfolg bestanden. Es handelt sich um das EURIKON-Versuchsprogramm, das 1982 über den OTS (Orbital Test Satellite) ausgestrahlt worden ist. Über den ECS (European Communication Satellite) werden heute Gemeinschaftsprogramme der frankophonen Anstalten Belgiens, der Schweiz und Frankreichs – TV Cinq – sowie der deutschsprachigen Anstalten ZDF, ORF und SRG, genannt 3Sat, ausgestrahlt. Sie gelten im deutschen Fall als Pilotsendungen, die den Übergang auf den direktsendenden Satelliten vorbereiten sollen.

1 Kommission der Europäischen Gemeinschaften – KOM (84) 300 endg. –: Fernsehen ohne Grenzen – Grünbuch der Kommission über die Errichtung des gemeinsamen Marktes für den Rundfunk, insbesondere über Satellit und Kabel (Mitteilung der Kommission an den Rat), Brüssel, den 14. Juni 1984. – Kommission der Europäischen Gemeinschaften – KOM (86) 146 endg.-: Vorschlag einer Richtlinie des Rates über die Koordinierung bestimmter Rechts- und Verwaltungsvorschriften der Mitgliedstaaten über die Ausübung der Rundfunktätigkeit (von der Kommission dem Rat vorgelegt). Brüssel, den 29. April 1986.

Damit ist ein Gedanke, den das Europäische Parlament entwickelt hat, seiner Verwirklichung ein gutes Stück näher gerückt, nämlich die Nutzung der nationalen Direktfernseh-Satelliten für ein gemeinsames Programm der EG-Mitgliedstaaten. Ein solches Europa-Programm kann zusammen mit den »nationalen« Programmen, die grenzüberschreitend gesendet werden, ein vorzügliches Instrument zur Förderung der europäischen Integration bilden. Seine Verwirklichung scheiterte bisher allerdings an der Tatsache, daß niemand das dafür nötige Geld aufbringen konnte. Die Kanäle auf dem deutschen direktsendenden Satelliten sind im übrigen bereits anderweitig vergeben.

Für den künftigen europäischen Rundfunkmarkt wird ein technischer Faktor besonders wichtig sein. Europa wird über eine einheitliche Farbfernsehnorm verfügen müssen, die zugleich auf dem Weltmarkt durchsetzungsfähig ist. Weltweit geht der Trend, angeführt durch Japan, in Richtung auf das sogenannte hochauflösende Fernsehen (High Definition Television – HDTV). Dabei handelt es sich um eine digitale Übertragungstechnik mit hoher Zeilenzahl und Stereotonqualität.

Vor allem im Blick auf Osteuropa ist die Einführung einer gemeinsamen europäischen Norm von Bedeutung. Das Direktfernsehen via Satellit kann den Deutschen in der DDR zusätzliche Informationsquellen eröffnen und weiten Teilen Osteuropas erstmals direkten Zugang zu westlichem Fernsehen ermöglichen. Diese Chancen für die Stärkung des freien Informationsflusses blieben ungenutzt, wenn sich unterschiedliche Normen in Westeuropa durchsetzten. Ein solches Ergebnis wäre um so abwegiger, als manche Indikatoren erkennen lassen, daß auch die Sowjetunion, in ihrem Gefolge die osteuropäischen Staaten, sich gegebenenfalls für eine weltweite HDTV-Norm entscheiden würden. Ohnehin zeichnet sich ab, daß die sozialistischen Staaten die Unvermeidlichkeit der Neuen Medien zu akzeptieren beginnen und sich darauf einrichten, sie für ihre Zwecke einzusetzen. Dies bedeutet: weiterhin Kampf gegen unliebsame Programminhalte, wie er bereits bisher geführt wird, jedoch zugleich Kooperation im technischen Bereich.

Abschließend darf unter diesen Auspizien eine vorsichtig optimistische Bilanz gezogen werden: Die Neuen Medien, allen voran der direktempfangbare Satellitenrundfunk, werden ganz Europa als ein Haus in dem weltweiten Kommunikationsdorf erscheinen lassen, das Marshall McLuhan prophezeit hat. Dieses Dorf, in dem Nachbarn in einer friedlichen Gemeinschaft des Gebens und Nehmens miteinander leben und frei miteinander kommunizieren können, ist das Fernziel einer demokratischen internationalen Medienpolitik.

Literatur

Die Bibliothek und Dokumentation des Instituts für Auslandsbeziehungen hat 1980 eine umfangreiche Bibliographie zur auswärtigen Kulturpolitik der Bundesrepublik Deutschland vorgelegt:

Rossbach, Udo: Die auswärtige Kulturpolitik der Bundesrepublik Deutschland. Grundlagen, Ziele, Aufgaben. Eine Titelsammlung. Zsgest. ... unter Mitarb. der Bibliothek des Instituts für Auslandsbeziehungen. Stand Ende 1979. Stuttgart: Institut für Auslandsbeziehungen, 1980. 207 S.

Die nachfolgende Zusammenstellung erfaßt eine Auswahl wichtiger Titel nach 1980 zu diesem Thema.

Handbücher und Verzeichnisse

Adameck, Margot u. *Sings,* Katharina: Zusammenarbeit mit Lateinamerika. Verzeichnis deutscher Institutionen. 2. Aufl. Stand: Mai 1986.
Bonn: Deutsche Stiftung für internationale Entwicklung, Zentralstelle für Erziehung, Wissenschaft und Dokumentation, 1986. 55 S.
(DSE-Dok. 1190 C.)

Adressbuch der deutsch-amerikanischen Zusammenarbeit. 2. Aufl.
Bonn: Auswärtiges Amt, 1986, 139 S.

Adressbuch der deutsch-britischen Zusammenarbeit.
Bonn: Auswärtiges Amt, 1985. 64 S.

Goethe-Institut München. *Adressen.* Alphabetisches Adressenverzeichnis der Kulturinstitute im Ausland (nach Ländern). Verantwortlich: Kajo Niggestich. 8. Aufl. Stand: 1. 10. 1985.
München: Goethe-Institut, 1985. 28 S.

Auslandsschulverzeichnis. Hrsg. vom Bundesverwaltungsamt, Zentralstelle für das Auslandsschulwesen. 7. Aufl.
München: Hueber, 1985. 134 S.

Austausch. Deutsche Stiftung für internationale Entwicklung. Kurzmeldungen über den internationalen Austausch von Führungskräften ... Hrsg. von der Abt. 2 der Deutschen Stiftung für internationale Entwicklung in Zusammenarb. mit dem Sozialwissenschaftl. Studienkreis für Internat. Probleme. Red. Dieter Danckwortt.
Bonn: DSE, 1974 ff.

Austausch über den Atlantik 1985. Jahresbericht, erstattet vom Koordinator für die deutsch-amerikanische zwischengesellschaftliche, kultur- und informationspolitische Zusammenarbeit
Bonn: Auswärtiges Amt, 1985. 53 S.
(Reihe Berichte und Dokumentation.)

Danckwortt, Dieter: Institutionenverzeichnis für internationale Zusammenarbeit der Bundesrepublik Deutschland und Berlin (West) IVIZ.
Baden-Baden: Nomos Verl. Ges., 1985. 500 S.

A *Directory* of German-American Resources and Organizations. German-American Contacts Staff, United States Information Agency.
Washington, 1986. 127 S.

Abteilung für auswärtige Kulturpolitik. *Dreijahresbericht* 1981–83.
Bonn: Auswärtiges Amt, 1984. 77 S. (Der *Dreijahresbericht 1984–86* ist im Druck und wird 1988 erscheinen.)
Entwicklungsländerbezogene Informationsstellen. Informations- und Dokumentationsstellen, Bibliotheken, Archive, Fachinformationszentren. Stand: Mai 1987.
Bonn: Deutsche Stiftung für internationale Entwicklung, Zentralstelle für Erziehung, Wissenschaft und Dokumentation, 1987. 124 S.
(DSE-Dok. 1431 C.)
Handbook of Cultural Affairs in Europe. Prep. by the Member-Inst. of a Europ. Network for Cultural Research and Information . . . Manuel européen des affaires culturelles . . . Ed. team: Andreas Johannes Wiesand. Zentrum für Kulturforschung (Hrsg.)
Baden-Baden: Nomos Verl. Ges., 1985. 519 S.
Hirt, Manfred u. *Jedersberger,* Erich: Transatlantischer Austausch. Austauschbeziehungen zwischen der Bundesrepublik Deutschland und den Vereinigten Staaten von Amerika.
Stuttgart: Institut für Auslandsbeziehungen, 1986. 232 S.
Text dt. u. engl.
Kooperationsvereinbarungen (Partnerschaften) zwischen deutschen und ausländischen Hochschulen. Stand: April 1985.
Bonn: Westdeutsche Rektorenkonferenz, 1985. VII, 241 S.
(Informationsdienst Westdeutsche Rektorenkonferenz.)
Kuhn, Gertrud: Verzeichnis deutsch-ausländischer Gesellschaften in der Bundesrepublik Deutschland u. Berlin West. – IVAG –. Zusammengest. von Gertrud Kuhn. 2. Aufl.
Baden-Baden: Nomos Verl. Ges., 1986. 325 S.
(Schriftenreihe des Instituts für Auslandsbeziehungen. Reihe Dokumentation. 1.)
Lipscher, Winfried: Bundesrepublik Deutschland – Volksrepublik Polen. Kulturelle Zusammenarbeit. Ein Bericht.
Darmstadt: Deutsches Polen-Institut, 1982. 288 S.
Louven, Erhard u. *Schädler,* Monika: Wissenschaftliche Zusammenarbeit zwischen der Volksrepublik China und der Bundesrepublik Deutschland. Bestandsaufnahme u. Anregungen für die Forschungsförderung. Ein Bericht im Auftr. d. Stiftung Volkswagenwerk, Hannover.
Hamburg: Institut für Asienkunde, 1986. 174 S.
(Mitteilungen des Instituts für Asienkunde. 149.)
Nachkontakte. Bericht des Nachkontakt-Ausschusses der Vereinigung für internationale Zusammenarbeit (VIZ). 1983.
München, 1984. 81 S.
Ohm, Matthias: Arbeiten und Lernen in den USA/Kanada. Hrsg. Matthias Ohm, GIJK Gesellschaft für Internationale Jugendkontakte e. V. Mit freundl. Unterstützung d. U.S. Information Service (USIS) . . .
Frankfurt a. M.: Eichborn Verl., 1986. 300 S.
Die *Partnerschaften* der Städte, Gemeinden und Kreise der Bundesrepublik Deutschland. Auflistung: Gabriele Blasch.
Köln: Bundesvereinigung der kommunalen Spitzenverbände, 1982. 62 S.

Stötzel, Monika: Lateinamerika – Bundesrepublik Deutschland. Institutionen zur Pflege der gegenseitigen Beziehungen in der Bundesrepublik Deutschland und Berlin (West). E. Auswahl.
Bonn: Inter Nationes, 1986. 19 S.
Stuckenschmidt, Dierk: Austausch mit der Volksrepublik China. Möglichkeiten für Studium, Forschung und Lehre. Ms.: Dierk Stuckenschmidt unter Mitarb. von Dorothea Wippermann.
Bonn: Deutscher Akademischer Austauschdienst, 1983. 288 S.
(DAAD Dokumentationen und Materialien. 1.)
Wege zur Freundschaft. Partner für die deutsch-französische Zusammenarbeit.
Bonn: Auswärtiges Amt, 1985. 96 S.

Allgemeines

Arnold, Hans: Auswärtige Kulturpolitik. Ein Überblick aus deutscher Sicht.
München, Wien: Hanser, 1980. 170 S.
Auswärtige Kulturpolitik der Bundesrepublik Deutschland. Texte der Buch- und Dokumentationsausstellung des Instituts für Auslandsbeziehungen. Konzeption u. Zusammenstellung: Gertrud Kuhn, Udo Rossbach u. a. Stand 1980.
Stuttgart, 1980. 31 ungez. Bl.
(Schriftenreihe des Instituts für Auslandsbeziehungen Stuttgart. Reihe Dokumentation. 12.)
Bielenstein, Dieter: Kooperation mit islamischen Ländern. Grenzen und Möglichkeiten.
In: SSIP Bulletin (Saarbrücken). 1986, 57 S. 123–138.
Bliss, Frank: Die kulturelle Dimension von Entwicklung. Aspekte eines Defizits im entwicklungspolitischen Instrumentarium. In: Aus Politik und Zeitgeschichte (Bonn). 1986, 35. S. 28–38.
Düwell, Kurt u. *Link,* Wener (Hrsg.): Deutsche auswärtige Kulturpolitik seit 1871. Geschichte u. Struktur. Referate u. Diskuss. e. interdisziplinären Symposiums . . .
Köln, Wien: Böhlau, 1981. VIII, 368 S.
(Beiträge zur Geschichte der Kulturpolitik. 1.)
Emge, Richard M.: Gesellschaftliche Kräfte im Umfeld staatlicher Kulturpolitik seit den 1950er Jahren.
In: Interne Faktoren auswärtiger Kulturpolitik im 19. und 20. Jahrhundert. T. 1./2. Stuttgart 1981. S. 229–238.
(Materialien zum internationalen Kulturaustausch. 16.)
Gemeinsame Kultur-Erklärung. Der französische Staatspräsident und der Bundeskanzler verabschiedeten anläßl. d. dt.-franz. Konsultationen am 6. Febr. 1981 in Paris die Gemeinsame Erklärung.
In: Presse- und Informationsamt der Bundesregierung. Bulletin (Bonn). 1981, 12. S. 102–103.
Gemeinsame Erklärung über (deutsch-französische) *kulturelle Zuammenarbeit,* Frankfurt, 28. 10. 1986. In: Presse- und Informationsamt der Bundesregierung. Bulletin (Bonn). 1986, 132, S. 1106–1109.
Genscher, Hans-Dietrich: Für den Kulturaustausch gilt: Im Zweifel für die Freiheit. Ansprache vor dem Goethe-Institut am 20. Aug. 1985 in München.

In: Presse- und Informationsamt der Bundesregierung. Bulletin (Bonn). 1985, 89. S. 773–776.
Hamm-Brücher, Hildegard: Kulturbeziehungen weltweit. Ein Werkstattbericht zur auswärtigen Kulturpolitik.
München, Wien: Hanser, 1980. 226 S.
Internationale Kulturbeziehungen, Brücke über Grenzen. Symposium 80., 26.–30. Mai 1980, Bonn. Bearb. von Dieter Danckwortt. Vereinigung für Internationale Zusammenarbeit – VIZ.
Baden-Baden: Nomos Verl. Ges., 1980. 360 S.
(Schriftenreihe zum Handbuch für Internationale Zusammenarbeit. 4.)
Interne Faktoren auswärtiger Kulturpolitik im 19. und 20. Jahrhundert. Konzeption u. wiss. Leitung d. Symp.: Kurt Düwell. Red.: Friedrich H. Kochwasser. T. 1./2.
Stuttgart: Institut für Auslandsbeziehungen, 1981.
(Materialien zum internationalen Kulturaustausch. 16.)
Kohl, Helmut: Eröffnung des Goethe-Instituts in Kyoto. Rede am 3. Nov. 1983.
In: Presse- und Informationsamt der Bundesregierung. Bulletin (Bonn). 1983, 122. S. 1116–1118.
Kontinuität oder Wende? Die im Deutschen Bundestag vertretenen Parteien nehmen Stellung zur Auswärtigen Kulturpolitik.
In: Auslandskurier (Schwäbisch Hall). 25. 1984, 1. S. 6–11.
Manfrass, Klaus (Hrsg.): Paris – Bonn. Eine dauerhafte Bindung schwieriger Partner. Beiträge zum deutsch-französischen Verhältnis in Kultur, Wirtschaft und Politik seit 1949. Akten d. deutsch-französischen Kolloquiums ... Paris, 11.–14. Okt. 1983.
Sigmaringen: Thorbecke, 1984. 357 S.
Ross, Werner: Grass und Goethe. Zur politischen Dimension der auswärtigen Kulturpolitik.
In: Die politische Meinung (Osnabrück). 29. 1984, 217. S. 16–28.
Scherfenberg, Ulrich: Die auswärtige Kulturpolitik der Bundesrepublik Deutschland in der peripheren Region Lateinamerika. Rahmenbedingungen, Formen, Inhalte, Ziel u. Auswirkungen.
München: Fink, 1984. 284 S.
(Beiträge zur Soziologie und Sozialkunde Lateinamerikas. 33.)
Stavenhagen, Lutz G.: Deutsch-französischer Dialog über kulturelle Zusammenarbeit. Rede auf dem deutsch-französischen Kulturforum in Paris, 23. Sept. 1986.
In: Presse- und Informationsamt der Bundesregierung. Bulletin (Bonn). 1986, 111. S. 942–944.
Strauß, Franz Josef: Grundsatzreferat des CSU-Vorsitzenden und Bayrischen Ministerpräsidenten Franz Josef Strauß anläßlich der Regionalbeauftragtenkonferenz des Goethe-Instituts am 12. 6. 1986 in München. Auswärtige Kulturpolitik – Ziele und Wege.
München: Goethe-Institut, 1986. 62 S.
Themenbereich Kultur und Entwicklung. Textsammlung zsgest. von Dieter Danckwortt und Jürgen Horlemann.
Bonn: Deutsche Stiftung für internationale Entwicklung, 1985. 200 S.
Unsere auswärtige Politik. Was sie will. Wer sie macht. Wem sie nützt.
Bonn: Auswärtiges Amt, Referat Öffentlichkeitsarbeit 1985. 75 S.

Was tut der Bund für die Kultur. Antworten auf 2 Große Anfragen.
Bonn: Presse- und Informationsamt der Bundesregierung, 1985. 224 S.
(Reihe Berichte und Dokumentationen.)
Witte, Barthold C.: Die auswärtige Kulturpolitik der Bundesrepublik Deutschland.
In: Deutscher Musikrat. Referate, Informationen (Bonn). 1983, 55. S. 5–10.
Witte, Barthold C.: Bonn, die Deutschen und ihre Kultur. Oder: Sind wir ein Kulturstaat?
In: Bonner Provokationen. München 1982. S. 152–161.
Witte, Barthold C.: »Fernsehen ohne Grenze«. Schwerpunkte auswärtiger Kulturpolitik. Deutsche Sprache – Medienpolitik. Interview.
In: Auslandskurier (Schwäbisch Hall). 26. 1985, 2. S. 6–8.
Witte, Barthold C.: Der Geist – und das Bohren dicker Bretter. Vor einer neuen Etappe der kulturellen Zusammenarbeit.
In: Dokumente (Bonn). 42. 1986, 5/6. S. 390–397.
Zehn Thesen zur kulturellen Begegnung und Zusammenarbeit mit Ländern der Dritten Welt.
Bonn: Auswärtiges Amt, 1982. 16 S.

Bereiche und Maßnahmen
Auslandsschulen, Auslandsstudium, Deutsche Sprache, Wissenschaftsaustausch

Ausländerstudium in der Bundesrepublik Deutschland. Bestandsaufnahme und Bewertung der Literatur. Eine Untersuchung im Auftr. der Otto-Benecke-Stiftung. Reinhard Bockhorni (u. a.) 2. erw. Aufl.
Baden-Baden: Nomos Verl. Ges., 1987. 120 S.
Bachmann, Peter: Auslandsstudium und Ausländerstudium in der Bundesrepublik Deutschland. Eine Bibliographie.
Bonn: Deutscher Akademischer Austauschdienst, 1984. 95 S.
(DAAD Dokumentationen und Materialien. 4.)
Braun, Peter: Die deutsche Sprache im europäischen Vergleich.
In: Muttersprache (Wiesbaden). 96. 1986, 5/6. S. 330–344.
Broicher, Martin u. v. *Rothkirch,* Christoph: Berufliche Aus- und Weiterbildung im Ausland. Möglichkeiten u. Bedarf an berufsbildenden Auslandsaufenthalten einschließlich berufsbildender Praktika für Deutsche. Carl Duisberg Ges. e.V., Köln, Prognos AG, Basel.
Baden-Baden: Nomos Verl. Ges., 1986. 94 S.
(Internationale Weiterbildung, Austausch, Entwicklung. 2.)
Danckwortt, Dieter: Auslandsstudium als Gegenstand der Forschung. Eine Literaturübersicht.
Kassel: Gesamthochschule, 1984. 74 S.
(Werkstattberichte. 11.)
Die *deutsche* Sprache in der Welt. Öffentliche Anhörung des Auswärtigen Ausschusses am 18. Juni 1986 und Aussprache im Plenum des Deutschen Bundestages.
Bonn: Deutscher Bundestag, 1986. 344 S.
(Zur Sache. 5/86.)

Ehling, Manfred: Als Ausländer an deutschen Hochschulen. Das Studium von Ausländern in der Bundesrepublik Deutschland, historische, theoretische und soziale Aspekte.
Darmstadt: Verl. f. wissenschaftliche Publikationen, 1987. 563 S.
(Bildung, Repression, Befreiung.)
Faber, Helm von: Deutsch in der Welt.
In: Germanistische Mitteilungen (Brüssel). 1984, 20. S. 45–59.
Groß, Bernd, *Stevens,* Willi u. *Werth,* Manfred: Akademiker aus Entwicklungsländern in der Bundesrepublik Deutschland. Zwischen Brain Drain und Rückkehr. Eine Studie im Auftrag des Centrums für internationale Migration und Entwicklung . . .
Saarbrücken, Fort Lauderdale: Breitenbach, 1982. 469 S.
(Arbeitsmaterialien. 1.)
Illy, Hans F. u. *Schmidt-Streckenbach,* Wolfgang (Hrsg.): Studenten aus der Dritten Welt in beiden deutschen Staaten.
Berlin: Duncker & Humblot, 1987. 198 S.
(Schriftenreihe der Gesellschaft für Deutschlandforschung. 20.)
Kasprzyk, Peter: Förderungsmöglichkeiten für deutsche und ausländische Hochschulangehörige. Ein Leitfaden.
Bonn: Deutscher Akademischer Austauschdienst, 1987. 127 S.
Massow, Valentin von: Wissenschaft und Wissenschaftsförderung in der Bundesrepublik Deutschland.
Bonn: Inter Nationes, 1986. 140 S.
Bericht der Bunderegierung über *Stand und Entwicklung der deutschen Schulen im Ausland.* Bonn: Deutscher Bundestag, 14. 1. 1988. Drucksache II/1642. 30 S.
Die *Stellung* der deutschen Sprache in der Welt. Bericht der Bundesregierung.
Bonn: Auswärtiges Amt, 1985. 128 S.
Stevens, Willi u. *Werth,* Manfred: Das Fachkräftepotential aus Entwicklungsländern in der Bundesrepublik Deutschland. Eine Untersuchung über nationale Herkunft, Ausbildungsniveau und Berufsbereiche akademischer und nicht-akademischer Fachkräfte und Studenten. Eine Studie im Auftrag des Centrums für internationale Migration und Entwicklung erstellt durch ISOPLAN-Inst. für Entwicklungsforschung, Wirtschafts- und Sozialplanung GmbH, Saarbrücken.
Saarbrücken, Fort Lauderdale: Breitenbach, 1985. VII, 129 S.
(CIM-Arbeitsmaterialien. 6.)
Das *Studium* an wissenschaftlichen Hochschulen. Red.: Marianne Reichling.
Bonn: Deutscher Akademischer Austauschdienst, ca. 1981. 100 S.
(Der ausländische Student in der Bundesrepublik Deutschland.)
Sturm, Dietrich (Hrsg.): Deutsch als Fremdsprache weltweit. Situation und Tendenzen.
München: Hueber, 1987.
Werner, Harry: Auslandsschule und Wirtschaft. Beispiel Firmenschule.
Bonn: Freundeskreis Dt. Auslandsschulen, 1986. 70 S.
Werner, Harry: Beiträge zum Auslandsschulwesen. Hrsg.: Der Auslandsschulausschuß der Ständigen Konferenz der Kultusminister der Länder in der Bundesrepublik Deutschland.
Bonn, 1986. 210 S.

Witte, Barthold C.: Die Stellung des Deutschen als Fremdsprache in Europa.
In: Deutsch als Fremdsprache in Belgien (Löwen) 1983. S. 19–30.

Jugendaustausch, Multilaterale Zusammenarbeit, Städtepartnerschaft

Calließ, Jörg (Hrsg.): Entspannungspolitik als Gesellschaftsaufgabe. Kontakte von Städten und kommunalen Einrichtungen der Bundesrepublik Deutschland mit Osteuropa. Tagung vom 26.–28. Sept. 1980.
Loccum: Evangelische Akademie, 1982. 203 S.
(Loccumer Protokolle. 24. 1980.)
Hamm-Brücher, Hildegard: Stärkung und Förderung der kulturellen Zusammenarbeit. Erklärung auf der UNESCO-Weltkonferenz in Mexiko.
In: Presse- und Informationsamt der Bundesregierung. Bulletin (Bonn). 1982, 75. S. 675–677.
Das *KSZE-Kulturforum* in Budapest. Dokumentation.
Bonn: Auswärtiges Amt, 1986. 95 S.
(Berichte und Dokumentation.)
Kuhn, Gertrud: Bibliographie zum Thema Jugendaustausch und Völkerverständigung. Eine Auswahl.
In: SSIP Bulletin (Saarbrücken). 1986, 57. S. 59–90.
L'*Office* franco-allemand pour la jeunesse. Das deutsch-französische Jugendwerk.
Bad Honnef, 1986. 47 S.
Städtepartnerschaften und Jugendaustausch. Informationen und Anregungen für Verantwortliche von Austauschprogrammen zwischen Partnerstädten und zwischen örtlichen Jugendgruppen.
Bad Honnef: Deutsch-Französisches Jugendwerk, 1981. 128 S.
(dfjw-Dokumentation.)
Von der Versöhnung zum Alltag interkultureller Beziehungen. Deutsch-französischer Jugendaustausch. Bilanz und Perspektiven.
Bad Honnef: Deutsch-Französisches Jugendwerk, 1984. II, 319 S.
(Arbeitstexte. Sonderh. 1984.)
Witte, Barthold C.: Deutsche Medienpolitik für die Dritte Welt – Grundsätze und Thesen.
In: Dritte Welt und technische Kommunikation. Stuttgart 1983. S. 30–35.
Witte, Barthold C.: Das Experiment von Mexiko.
In: Weltkonferenz über Kulturpolitik – Mexiko 1982. München 1983. S. 207–216.
Witte, Barthold C.: Krise und Reform der UNESCO.
In: Außenpolitik (Hamburg). 35. 1984, 3. S. 265–274.
Witte, Barthold C.: Medienpolitik für die Dritte Welt.
In: Universitas (Stuttgart). 38. 1983, 12=451. S. 1263–1272.
Witte, Barthold C.: Medienpolitik für freien Informationsfluß.
In: Außenpolitik (Hamburg). 33. 1982, 2. S. 159–168.
Witte, Barthold C.: UNESCO: Dauerkrise oder bessere Zukunft?
In: Außenpolitik (Hamburg). 37. 1986, 1. S. 44–51.

Zusammenstellung:
Udo Rossbach, Bibliothek und Dokumentation des Instituts für Auslandsbeziehungen.

Quellenverzeichnis

Die hier in Buchform – zum Teil ergänzt und leicht verändert – publizierten Reden und Aufsätze wurden in einzelnen Fällen bereits an anderer Stelle veröffentlicht. Für die Genehmigung des Wiederabdrucks sei den betroffenen Publikationsorganen herzlich gedankt. Über Anlaß und Datum der Rede sowie frühere Veröffentlichungen gibt das folgende Verzeichnis näheren Aufschluß.

»Wir Deutschen und unsere Kultur – Eine Streitrede«, Vortrag vor dem Verband Liberaler Akademiker, Mainz, 10. Juni 1984.

»Gibt es noch den häßlichen Deutschen?« In: *Rissener Rundbrief*, 4/1985.

»Kulturpolitik im Spannungsfeld zwischen Politik und Kultur«. In: *Universitas*, Jg. 40, 3/1985, S. 303–312.

»Die Kulturabteilung des Auswärtigen Amtes im Schnittpunkt innenpolitischer Impulse. Thesen und Überlegungen«, Beitrag zu einem interdisziplinären Symposium, Trier, 24.–26. September 1980. In: *Zeitschrift für Kulturaustausch*, 2/1981, S. 239–245.

»Stand der Perspektiven der auswärtigen Kulturpolitik. Ein Vortrag vor Auslandslehrern«, Vortrag im Internationalen Haus Sonnenberg, 18. November 1984. In: *Auslandsschule und Auswärtige Kulturpolitik*, Schriftenreihe des Internationalen Arbeitskreises Sonnenberg, Braunschweig 1985, S. 8–19.

»Von der Selbstdarstellung zu Austausch und Zusammenarbeit: Beispiel Asien«. In: *Indo Asia*, 3/1986, S. 95–98.

»Gibt es eine europäische Kulturpolitik?« Vortrag vor der Union-Stiftung, Saarbrücken, 3. Mai 1985. In: *Pannonia*, 3–4/1985, S. 24–27.

»Ziele der deutsch-französischen Zusammenarbeit. Eine Bilanz vor dem Frankfurter Kulturgipfel«. In: *Dokumente*, Oktober 1986, S. 390–397.

»Annäherung an Frankreich. Aufgaben nach dem Kulturgipfel«, Beitrag für den Saarländischen Rundfunk, 10. Oktober 1987.

»Der transatlantische Dialog im Wandel der Generationen«, Ansprache zur Jubiläumsveranstaltung »25 Jahre Austauschprogramm Pennstate–Köln« am 22. April 1988 in der Universität Köln.

»Über die Systemgrenzen hinweg – Auswärtige Kulturpolitik mit den Staaten des Warschauer Pakts. Ein Vortrag vor Amerikanern«, Vortrag in Washington, September 1986.

»Dialog der Kulturen: Haben wir ihn gelernt?« In: Winfried Böll/Erika Wolf, Hrsg., *25 Jahre Dialog und Training – Was haben wir gelernt?*, Baden-Baden 1985, S. 72–78.

»Kulturpolitische Zusammenarbeit mit der Dritten Welt. Vortrag vor dem Regionalbeauftragten des Goethe-Instituts«, Vortrag vom Sommer 1982. In: *Auswärtiger Dienst, Vierteljahresschrift der Vereinigung Deutscher Auslandsbeamten e.V.*, 4/1982, S. 133–141.

»Nähe und Ferne – Kulturarbeit in Lateinamerika. Ansprache vor einer Tagung der Kulturreferenten in Lateinamerika«, Rede in Caracas, 19. März 1986.

»Geisteserbe und Zukunftsorientierung. Kulturbeziehungen zu Südasien und

Indien«, Vortrag zum 25jährigen Bestehen der Deutsch-Indischen Gesellschaft in Stuttgart. In: *Indo Asia*, 2/1979, S. 257–264.
»Zusammenarbeit mit einem erwachenden Riesen. Der Kulturaustausch mit China«. In: *Europäische Gegenwart*, VIII/1987, S. 60–62.
»Hilfe zur Selbstkritik. Ansprache vor einer Tagung der Kulturreferenten in Afrika«, Vortrag in Harare vom 3. Juni 1985.
»Neue Chancen für die UNESCO«. In: *Außenpolitik*, 1/88, S. 38–47.
»Förderung der deutschen Sprache als Ziel auswärtiger Kulturpolitik«: In: *Hueber-Sonderdruck 3*, München 1984, und *Auslandskurier*, 3/1985, S. 11–15.
»Was ist los mit der deutschen Sprache? Eine Streitrede«. In: *Frankfurter Allgemeine Zeitung*, 8. Juli 1987, S. 7.
»Deutsche Schulen im Ausland – Luxus oder Notwendigkeit?« Vortrag vor der 17. Hauptversammlung des Verbandes deutscher Lehrer im Ausland am 25. Juli 1985 in Goslar.
»Der Beitrag internationaler Jugendarbeit zu Frieden und Verständigung«, Vortrag vor der Evangelischen Akademie Bad Boll, 23. Februar 1987.
»Die Satelliten und die Freiheit des Geistes«, In: Karl Kaiser/Hans Peter Schwarz, Hrsg., *Weltpolitik: Strukturen – Akteure – Perspektiven*, 2. Auflage, Bonn 1987, S. 250–261.

Barthold C. Witte

DAVIDS SOHN

Die Flucht nach Ägypten

9 Tuschzeichnungen
von Erwin Kraska
Leinen. 139 Seiten

Aus »Josephs Tagebuch« erfährt der Leser von den Ereignissen um Christi Geburt, von der Huldigung der Gesandten der Königin von Saba aus der Sicht eines Rebellen gegen Herodes und die Römer. In den »Briefen Marias« wird lebendig, wie die Flucht nach Ägypten gelingt, wie die Flüchtlinge im fremden Land leben und wie sie schließlich zurückkehren. Im »Bericht Jehoschuas«, des auf den Namen Jesu Getauften, an seinen Freund und Täufer Johannes wird die Erkenntnis des jungen David-Erben, daß er nicht zu weltlicher Herrschaft, sondern zur Rettung der Menschen berufen ist, offenbar.
Biblischer Bericht, geschichtliche Ereignisse und literarische Erfindung sind hier unter dem Motto »so könnte es, so muß es gewesen sein« zu einem spannenden Ganzen verwoben.

»Historisch hochgebildet und mit der Lebenswelt des nahöstlichen Kulturraumes aus eigener Anschauung eng vertraut, vermag Witte manch originelle Deutungsmöglichkeit zu provozieren und insgesamt dieses auch stilistisch glänzende Werk zu einem ungewöhnlichen Lesegenuß zu machen.«

Deutschland-Berichte